建筑业企业专业技术管理人员岗位资格考试指导用书

法律法规及相关知识、专业通用知识

主　编　刘旭灵　李建新

中国环境出版集团·北京

图书在版编目（CIP）数据

法律法规及相关知识、专业通用知识/刘旭灵，李建新主编．—2版．—北京：中国环境出版集团，2013.3（2018.6重印）
建筑业企业专业技术管理人员岗位资格考试指导用书
ISBN 978-7-5111-1305-4

Ⅰ.①法… Ⅱ.①胡… Ⅲ.①建筑法—中国—资格考试—自学参考资料②建筑—基本知识—资格考试—自学参考资料 Ⅳ.①D922.297②TU

中国版本图书馆CIP数据核字（2013）第027439号

出版人 武德凯
责任编辑 易 萌
责任校对 扣志红
封面设计 宋 瑞

出版发行 中国环境出版集团
（100062 北京市东城区广渠门内大街16号）
网 址：http://www.cesp.com.cn
电子邮箱：bjgl@cesp.com.cn
联系电话：010-67112765（编辑管理部）
010-67112739（建筑分社）
发行热线：010-67125803，010-67113405（传真）
印 刷 北京中科印刷有限公司
经 销 各地新华书店
版 次 2013年3月第二版
印 次 2018年6月第十五次印刷
开 本 787×1092 1/16
印 张 16.25
字 数 330千字
定 价 45.00元

建筑业企业专业技术管理人员岗位资格考试指导用书

出版说明

2011年7月，住房城乡建设部发布《建筑与市政工程施工现场专业人员职业标准》(JGJ/T250—2011，以下简称《职业标准》)，2012年1月1日起正式实施。根据住房城乡建设部《关于贯彻实施住房和城乡建设领域现场专业人员职业标准的意见》(建人[2012] 19号，以下简称《实施意见》)精神，湖南省住房和城乡建设厅人教处于2012年委托省建设人力资源协会组织湖南建筑职教集团所属成员单位共20多所高、中等职业院校和建筑业施工企业对湖南省建筑业企业专业技术管理人员岗位资格考试标准进行了专项课题研究，并以《职业标准》为指导，结合本省建筑业发展和施工现场技术管理工作从业人员实际，修订了湖南省建筑业企业专业技术管理人员岗位资格考试大纲，包括施工员(分土建施工员、安装施工员，安装施工员又分水暖与电气两个专业方向)、质量员、安全员、标准员、材料员、机械员、资料员、造价员等岗位。为满足参考人员需要，湖南建筑职教集团由湖南城建职业技术学院牵头，组织建设职业院校、施工企业有关专家编写了上述岗位资格考试指导用书，2012年6月由中国环境科学出版社出版，应用于建筑与市政工程施工现场专业人员岗位培训和资格考试应试人员复习备考。

根据我省建设工程施工项目部关键岗位人员配备、建筑业企业专业技术管理人员岗位资格管理相关规定，现场专业人员必须通过全省统一的岗位资格考试，取得省住房和城乡建设厅颁发的《建筑业企业专业技术管理人员岗位资格证书》方可从事相应岗位的技术和管理工作。为构建科学合理的施工现场专业人员岗位资格能力评价标准，建设客观、公正和便捷高效的常态化考核机制，我们在不断完善岗位资格考试大纲的基础上，建设能力考核的标准化考试题库，实施远程网络考试，相关业务全信息化管理。与此同时，经本套丛书第一版编委会同意，调整部分编写人员，组织对2012年湖南建筑职教集团编写的岗位资格考试指导用书进行修订出版。修订的原则，一是针对性。以《职业标准》、住房城乡建设部人事司印发的《建筑与市政施工现场专业人员考核评价大纲》为指导，以湖南省建筑业企业专业技术管理人员岗位资格考试大纲(2013年修订版)为依据，内容和编排与考试大纲完全对应，涵盖考核试题库全部试题；二是实践性。突破学科，尤其是学校教材体系模式，理论知识以必要、够用为原则，专业技能基本覆盖岗位工作实践业务；三是基础性。把握人才层次标准和职业准入能力测试的特点，考核最常用、最关键的基本知识、基本技能。因主要服务于岗位培训、自学备考，各分册篇幅作了调整，力求简明扼要。按照湖南省建筑业企业专业技术管理人员岗位资格考试科目设置和大纲要求，《法律法规及相关知识》、《专业通用知识》科目各岗位考试标准相同，指导用书通用；《专业基础知识》、《岗位知识》和《专业实务》科目按各岗位不同能力标准要求编写。本套丛书也可以作为高、中等职业院校师生和相关工程技术人员参考书。

本套丛书的编写得到相关施工企业、职业院校的大力支持，在此谨致以衷心感谢！参与编写、修订工作的全体作者付出了辛勤的劳动，由于全套丛书业务涉及面宽，专业性强，加之时间仓促，疏漏和不足之处有所难免，恳请读者批评指正。

湖南省住房和城乡建设厅人教处
湖南省建设人力资源协会
2013年3月

前　言

本书根据湖南省建筑业企业专业技术管理人员《法律法规及相关知识》和《专业通用知识》科目考试大纲（2013年修订版）修订。全书与考试科目对应分两篇共十章，第一篇《工程建设法律法规及相关知识》（第一章至第五章）的内容为：建设许可与工程发承包、建设工程招标与投标、建设工程安全生产管理、建设工程质量管理、环境保护与建筑节能；第二篇《专业通用知识》（第六章至第十章）为建设工程施工现场专业技术管理人员从业必须掌握的入门专业知识：建筑制图及识图、工程材料、施工工艺与方法、建筑工程项目管理、计算机知识及常用办公软件应用。

本书定位于施工现场专业技术管理岗位人员必备的工程建设基本法律法规知识和通用专业基础知识，内容力求与实际应用紧密结合，针对建筑业企业专业技术管理人员岗位培训及资格考试复习备考需要编写，涉及工程建设法律法规、技术标准和规范，一般以2012年12月31日前实施为截止时间，个别已明确即行实施的则引用新版本。

本书第一版由胡六星担任主编并编写第一章、第五章；刘旭灵编写第二章；唐茂华编写第三章；谭小斌编写第四章；贺朝晖编写第六章；刘灿红编写第七章；邓夏清编写第八章；徐猛勇编写第九章；汪文萍编写第十章，全书由易红霞担任主审。第二版第一篇由刘旭灵负责修订；第二篇各章原作者负责修订并由李建新统稿。

本书在编写过程中参阅了大量资料，谨向参考文献中的编著者深表谢意。由于编者水平有限，书中难免存在缺陷和错误，望使用本书的有关专家、培训教师和学员多提宝贵意见，以期不断修改完善。

编　者

2013年3月

目 录

建设工程法律法规及相关知识篇

专业通用知识篇

建设工程法律法规及相关知识篇

第一章　建设许可与工程发承包

《中华人民共和国建筑法》（以下简称《建筑法》）于 1997 年 11 月 1 日由第八届全国人民代表大会常务委员会第二十八次会议通过，自 1998 年 3 月 1 日起施行。

《建筑法》是调整我国建筑活动的基本法律，其立法目的在于加强对建筑活动的监督管理，维护建筑市场秩序，保证建筑工程的质量和安全，促进建筑业健康发展。

本法所指“建筑活动”，是指各类房屋建筑及其附属设施的建造和与其配套的线路、管道、设备的安装活动。

《建筑法》内容包括总则、建筑许可、建筑工程发包与承包、建筑工程监理、建筑安全生产管理、建筑工程质量管理、法律责任及附则，共 8 章 85 条，确定了建筑活动中的一些基本法律制度。本章仅就建筑许可、建筑工程发包与承包、法律责任的内容进行阐述。

第一节　建设许可

实行建设许可制度，旨在有效地保证建筑工程的质量和安全，是国际上的通行做法，如日本、韩国、挪威、英国、德国以及我国台湾地区的建筑立法，都明确地规定了建设许可制度。《建筑法》规定的建设许可制度包括建筑工程施工许可制度、从业单位资质许可制度、专业技术人员执业资格许可制度。

一、工程施工许可

（一）建设工程施工许可的基本要求

1.《建筑法》

第七条　建筑工程在开工前，建设单位应当按照国家有关规定向工程所在地县级以上人民政府建设行政主管部门申请领取施工许可证；但是，国务院建设行政主管部门确定的限额以下的小型工程除外。

按照国务院规定的权限和程序批准开工报告的建筑工程，不再领取施工许可证。

这个规定确立了我国工程建设的施工许可制度。

2.《建筑工程施工许可管理办法》（以下简称《施工许可管理办法》）

第二条　在中华人民共和国境内从事各类房屋建筑及其附属设施的建造、装修装饰和与其配套的线路、管道、设备的安装，以及城镇市政基础设施工程的施工，建设单位在开工前应当依照本办法的规定，向工程所在地的县级以上人民政府建设行政主管部门（以下简称发证机关）申请领取施工许可证。

工程投资额在30万元以下或者建筑面积在300平方米以下的建筑工程，可以不申请办理施工许可证。省、自治区、直辖市人民政府建设行政主管部门可以根据当地的实际情况，对限额进行调整，并报国务院建设行政主管部门备案。

按照国务院规定的权限和程序批准开工报告的建筑工程，不再领取施工许可证。

第三条　本办法规定必须申请领取施工许可证的建筑工程未取得施工许可证的，一律不得开工。

任何单位和个人不得将应该申请领取施工许可证的工程项目分解为若干限额以下的工程项目，规避申请领取施工许可证。

3.《湖南省建设工程质量和安全生产管理条例》

第十条　建设单位对同一建设工程分项发包的，必须依法分别取得施工许可证。

第二十条　施工单位从事建筑施工活动，必须遵守有关法律法规的规定，对建设单位未依法取得施工许可证或者开工报告的建设工程，不得组织施工。

（二）建设工程施工许可证申领的条件

1.《建筑法》

第八条　申请领取施工许可证，应当具备下列条件：

（一）已经办理该建筑工程用地批准手续。

（二）在城市规划区的建筑工程，已经取得规划许可证。

（三）需要拆迁的，其拆迁进度符合施工要求。

（四）已经确定建筑施工企业。

（五）有满足施工需要的施工图纸及技术资料。

（六）有保证工程质量和安全的具体措施。

（七）建设资金已经落实。

（八）法律、行政法规规定的其他条件。

建设行政主管部门应当自收到申请之日起十五日内，对符合条件的申请颁发施工许可证。

2.《施工许可管理办法》

第四条　建设单位申请领取施工许可证，应当具备下列条件，并提交相应的证明文件：

（一）已经办理该建筑工程用地批准手续。

（二）在城市规划区的建筑工程，已经取得建设工程规划许可证。

（三）施工场地已经基本具备施工条件，需要拆迁的，其拆迁进度符合施工要求。

（四）已经确定施工企业。按照规定应该招标的工程没有招标，应该公开招标的工程没有公开招标，或者肢解发包工程，以及将工程发包给不具备相应资质条件的，所确定的施工企业无效。

（五）有满足施工需要的施工图纸及技术资料，施工图设计文件已按规定进行了审查。

（六）有保证工程质量和安全的具体措施。施工企业编制的施工组织设计中有根据建筑工程特点制定的相应质量、安全技术措施，专业性较强的工程项目编制了专项质量、安全施工组织设计，并按照规定办理了工程质量、安全监督手续。

（七）按照规定应该委托监理的工程已委托监理。

（八）建设资金已经落实。建设工期不足一年的，到位资金原则上不得少于工程合同价的50%，建设工期超过一年的，到位资金原则上不得少于工程合同价的30%。建设单位应当提供银行出具的到位资金证明，有条件的可以实行银行付款保函或者其他第三方担保。

（九）法律、行政法规规定的其他条件。

3.《建设工程质量管理条例》

第十三条　建设单位在领取施工许可证或者开工报告前，应当按照国家有关规定办理工程质量监督手续。

4.《建设工程安全生产管理条例》

第十条　建设单位在申请领取施工许可证时，应当提供建设工程有关安全施工措施的资料。

（三）建设工程施工许可证申领的程序

《施工许可管理办法》有相关规定：

第五条　申请办理施工许可证，应当按照下列程序进行：

（一）建设单位向发证机关领取《建筑工程施工许可证申请表》。

（二）建设单位持加盖单位及法定代表人印鉴的《建筑工程施工许可证申请表》，并附本办法第四条规定的证明文件，向发证机关提出申请。

（三）发证机关在收到建设单位报送的《建筑工程施工许可证申请表》和所附证明文件后，对于符合条件的，应当自收到申请之日起15日内颁发施工许可证；对于证明文件不齐全或者失效的，应当限期要求建设单位补正，审批时间可以自证明文件补正齐全后作相应顺延；对于不符合条件的，应当自收到申请之日起15日内书面通知建设单位，并说明理由。

建筑工程在施工过程中，建设单位或者施工单位发生变更的，应当重新申请领取施工许可证。

（四）建设工程施工许可证的管理

1.《建筑法》

第九条　建设单位应当自领取施工许可证之日起三个月内开工，因故不能按期开工的，应当向发证机关申请延期；延期以两次为限，每次不超过三个月。既不开工又不申请延期或者超过延期时限的，施工许可证自行废止。

第十条　在建的建筑工程因故中止施工的，建设单位应当自中止施工之日起一个月内，向发证机关报告，并按照规定做好建筑工程的维护管理工作。

建筑工程恢复施工时，应当向发证机关报告；中止施工满一年的工程恢复施工前，建设单位应当报发证机关核验施工许可证。

第十一条　按照国务院有关规定批准开工报告的建筑工程，因故不能按期开工或者中止施工的，应当及时向批准机关报告情况。因故不能按期开工超过六个月的，应当重新办理开工报告的批准手续。

2.《施工许可管理办法》

《施工许可管理办法》除了作出与《建筑法》相同的规定外，还规定：

第六条　建设单位申请领取施工许可证的工程名称、地点、规模，应当与依法签订的施工承包合同一致。

施工许可证应当放置在施工现场备查。

第七条　施工许可证不得伪造和涂改。

（五）不需要申领施工许可证的工程类型

在我国并不是所有的工程在开工前都需要办理施工许可证，有六类工程不需要办理。

1. 国务院建设行政主管部门确定的限额以下的小型工程

根据 2001 年 7 月 4 日建设部发布的《建筑工程施工许可管理办法》第二条，所谓的限额以下的小型工程是指：工程投资额在 30 万元以下或者建筑面积在 300 平方米以下的建筑工程。同时该《办法》也进一步作出了说明，省、自治区、直辖市人民政府建设行政主管部门可以根据当地的实际情况，对限额进行调整，并报国务院建设行政主管部门备案。

2. 作为文物保护的建筑工程

《建筑法》第八十三条规定：“依法核定作为文物保护的纪念建筑物和古建筑等的修缮，依照文物保护的有关法律规定执行。”

3. 抢险救灾工程

出于此类工程的特殊性，《建筑法》明确规定此类工程开工前不需要申领施工许可证。

4. 临时性建筑

工程建设中经常会出现临时性建筑，例如工人的宿舍、食堂等。这些临时性建筑由于其生命周期短，《建筑法》也明确规定此类工程不需要申领施工许可证。

5. 军用房屋建筑

由于此类工程涉及军事秘密，不宜过多公开信息，《建筑法》第八十四条明确规定：“军用房屋建筑工程建筑活动的具体管理办法，由国务院、中央军事委员会依据本法制定。”

6. 按照国务院规定的权限和程序批准开工报告的建筑工程

此类工程开工的前提是已经有经批准的开工报告，为了不重复管理，此类工程自然是不再申领施工许可证的。

二、从业单位资质许可

（一）《建筑法》规定的建设工程企业的必备条件

第十二条　从事建筑活动的建筑施工企业、勘察单位、设计单位和工程监理单位，应当具备下列条件：

（一）有符合国家规定的注册资本。

（二）有与其从事的建筑活动相适应的具有法定执业资格的专业技术人员。

（三）有从事相关建筑活动所应有的技术装备。

（四）法律、行政法规规定的其他条件。

第十三条　从事建筑活动的建筑施工企业、勘察单位、设计单位和工程监理单位，按照其拥有的注册资本、专业技术人员、技术装备和已完成的建筑工程业绩等资质条件，划分为不同的资质等级，经资质审查合格，取得相应等级的资质证书后，方可在其资质等级许可的范围内从事建筑活动。

（二）建设工程企业资质管理机关

国务院建设行政主管部门负责全国建筑业企业资质、建设工程勘察、设计资质、工程监理企业资质的归口管理工作，国务院铁道、交通、水利、信息产业、民航等有关部门配合国务院建设行政主管部门实施相关资质类别和相应行业企业资质的管理工作。

新设立的企业，应到工商行政管理部门办理登记注册手续并取得企业法人营业执照后，方可到建设行政主管部门办理资质申请手续。任何单位和个人不得涂改、伪造、出借、转让企业资质证书，不得非法扣押、没收资质证书。

（三）建设工程企业资质分类管理

1. 建设工程企业资质管理

建设工程企业，是指从事土木工程、建筑工程、线路管道设备安装工程、装修工程的新建、扩建、改建等活动的企业。

建设工程企业资质分为施工总承包、专业承包和劳务分包三个序列。施工总承包资质、专业承包资质、劳务分包资质序列按照工程性质和技术特点分别划分为若干资质类别。各资质类别按照规定的条件划分为若干资质等级。

（1）施工总承包企业可以承揽的业务范围。

取得施工总承包资质的企业，可以承接施工总承包工程。可以对所承接的施工总承包工程内各专业工程全部自行施工，也可以将专业工程或劳务作业依法分包给具有相应资质的专业承包企业或劳务分包企业。

（2）专业承包企业可以承揽的业务范围。

取得专业承包资质的企业，可以承接施工总承包企业分包的专业工程和建设单位依法发包的专业工程。可以对所承接的专业工程全部自行施工，也可以将劳务作业依法分包给具有相应资质的劳务分包企业。

（3）劳务分包企业可以承揽的业务范围。

取得劳务分包资质的企业可以承接施工总承包企业或专业承包企业分包的劳务作业。

2. 建设工程勘察设计资质管理

（1）工程勘察资质的分类及可以承揽的业务范围。

工程勘察资质分为工程勘察综合资质、工程勘察专业资质、工程勘察劳务资质。

工程勘察综合资质只设甲级；工程勘察专业资质设甲级、乙级，根据工程性质和技术特点，部分专业可以设丙级；工程勘察劳务资质不分等级。

取得工程勘察综合资质的企业，可以承接各专业（海洋工程勘察除外）、各等级工程勘察业务；取得工程勘察专业资质的企业，可以承接相应等级相应专业的工程勘察业务；取得工程勘察劳务资质的企业，可以承接岩土工程治理、工程钻探、凿井等工程勘察劳务业务。

（2）工程设计资质的分类及可以承揽的业务范围。

工程设计资质分为工程设计综合资质、工程设计行业资质、工程设计专业资质和工程设计专项资质。

工程设计综合资质只设甲级；工程设计行业资质、工程设计专业资质、工程设计专项资质设甲级、乙级。

根据工程性质和技术特点，个别行业、专业、专项资质可以设丙级，建筑工程专业资质可以设丁级。

取得工程设计综合资质的企业，可以承接各行业、各等级的建设工程设计业务；取得工程设计行业资质的企业，可以承接相应行业相应等级的工程设计业务及本行业范围内同级别的相应专业、专项（设计施工一体化资质除外）工程设计业务；取得工程设计专业资质的企业，可以承接本专业相应等级的专业工程设计业务及同级别的相应专项工程设计业务（设计施工一体化资质除外）；取得工程设计专项资质的企业，可以承接本专项相应等级的专项工程设计业务。

3. 工程监理企业资质管理

工程监理企业资质分为综合资质、专业资质和事务所资质。其中，专业资质按照工程性质和技术特点划分为若干工程类别。

综合资质、事务所资质不分级别。专业资质分为甲级、乙级；其中，房屋建筑、水利水电、公路和市政公用专业资质可设立丙级。

工程监理企业可以开展相应类别建设工程的项目管理、技术咨询等业务。

（1）综合资质可以承揽的业务范围：可以承担所有专业工程类别建设工程项目的工程监理业务。

（2）专业资质可以承揽的业务范围：专业甲级资质可承担相应专业工程类别建设工程项目的工程监理业务；专业乙级资质可承担相应专业工程类别二级以下（含二级）建设工程项目的工程监理业务；专业丙级资质可承担相应专业工程类别三级建设工程项目的工程监理业务。

（3）事务所资质可以承揽的业务范围：可承担三级建设工程项目的工程监理业务，但是国家规定必须实行强制监理的工程除外。

三、从业人员资格许可

《建筑法》第十四条规定：从事建筑活动的专业技术人员，应当依法取得相应的执业资格证书，并在执业资格证书许可的范围内从事建筑活动。

第二节　建设工程发承包

《建筑法》关于建设工程发包与承包作出了具体规定。

一、建设工程发包

（一）一般规定

第十五条　建筑工程的发包单位与承包单位应当依法订立书面合同，明确双方的权利和义务。

发包单位和承包单位应当全面履行合同约定的义务。不按照合同约定履行义务的，依法承担违约责任。

第十六条　建筑工程发包与承包的招标投标活动，应当遵循公开、公正、平等竞争的原则，择优选择承包单位。

建筑工程的招标投标，本法没有规定的，适用有关招标投标法律的规定。

第十七条　发包单位及其工作人员在建筑工程发包中不得收受贿赂、回扣或者索取其他好处。

承包单位及其工作人员不得利用向发包单位及其工作人员行贿、提供回扣或者给予其他好处等不正当手段承揽工程。

第十八条　建筑工程造价应当按照国家有关规定，由发包单位与承包单位在合同中约定。公开招标发包的，其造价的约定，须遵守招标投标法律的规定。

发包单位应当按照合同的约定，及时拨付工程款项。

（二）建设工程的发包方式

建设工程的发包方式主要有两种：招标发包和直接发包。

第十九条　建筑工程依法实行招标发包，对不适于招标发包的可以直接发包。

第二十条　建筑工程实行公开招标的，发包单位应当依照法定程序和方式，发布招标公告，提供载有招标工程的主要技术要求、主要的合同条款、评标的标准和方法以及开标、评标、定标的程序等内容的招标文件。

开标应当在招标文件规定的时间、地点公开进行。开标后应当按照招标文件规定的评标标准和程序对标书进行评价、比较，在具备相应资质条件的投标者中，择优选定中标者。

第二十一条　建筑招标的开标、评标、定标由建设单位依法组织实施，并接受有关行政主管部门的监督。

第二十二条　建筑工程实行招标发包的，发包单位应当将建筑工程发包给依法中标的承包单位。建筑工程实行直接发包的，发包单位应当将建筑工程发包给具有相应资质条件的承包单位。

第二十三条　政府及其所属部门不得滥用行政权力，限定发包单位将招标发包的建筑工程发包给指定的承包单位。

（三）提倡实行工程总承包

第二十四条　提倡对建筑工程实行总承包，禁止将建筑工程肢解发包。

建筑工程的发包单位可以将建筑工程的勘察、设计、施工、设备采购一并发包给一个工程总承包单位，也可以将建筑工程勘察、设计、施工、设备采购的一项或者多项发包给一个工程总承包单位；但是，不得将应当由一个承包单位完成的建筑工程肢解成若干部分发包给几个承包单位。

第二十五条　按照合同约定，建筑材料、建筑构配件和设备由工程承包单位采购的，发包单位不得指定承包单位购入用于工程的建筑材料、建筑构配件和设备或者指定生产厂、供应商。

（四）禁止肢解发包和违法采购

1. 禁止发包单位将建设工程肢解发包

肢解发包指的是建设单位将应当由一个承包单位完成的建设工程分解成若干部分发包给不同的承包单位的行为。

2. 禁止违法采购

（1）小规模材料设备的采购。

工程建设项目不符合《工程建设项目招标范围和规模标准规定》（原国家计委令第3号）规定的范围和标准的小规模的建筑材料、建筑构配件和设备的采购主要有三种形式：

①由建设单位负责采购。

②由承包商负责采购。

③由双方约定的供应商供应。

按照合同约定，建筑材料、建筑构配件和设备由工程承包单位采购的，发包单位不得指定生产厂、供应商。

（2）大规模材料设备的采购。

工程建设项目符合《工程建设项目招标范围和规模标准规定》（原国家计委令第3号）规定的范围和标准的，必须通过招标选择货物供应单位。

《工程建设项目货物招标投标办法》第五条规定：

工程建设项目货物招标投标活动，依法由招标人负责。

工程建设项目招标人对项目实行总承包招标的，未包括在总承包范围内的货物达到国家规模标准的，应当由工程建设项目招标人依法组织招标。

工程建设项目招标人对项目实行总承包招标的，以暂估价形式包括在总承包范围内的货物达到国家规定规模标准的，应当由总承包中标人和工程建设项目招标人共同依法组织招标。双方当事人的风险和责任承担由合同约定。

二、建设工程承包

1.《建筑法》关于资质管理的规定

第二十六条　承包建筑工程的单位应当持有依法取得的资质证书，并在其资质等级许可的业务范围内承揽工程。

禁止建筑施工企业超越本企业资质等级许可的业务范围或者以任何形式用其他建筑施工企业的名义承揽工程。禁止建筑施工企业以任何形式允许其他单位或者个人使用本企业的资质证书、营业执照，以本企业的名义承揽工程。

2. 关于资质管理纠纷的处理

2005 年 1 月 1 日开始实行的《最高人民法院关于审理建设工程施工合同纠纷案件适用法律问题的解释》第一条规定：“建设工程施工合同具有下列情形之一的，应当根据合同法第五十二条第（五）项的规定，认定无效：

（1）承包人未取得建筑施工企业资质或者超越资质等级的。

（2）没有资质的实际施工企业借用有资质的建筑施工企业名义的。

（3）建设工程必须进行招标而未招标或者中标无效的。

上面三种情形违反了《建筑法》关于发承包的规定，依据《合同法》第五十二条属于无效的合同。对该合同按照以下办法处理：

（1）建设工程施工合同无效，但建设工程经竣工验收合格，承包人请求参照合同约定支付工程价款的，应予支持。

（2）建设工程施工合同无效，且建设工程经竣工验收不合格的，按照以下情形分别处理：

①修复后的建设工程经竣工验收合格，发包人请求承包人承担修复费用的，应予支持。

②修复后的建设工程经竣工验收不合格，承包人请求支付工程价款的，不予支持。

因建设工程不合格造成的损失，发包人有过错的，也应承担相应的民事责任。

（3）承包人超越资质等级许可的业务范围签订建设工程施工合同，在建设工程竣工前取得相应资质等级，当事人请求按照无效合同处理的，不予支持。

3. 联合承包

《建筑法》第二十七条规定：大型建筑工程或者结构复杂的建筑工程，可以由两个以上的承包单位联合共同承包。

（1）联合体中各成员单位的责任承担。

1）内部责任：组成联合体的成员单位投标之前必须要签订共同投标协议，明确约定各方拟承担的工作和责任，并将共同投标协议连同投标文件一并提交招标人。依据《工程建设项目施工招标投标办法》，联合体投标未附联合体各方共同投标协议的，由评标委员会初审后按废标处理。

2）外部责任：《建筑法》第二十七条还规定：共同承包的各方对承包合同的履行承担连带责任。

依据《民法通则》第八十七条的规定，负有连带义务的每个债务人，都负有清偿全部债务的义务，履行了义务的人，有权要求其他负有连带义务的人偿付他应当承担的份额。

（2）联合体资质的认定。

联合体作为投标人也要符合资质管理的规定，因此，也必须要对联合体确定资质等级。

《建筑法》第二十七条同时对如何认定联合体资质作出了原则性规定：两个以上不

同资质等级的单位实行联合共同承包的，应当按照资质等级较低的单位的业务许可范围承揽工程。

《招标投标法》及其相关规定对“联合体投标”问题作出了更具体的规定。

4. 转包

转包是指总承包单位承包建设工程后，不履行合同约定的责任和义务，将其承包的全部建设工程转给他人或者将其承包的全部建设工程肢解以后以分包的名义分别转给其他单位承包的行为。

《建筑法》第二十八条规定：禁止承包单位将其承包的全部建筑工程转包给他人，禁止承包单位将其承包的全部建筑工程肢解以后以分包的名义分别转包给他人。

《最高人民法院关于审理建设工程施工合同纠纷案件适用法律问题的解释》第四条规定：“承包人非法转包、违法分包建设工程或者没有资质的实际施工企业借用有资质的建筑施工企业名义与他人签订建设工程施工合同的行为无效。人民法院可以根据民法通则的规定，收缴当事人已经取得的非法所得。”

这里的违法所得，依照相关司法解释，应理解为“扣除成本后的获利部分”。

5. 分包

（1）分包的含义。

分包，是指总承包单位将其所承包的工程中的专业工程或者劳务作业发包给其他承包单位完成的活动。

分包分为专业工程分包和劳务作业分包。

专业工程分包，是指总承包单位将其所承包工程中的专业工程发包给具有相应资质的其他承包单位完成的活动。

劳务作业分包，是指施工总承包企业或者专业承包企业将其承包工程中的劳务作业发包给劳务分包企业完成的活动。

《建筑法》第二十九条规定：“建筑工程总承包单位可以将承包工程中的部分工程发包给具有相应资质条件的分包单位”，从而确立了分包的合法地位。

（2）对分包单位的认可。

《建筑法》第二十九条进一步规定：“除总承包合同中约定的分包外，必须经建设单位认可。”

这条规定实际上赋予了建设单位对分包商的否决权，即没有经过建设单位认可的分包商是违法的分包商。尽管《建筑法》将认可的范围局限于“总承包合同中约定的分包单位”以外的分包商，但是，由于总承包合同中的分包单位已经在合同中得到了建设单位的认可，所以，实质上需要建设单位认可的分包单位的范围包含了所有的分包单位。

（3）违法分包。

《建筑法》第二十九条明确规定：实行施工总承包的，建筑工程主体结构的施工必须由总承包单位自行完成；禁止总承包单位将工程分包给不具备相应资质条件的单位；也禁止分包单位将其承包的工程再分包。

《建设工程质量管理条例》更进一步将违法分包的情形界定为：

①总承包单位将建设工程分包给不具备相应资质条件的单位的。

②建设工程总承包合同中未有约定，又未经建设单位认可，承包单位将其承包的部分建设工程交由其他单位完成的。

③施工总承包单位将建设工程主体结构的施工分包给其他单位的。

④分包单位将其承包的建设工程再分包的。

（4）总承包单位与分包单位的连带责任。

《建筑法》第二十九条第二款规定："建筑工程总承包单位按照总承包合同的约定对建设单位负责；分包单位按照分包合同的约定对总承包单位负责。总承包单位和分包单位就分包工程对建设单位承担连带责任。"

连带责任既可以依合同约定产生，也可以依法律规定产生。建设单位虽然和分包单位之间没有合同关系，但是当分包工程发生质量、安全、进度等方面问题给建设单位造成损失时，建设单位既可以根据总承包合同向总承包单位追究违约责任，也可以根据法律规定直接要求分包单位承担损害赔偿责任，分包单位不得拒绝。总承包单位和分包单位之间的责任划分，应当根据双方的合同约定或者各自过错大小确定；一方向建设单位承担的责任超过其应承担份额的，有权向另一方追偿。

第三节　违反建筑活动从业行为的法律责任

一、擅自施工处罚

（一）相关规定

1.《建筑法》

第六十四条　违反本法规定，未取得施工许可证或者开工报告未经批准擅自施工的，责令改正，对不符合开工条件的责令停止施工，可以处以罚款。

第七十条　违反本法规定，涉及建筑主体或者承重结构变动的装修工程擅自施工的，责令改正，处以罚款；造成损失的，承担赔偿责任；构成犯罪的，依法追究刑事责任。

2.《施工许可管理办法》

第十条　对于未取得施工许可证或者为规避办理施工许可证将工程项目分解后擅自施工的，由有管辖权的发证机关责令改正，对于不符合开工条件的，责令停止施工，并对建设单位和施工单位分别处以罚款。

第十一条　对于采用虚假证明文件骗取施工许可证的，由原发证机关收回施工许可证，责令停止施工，并对责任单位处以罚款；构成犯罪的，依法追究刑事责任。

第十二条　对于伪造施工许可证的，该施工许可证无效，由发证机关责令停止施工，并对责任单位处以罚款；构成犯罪的，依法追究刑事责任。

对于涂改施工许可证的，由原发证机关责令改正，并对责任单位处以罚款；构成犯罪的，依法追究刑事责任。

第十三条　本办法中的罚款，法律、法规有幅度规定的从其规定。无幅度规定的，有违法所得的处 5 000 元以上 30 000 元以下的罚款，没有违法所得的处 5 000 元以上 10 000元以下的罚款。

3. 《建筑工程质量管理条例》

第五十七条　违反本条例规定，建设单位未取得施工许可证或者开工报告未经批准，擅自施工的，责令停止施工，限期改正，处工程合同价款 1% 以上 2% 以下的罚款。

第六十九条　违反本条例规定，涉及建筑主体或者承重结构变动的装修工程，没有设计方案擅自施工的，责令改正，处 50 万元以上 100 万元以下的罚款；房屋建筑使用者在装修过程中擅自变动房屋建筑主体和承重结构的，责令改正，处 5 万元以上 10 万元以下的罚款。

有前款所列行为，造成损失的，依法承担赔偿责任。

（二）擅自施工的后果简析

通过对以上规定进行逻辑分析，我们可以对未取得施工许可证或者开工报告未经批准擅自施工的建设项目得出下面的结论：

（1）都将被责令改正，也就是要去申领施工许可证或者办理开工报告批准手续。

（2）对于不符合开工条件的，都要停工。至于是否要对建设单位和施工单位进行罚款，《建筑法》并没有作出强制性规定，而是“可以处以罚款”。《施工许可管理办法》则作出了强制性规定，“并对建设单位和施工单位分别处以罚款。”尽管《施工许可管理办法》有自己的适用范围，但是由于《建筑工程质量管理条例》第五十七条也作出了罚款的强制性规定，故只要建设单位未取得施工许可证或者开工报告未经批准就擅自施工的，都要罚款。至于罚款多少问题，由于《建筑工程质量管理条例》规定了幅度，则从其规定，即“处工程合同价款 1% 以上 2% 以下的罚款”。

二、非法发包、承揽的处罚

（一）《建筑法》

第六十五条　发包单位将工程发包给不具有相应资质条件的承包单位的，或者违反本法规定将建筑工程肢解发包的，责令改正，处以罚款。

超越本单位资质等级承揽工程的，责令停止违法行为，处以罚款，可以责令停业整顿，降低资质等级；情节严重的，吊销资质证书；有违法所得的，予以没收。

未取得资质证书承揽工程的，予以取缔，并处罚款；有违法所得的，予以没收。

以欺骗手段取得资质证书的，吊销资质证书，处以罚款；构成犯罪的，依法追究刑事责任。

第六十六条　建筑施工企业转让、出借资质证书或者以其他方式允许他人以本企业的名义承揽工程的，责令改正，没收违法所得，并处罚款，可以责令停业整顿，降低资质等级；情节严重的，吊销资质证书。对因该项承揽工程不符合规定的质量标准造成的损失，建筑施工企业与使用本企业名义的单位或者个人承担连带赔偿责任。

第六十八条　在工程发包与承包中索贿、受贿、行贿，构成犯罪的，依法追究刑事责任；不构成犯罪的，分别处以罚款，没收贿赂的财物，对直接负责的主管人员和其他直接责任人员给予处分。

对在工程承包中行贿的承包单位，除依照前款规定处罚外，可以责令停业整顿，降低资质等级或者吊销资质证书。

第六十九条　工程监理单位与建设单位或者建筑施工企业串通，弄虚作假、降低工程质量的，责令改正，处以罚款，降低资质等级或者吊销资质证书；有违法所得的，予以没收；造成损失的，承担连带赔偿责任；构成犯罪的，依法追究刑事责任。

工程监理单位转让监理业务的，责令改正，没收违法所得，可以责令停业整顿，降低资质等级：情节严重的，吊销资质证书。

第七十六条　本法规定的责令停业整顿、降低资质等级和吊销资质证书的行政处罚，由颁发资质证书的机关决定；其他行政处罚，由建设行政主管部门或者有关部门依照法律和国务院规定的职权范围决定。

依照本法规定被吊销资质证书的，由工商行政管理部门吊销其营业执照。

（二）《建筑工程质量管理条例》

第五十四条　违反本条例规定，建设单位将建设工程发包给不具有相应资质等级的勘察、设计、施工单位或者委托给不具有相应资质等级的工程监理单位的，责令改正，处50万元以上100万元以下的罚款。

第五十五条　违反本条例规定，建设单位将建设工程肢解发包的，责令改正，处工程合同价款0.5%以上1%以下的罚款；对全部或者部分使用国有资金的项目，并可以暂停项目执行或者暂停资金拨付。

第六十条　违反本条例规定，勘察、设计、施工、工程监理单位超越本单位资质等级承揽工程的，责令停止违法行为，对勘察、设计单位或者工程监理单位处合同约定的勘察费、设计费或者监理酬金1倍以上2倍以下的罚款；对施工单位处工程合同价款2%以上4%以下的罚款，可以责令停业整顿，降低资质等级；情节严重的，吊销资质证书；有违法所得的，予以没收。

未取得资质证书承揽工程的，予以取缔，依照前款规定处以罚款；有违法所得的，予以没收。

以欺骗手段取得资质证书承揽工程的，吊销资质证书，依照本条第一款规定处以罚款；有违法所得的，予以没收。

第六十一条　违反本条例规定，勘察、设计、施工、工程监理单位允许其他单位或者个人以本单位名义承揽工程的，责令改正，没收违法所得，对勘察、设计单位和工程监理单位处合同约定的勘察费、设计费和监理酬金1倍以上2倍以下的罚款；对施工单位处工程合同价款2%以上4%以下的罚款；可以责令停业整顿，降低资质等级；情节严重的，吊销资质证书。

三、转包与违法分包的处罚

（一）《建筑法》

第六十七条　承包单位将承包的工程转包的，或者违反本法规定进行分包的，责令改正，没收违法所得，并处罚款，可以责令停业整顿，降低资质等级；情节严重的，吊销资质证书。

承包单位有前款规定的违法行为的，对因转包工程或者违法分包的工程不符合规定的质量标准造成的损失，与接受转包或者分包的单位承担连带赔偿责任。

（二）《建筑工程质量管理条例》规定

第六十二条　违反本条例规定，承包单位将承包的工程转包或者违法分包的，责令改正，没收违法所得，对勘察、设计单位处合同约定的勘察费、设计费25%以上50%以下的罚款；对施工单位处工程合同价款0.5%以上1%以下的罚款；可以责令停业整顿，降低资质等级；情节严重的，吊销资质证书。

工程监理单位转让工程监理业务的，责令改正，没收违法所得，处合同约定的监理酬金25%以上50%以下的罚款；可以责令停业整顿，降低资质等级；情节严重的，吊销资质证书。

实践证明，实行施工许可制度，既可以监督建设单位尽快建成拟建项目，防止闲置土地，影响社会公众利益，又能保证建设项目开工后，能够顺利进行，避免由于不具备施工条件盲目“上马”，给参与建筑工程的各方造成不必要的损失；同时也有助于建设行政主管部门对在建项目实施有效的监督管理。实行从业资格制度，有利于确保从事建筑活动的单位和个人的素质，提高建筑工程的质量，确保建筑工程的安全生产。

第二章　建筑工程招标与投标

第一节　招标投标活动原则及适用范围

一、招标、投标的概念

1. 招标的概念

招标是指一个招标人（或者代理人）在发包工程项目（采购货物或服务）前发布招标公告，吸引多个投标人前来参加投标，最后由招标人从中择优选定投标人的一种市场行为。

2. 投标的概念

投标是指投标人应招标人的公告或邀请，按照招标人的要求和条件，在规定的时间内向招标人递交投标文件参加竞争，争取中标的一种市场行为。

凡在中华人民共和国境内进行招标投标活动，均适用《中华人民共和国招标投标法》（以下简称《招标投标法》）规定，该法由中华人民共和国第九届全国人民代表大会常务委员会第十一次会议于 1999 年 8 月 30 日通过，自 2000 年 1 月 1 日起施行。

《招标投标法》的立法目的在于规范招标投标活动，保护国家利益、社会公共利益和招标投标活动当事人的合法权益，提高经济效益，保证项目质量。

《招标投标法》共 6 章 68 条，分别从招标、投标、开标、评标和中标等各主要阶段对招标投标活动做出了规定。

使用国际组织或者外国政府贷款、援助资金的项目进行招标，贷款方、资金提供方对招标投标的具体条件和程序有不同规定的，可以适用其规定，但违背中华人民共和国的社会公共利益的除外。

二、招标投标活动应遵循的基本原则

《招标投标法》第五条规定："招标投标活动应当遵循公开、公平、公正和诚实信用的原则。"

1. 公开原则

招标投标活动应当遵循公开原则，这是为了保证招标活动的广泛性、竞争性和透明性公开原则。首先要求招标信息公开；其次，公开原则还要求招标投标过程公开。

2. 公平原则

公平原则，要求给予所有投标人平等的机会，使其享有同等的权利，履行同等的义务，招标人不得以任何理由排斥或者歧视任何投标人。

3. 公正原则

公正原则，要求招标人在招标投标活动中应当按照规范的程序、统一的标准衡量每一个投标人的优劣。

4. 诚实信用原则

诚实信用原则，是所有民事活动所应当遵循的一项重要基本原则。招标投标活动作为订立合同的一种特殊方式，同样应当遵循诚实信用原则。

三、必须招标的项目范围和规模标准

1. 必须招标的工程项目范围

根据《招标投标法》第三条规定，在中华人民共和国境内进行下列工程建设项目包括项目的勘察、设计、施工、监理以及与工程建设有关的重要设备、材料等的采购，必须进行招标：

（一）大型基础设施、公共事业等关系社会公共利益、公共安全的项目。

（二）全部或者部分使用国有资金投资或者国家融资的项目。

（三）使用国际组织或者外国政府贷款、援助资金的项目。

第四条规定，任何单位和个人不得将依法必须进行招标的项目化整为零或者以其他任何方式规避招标。

以上必须招标工程建设项目的范围规定如下。

（1）关系社会公共利益、公众安全的基础设施项目的范围包括：

1）煤炭、石油、天然气、电力、新能源等能源项目。

2）铁路、公路、管道、水运、航空以及其他交通运输业等交通运输项目。

3）邮政、电信枢纽、通信、信息网络等邮电通信项目。

4）防洪、灌溉、排涝、引（供）水、滩涂治理、水土保持、水利枢纽等水利项目。

5）道路、桥梁、地铁和轻轨交通、污水排放及处理、垃圾处理、地下管道、公共停车场等城市设施项目。

6）生态环境保护项目。

7）其他基础设施项目。

（2）关系社会公共利益、公众安全的公用事业项目的范围包括：

1）供水、供电、供气、供热等市政工程项目。

2）科技、教育、文化等项目。

3）体育、旅游等项目。

4）卫生、社会福利等项目。

5）商品住宅，包括经济适用住房。

6）其他公用事业项目。

（3）使用国有资金投资项目的范围包括：

1）使用各级财政预算资金的项目。

2）使用纳入财政管理的各种政府性专项建设基金的项目。

3）使用国有企业事业单位自有资金，并且国有资产投资者实际拥有控制权的项目。

（4）国家融资项目的范围包括：

1）使用国家发行债券所筹资金的项目。

2）使用国家对外借款或者担保所筹资金的项目。

3）使用国家政策性贷款的项目。

4）国家授权投资主体融资的项目。

5）国家特许的融资项目。

（5）使用国际组织或者外国政府资金的项目的范围包括：

1）使用世界银行、亚洲开发银行等国际组织贷款资金的项目。

2）使用外国政府及其机构贷款资金的项目。

3）使用国际组织或者外国政府援助资金的项目。

第六条规定，依法必须进行招标的项目，其招标投标活动不受地区或者部门的限制。任何单位和个人不得违法限制或者排斥本地区、本系统以外的法人或者其他组织参加投标，不得以任何方式干涉招标投标活动。

2. 必须招标的大型项目的规模标准

大型基础设施、公共事业等关系社会公共利益、公共安全的项目是属于必须招标的项目。关于“大型”的规定，2000 年 4 月 4 日经国务院批准由原国家计委发布的《工程建设项目招标范围和规模标准规定》规定的上述各类工程建设项目，包括项目的勘察、设计、施工、监理以及与工程建设有关的重要设备、材料等的采购，达到下列标准之一的，必须进行招标：

（1）施工单位合同估算价在 200 万元人民币以上的。

（2）重要设备、材料等货物的采购，单项合同估算价在 100 万元人民币以上的。

（3）勘察、设计、监理等服务的采购，单项合同估算价在 50 万元人民币以上的。

（4）单项合同估算价低于第（1）、（2）、（3）项规定标准。但项目总投资额在3 000 万元人民币以上的。

四、可以不进行招标的工程建设项目

一般而言，如果建设项目不属于必须招标的项目则可以招标也可以不招标。但是，即使符合必须招标项目的条件但是属于某些特殊情形的，也是可以不进行招标。依据《招标投标法》第六十六条：涉及国家安全、国家秘密、抢险救灾或者属于利用扶贫资金实行以工代赈、需要使用农民工等特殊情况，不适宜进行招标的项目，按照国家有关规定可以不进行招标。

2003年3月8日国家发改委、建设部等7部委令第三十号发布的《工程建设项目施工招标投标办法》第十二条规定，需要审批的工程建设项目，有下列情形之一的，由审批部门批准，可以不进行施工招标。

（1）涉及国家安全、国家秘密或者抢险救灾而不适宜招标的。

（2）属于利用扶贫资金实行以工代赈需要使用民工的。

（3）施工主要技术采用特定的专利或者专有技术的。

（4）施工企业自建自用的工程，且该施工企业资质等级符合工程要求的。

（5）在建工程追加的附属小型工程或者主体加层工程，原中标人仍具备承包能力的。

（6）法律、行政法规定的其他情形。

不需要审批但依法必须招标的工程建设项目，有前款规定的情形之一的，可以不进行施工招标。

第二节　工程招标

一、工程建设项目招标应当具备的条件、招标方式及其要求

1. 招标应当具备的条件

依法必须招标的工程建设项目，应当具备下列条件才能进行施工招标：

（1）招标人已经依法成立。

（2）初步设计及概算应当履行审批手续的，已经批准。

（3）招标范围、招标方式和招标组织形式等应当履行核准手续的，已经核准。

（4）有相应资金或者资金来源已经落实。

（5）有招标所需的设计图纸及技术资料。

其中“招标人”是指依照《招标投标法》规定提出招标项目、进行招标的法人或者其他组织。招标项目按照国家有关规定需要履行项目审批手续的，应当先履行审批手续，取得批准。招标人应当有进行招标项目的相应资金或者资金来源已经落实，并应当在招标文件中如实载明。

2. 招标方式

根据《招标投标法》第十条的规定，招标分为公开招标和邀请招标。

（1）公开招标：公开招标也称无限竞争招标，是指招标人以招标公告的方式邀请不特定的法人或者其他组织投标。招标人采用公开招标方式的，应当发布招标公告。依法必须进行招标的项目的招标公告，应当通过国家指定的报刊、信息网络或者其他媒介发布。

（2）邀请招标：邀请招标也称有限竞争招标，是指招标人以投标邀请书的方式邀请特定的法人或者其他组织投标。根据《招标投标法》第十一条：国务院发展计划部门确定的国家重点项目和省、自治区、直辖市人民政府确定的地方重点项目不适宜公

开招标的，经国务院发展计划部门或者省、自治区、直辖市人民政府批准，可以进行邀请招标。

对于应当公开招标的施工招标项目，有下列情形之一的，经批准可以进行邀请招标：

1）项目技术复杂有特殊要求，只有少量几家潜在投标人可供选择的。

2）受自然地域环境限制的。

3）涉及国家安全、国家秘密或者抢险救灾，是以招标不宜公开招标的。

4）拟公开招标的费用与项目价值相比，不值得的。

5）法律、法规规定其他不宜公开招标的。

招标人采用邀请招标方式的，应当向3个以上具备承担招标项目的能力、资信良好的特定的法人或者其他组织发出投标邀请书。

（3）招标公告或者投标邀请书的内容：根据《招标投标法》，招标公告或者投标邀请书应当至少载明下列内容：招标人的名称和地址、招标项目的性质、数量、实施地点和时间以及获取招标文件的办法等事项。

招标人还可以根据招标项目本身的要求，在招标公告或者投标邀请书中，要求潜在投标人提供有关资质证明文件和业绩情况，并对潜在投标人进行资格审查；国家对投标人的资格条件有规定的，依照其规定。

招标人不得以不合理的条件限制或者排斥潜在投标人，不得对潜在投标人实行歧视待遇。

3. 资格审查

根据《工程建设项目施工招标投标办法》的有关规定，资格审查分为资格预审和资格后审。

（1）资格预审：是指在投标前在潜在投标人进行的资格审查。

采取资格预审的，招标人可以发布资格预审公告，资格预审公告适用有关招标公告的规定。招标人应当在资格预审文件中载明资格预审的条件、标准和方法。招标人不得改变载明的资格条件或者以没有载明的资格条件对潜在投标人进行资格预审。

经资格预审后，招标人应当向资格预审合格的潜在投标人发出资格预审合格通知书，告知获取招标文件的时间、地点和方法，并同时向资格预审不合格的潜在投标人告知资格预审结果。资格预审不合格的潜在投标人不得参加投标。

（2）资格后审：是指在开标后对投标人进行的资格审查。进行资格审查后，一般不再进行资格后审，但招标文件另有规定的除外。

采取资格后审后，招标人应当在招标文件中预先明确投标人资格要求的条件和审查标准、方法，不得改变载明的资格条件对投标人进行资格后审。资格后审不合格的投标人应作废标处理。

资格审查时，招标人不得以不合理的条件限制、排斥潜在投标人或者投标人，不得对潜在投标人或者投标人实行歧视待遇。任何单位和个人不得以行政手段或者其他不合理方法限制投标人的数量。

二、招标程序和招标文件的主要内容

1. 招标程序

招标工作的主要程序依次有：建设项目招标前期工作、招标文件的编制、发布招标公告（发出投标邀请书）、招标文件出售、踏勘项目现场、组织标前会议、接受投标文件、开标、评标、定标、签订合同等。

在正式招标前，招标人应当按照国家有关规定办理好各类项目审批手续。在招标过程中，招标人根据招标项目的具体情况，可以组织也可以不组织潜在投标人踏勘项目现场。

招标人应当确定投标人编制投标文件所需要的合理时间；但是，依法必须进行招标的项目，自招标文件开始发出之日起至投标人提交投标文件截止之日止，最短不得少于20日。

招标人对已发出的招标文件进行必要的澄清或者修改的，应当在招标文件要求提交投标文件截止时间至少15日前，以书面形式通知所有招标文件收受人。不足15日的，招标人应当顺延提交资格预审申请文件或者投标文件的截止时间。该澄清或者修改的内容为招标文件的组成部分。

2. 招标文件的内容

《招标投标法》第十九条规定，招标人应当根据招标项目的特点和需要编制招标文件。招标文件应当包括找遍文件项目的技术要求、对投标人资格审查的标准、投标报价要求和评标标准等所有实质性要求和条件以及拟定合同的主要条款。这是原则上的规定，对于不同的招标对象，其具体内容还是不同的。

国家对招标项目的技术、标准有规定的，招标人应当按照其规定在招标文件中提出相应要求。

但招标文件中规定的各项技术标准均不得要求或表明某一特定的专利、商标、名称、设计、原产地或生产供应者，不得含有倾向或者排斥潜在投标人的其他内容。如果必须引用某一生产供应者的技术标准才能准确或清楚地说明拟招标项目的技术标准时，则应当在参照后面加上“或相当于”的字样。《招标投标法》第二十条规定：“招标文件不得要求或者标明特定的生产供应者以及含有倾向或者排斥潜在投标人的其他内容。”

招标人有下列行为之一的，属于以不合理条件限制、排斥潜在投标人或者投标人：

（1）就同一招标项目向潜在投标人或者投标人提供有差别的项目信息。

（2）设定的资格、技术、商务条件与招标项目的具体特点和实际需要不相适应或者与合同履行无关。

（3）依法必须进行招标的项目以特定行政区域或者特定行业的业绩、奖项作为加分条件或者中标条件。

（4）对潜在投标人或者投标人采取不同的资格审查或者评标标准。

（5）限定或者指定特定的专利、商标、品牌、原产地或者供应商。

（6）依法必须进行招标的项目非法限定潜在投标人或者投标人的所有制形式或者组织形式。

（7）以其他不合理条件限制、排斥潜在投标人或者投标人。

招标项目需要划分标段、确定工期的，招标人应当合理划分标段、确定工期，并在招标文件中载明。对工程技术上紧密相连、不可分割的单位工程不得分割标段。

3. 其他事宜

招标人不得向他人透露已获取招标文件的潜在投标人的名称、数量以及可能影响公平竞争的有关招标投标的其他情况。

招标人设有标底的，标底必须保密。标底由招标人自行编制或委托中介机构编制。一个工程只能编制一个标底。任何单位和个人不得强制招标人编制或报审标底，或干预其确定标底。招标项目可以不设标底，进行无标底招标。

招标人也可以编制招标控制价，招标控制价是指招标人根据国家或省级、行业建设主管部门颁发的有关计价依据和办法，按设计施工图纸计算的，对招标工程限定的最高工程造价。国有资金投资的工程建设项目应实行工程量清单招标，并应编制招标控制价。招标控制价应在招标文件中注明，投标人的投标报价高于招标控制价的，其投标应予拒绝。

投标有效期，是招标文件中规定的投标文件有效期。在此期间内，投标人有义务保证投标文件的有效性。

《工程建设项目施工招标投标办法》第二十九条规定："招标文件应当规定一个适当的投标有效期，以保证招标人有足够的时间完成评标和与中标人签订合同。投标有效期从投标人提交投标文件截止日起计算。在原投标有效期结束前，出现特殊情况的，招标人可以书面形式要求所有投标人延长投标有效期。投标人同意延长的，不得要求或允许修改其投标文件的实质性内容，但应当相应延长其投标保证金的有效期；投标人拒绝延长的，其投标失效，但投标人有权收回其投标保证金。因延长投标有效期造成投标损失的，招标人应当给予补偿，但因不可抗力需要延长投标有效期的除外。"

三、招标组织形式与招标代理

1. 招标组织形式

招标组织形式包括自行招标和委托招标。其中，自行招标，是指招标人自身具有编制招标文件和组织评标能力，依法自行办理招标事宜；而委托招标，是指招标人委托招标代理机构办理招标事宜。

招标人有权自行选择招标代理机构，委托其办理招标事宜。任何单位和个人不得以任何方式为招标人指定招标代理机构。

招标人具有编制招标文件和组织评标能力的，可以自行办理招标事宜。任何单位和个人不得强制其委托招标代理机构办理招标事宜。

依法必须进行招标的项目，招标人自行办理事宜的，应当向有关行政监督部门备案。

2. 招标代理

（1）招标代理的含义：此处的招标代理仅指工程建设项目招标代理。

工程建设项目招标代理（以下简称工程招标代理），是指工程招标代理机构接受招标人的委托，从事工程的勘察、设计、施工、监理以及与工程建设有关的重要设备（进口机电设备除外）、材料采购招标的代理业务。

（2）招标代理机构的性质：招标人不具备自行招标能力，或者不愿自行招标的，应当委托具有相应资格条件的专业招标代理机构，由其代理招标人进行招标。

招标代理机构是指依法设立、从事招标代理业务并提供相关服务的社会中介组织。招标代理机构应当在招标人委托的范围内办理招标事宜，并遵守本法关于招标人的规定。

招标代理机构不得无权代理、越权代理，不得明知委托事项违法而进行代理。招标代理机构不得接受同一招标项目的投标代理和投标咨询业务；未经招标人同意，不得转让招标代理业务。

招标代理机构应当具备下列条件：

1）有从事招标代理业务的营业场所和相应资金。

2）有能够编制招标文件和组织评标的相应专业力量。

3）有符合可以作为评标委员会成员人选的技术、经济等方面的专家库。

3. 招标代理机构资质管理

从事工程建设项目招标代理业务的招标代理机构，其资格由国务院或者省、自治区、直辖市人民政府的建设行政主管部门认定。具体办法由国务院建设行政主管部门会同国务院有关部门制定。从事其他招标代理业务的招标代理机构，其资格认定的主管部门由国务院规定。

招标代理机构与行政机关和其他国家机关不得存在隶属关系或者其他利益关系。

第三节　工程投标

一、投标人的资格要求

投标人是响应招标、参加投标竞争的法人或者其他组织。依法招标的科研项目允许个人参加投标的，投标的个人适用《招标投标法》有关投标人的规定。

投标人应当具备承担招标项目的能力；国家相关规定对投标人资格条件或者招标文件对投标人资格条件有规定的，投标人应当具备规定的资格条件。

二、投标人不得行使和禁止行使的行为

1.《招标投标法》

第三十二条　投标人不得相互串通投标报价，不得排挤其他投标人的公平竞争，损害招标人或者其他投标人的合法权益。

投标人不得与招标人串通投标，损害国家利益、社会公共利益或者他人的合法权益。

禁止投标人以向招标人或者评标委员会成员行贿的手段谋取中标。

第三十三条　投标人不得以低于成本的报价竞标。

在这里，所谓“成本”，应指投标人的个别成本，该成本是根据投标人的企业定额测定的成本。如果投标人低于本企业的成本报价竞标时，将很难保证建设工程的安全和质量，属于不正当竞争。

2.《工程建设项目施工招标投标办法》

第四十六条　下列行为均属于投标人串通投标报价：

（1）投标人之间相互约定抬高或降低投标报价。

（2）投标人之间相互约定，在招标项目中分别以高、中、低价位报价。

（3）投标人之间先进行内部竞价，内定中标人，然后再参加投标。

（4）投标人之间其他串通投标报价行为。

第四十七条　下列行为均属于招标人与投标人串通投标：

（1）招标人在开标前开启投标文件，并将投标情况告知其他投标人，或者协助投标人撤换投标文件，更改报价。

（2）招标人向投标人泄露标底。

（3）招标人与投标人商定，投标时压低或抬高标价，中标后再给投标人或招标人额外补偿。

（4）招标人预先内定中标人。

（5）其他串通投标行为。

第四十八条　以他人名义投标是指投标人挂靠其他施工单位，或从其他单位通过转让或租借的方式获取资格或资质证书，或者由其他单位及其法定代表人在自己编制的投标文件上加盖印章或签字等行为。

三、投标文件

1. 投标文件的编制

根据《招标投标法》第二十七条的规定，投标人应当按照招标文件的要求编制投标文件。投标文件应当对招标文件的实质性要求和条件作出响应。

招标项目属于建设施工的，投标文件的内容应当包括拟派出的项目负责人与主要技术人员的简历、业绩和拟用于完全招标项目的机械设备等。

投标人根据招标文件载明的项目实际情况，拟在中标后将中标项目的部分非主体、非关键性工作进行分包的，应当在投标文件中载明。

《工程建设项目施工招标投标办法》第三十七条规定，招标人可以在招标文件中要求投标人提交保证金。投标保证金除现金外，可以是银行出具的银行保函、保兑支票、银行汇票或现金支票。投标保证金一般不超过投标总价的2%，但最高不得超过80万元人民币。投标保证金有效期应当超出投标有效期30天。投标人应当按照招标文件要求的方式和金额，将投标保证金随投标文件提交给招标人。投标人不按招标文件要求提交保证金的，该投标文件将被拒绝，作废标处理。

2. 投标文件的提交

投标人应当在招标文件要求提交投标文件的截止时间前，将投标文件送达投标地点；在截止时间后送达的投标文件，招标人应当拒收。

招标人收到投标文件后，应当签收保存，不得开启。投标少于3个的，招标人应当依法重新招标。

3. 投标文件的补充、修改、替代或撤回

投标人在招标文件要求投标文件的截止时间前，可以补充、修改或者撤回已提交的投标文件，并书面通知招标人。补充、修改的内容为投标文件的组成部分。

在提交投标文件截止时间后到招标文件规定的投标有效期终止之前，投标人不得补充、修改、替代或者撤回投标文件的，其投标保证金将被没收。

四、联合体投标

1. 联合体投标的含义

联合体投标是指某承包单位为了承揽不适于自己单独承包的工程项目而与其他单位联合，以一个投标人的身份去投标的市场行为。

《招标投标法》第三十一条规定，对联合体各方资质条件要求如下：

（1）联合体各方均应当具备承担招标项目的相应能力；

（2）国家有关规定或者招标文件对投标人资格条件有规定的，联合体各方均应当具备规定的相应资格条件；

（3）由同一专业单位组成的联合体，按照资质等级较低的单位确定资质等级。

2. 共同投标协议

联合体各方应当签订共同投标协议，明确约定各方拟承担的工作和责任，并将共同投标协议连同投标文件一并提交招标人。

共同投标协议约定了组成联合体各成员单位在联合体中所承担的各自的工作范围，这个范围的确定也为建设单位判断该成员单位是否具备“相应的资格条件”提供了依据。共同投标协议也约定了组成联合体各成员单位在联合体中所承担的各自的责任，这也为将来可能引发的纠纷的解决提供了必要的依据。

所以共同投标协议对于联合体投标这种投标的形式是非常必要的，也正是基于此，《工程建设项目施工招标投标办法》第五十条将没有附有联合体各方共同投标协议的联合体投标确定为废标。

3. 联合体各方的责任

（1）履行共同投标协议中约定的责任。

共同投标协议中约定了联合体各方应该承担的责任，各成员单位必须要按照该协议的约定认真履行自己义务，否则将对对方承担违约责任。

同时，共同投标协议中约定的责任承担也是各成员单位最终的责任承担方式。

（2）就中标项目承担连带责任。

如果联合体中的一个成员单位没能按照合同约定履行义务，招标人可以要求联合体中任何一个成员单位承担不超过总债务的任何比例的债务，而该单位不得拒绝。该成员单位承担了被要求的责任后，有权向其他成员单位追偿其按照共同投标协议不应当承担的债务。

（3）不得重复投标。

联合体各方签订共同投标协议后，不得再以自己名义单独投标，也不得组成新的联合体或参加其他联合体在同一项目中投标。

(4) 不得随意改变联合体的构成。

联合体参加资格预审并获通过的，其组成的任何变化都必须在提交投标文件截止之日前征得招标人的同意。如果变化后的联合体削弱了竞争，含有事先未经过资格预审或者资格预审不合格的法人或者其他组织，或者使联合体的资质降到资格预审文件中规定的最低标准以下，招标人有权拒绝。

(5) 必须有代表联合体的牵头人。

联合体各方必须指定牵头人，授权其代表所有联合体成员负责投标和合同实施阶段的主办、协调工作，并应当向招标人提交由所有联合体成员法定代表人签署的授权书。

联合体投标的，应当以联合体各方或者联合体中牵头人的名义提交投标保证金。以联合体中牵头人名义提交的投标保证金，对联合体各成员具有约束力。

第四节　开标、评标和中标

一、开标程序和开标要求

根据《招标投标法》及相关规定，开标应当遵守如下程序：

(1) 开标应当在招标文件确定的提交投标文件截止时间的同一时间公开进行；开标地点应当为招标文件中预先确定的地点。开标由招标人主持，邀请所有投标人参加。开标时，由投标人或者其推选的代表检查投标文件的密封情况，也可以由招标人委托的公证机构检查并公证；经确认无误后，由工作人员当众拆封，宣读投标人名称、投标价格和投标的其他主要内容。开标过程应当记录，并存档备查。

(2) 投标人少于3个的，不得开标；招标人应当重新招标。

(3) 投标人对开标有异议的，应当在开标现场提出，招标人应当当场作出答复，并制作记录。

(4) 投标文件有下列情形之一的，招标人不予受理：

1) 逾期送达的或者未送达指定地点的。

2) 未按招标文件要求密封的。

二、组建评标委员会的规定和评标方法

1. 评标委员会组建

(1) 评标委员会的组成。

根据《招标投标法》第三十七条的规定，评标由招标人依法组建的评标委员会负责。依法必须进行招标的项目，其评标委员会由招标人的代表和有关技术、经济等方面的专家组成，成员为五人以上单数，其中技术、经济等方面的专家不得少于总成员的三分之二。

（2）评标专家的选取。

根据《招标投标法》和《评标委员会和评标方法暂行规定》的有关规定，技术、经济等方面的评标专家由招标人从国务院有关部门或者省、自治区、直辖市人民政府有关部门提供的专家名册或者招标代理机构的专家库的相关专业的专家名单中确定。一般招标项目可以采取随机抽取方式，技术特别复杂、专业性要求特别高或者国家有特殊要求的招标项目，采取随机抽取方式确定的专家难以胜任的，可以由招标人直接确定。

（3）对评标委员会成员的职业道德要求和保密义务。

根据《招标投标法》和《评标委员会和评标方法暂行规定》的有关规定，评标委员会成员应当客观、公正地履行职责，遵守职业道德，对所提出的评审意见承担个人责任。

评标委员会成员不得与任何投标人或者与招标结果有利害关系的人进行私下接触，不得收受投标人、中介人、其他利害关系人的财物或者其他好处。

评标委员会和与评标活动有关的工作人员不得透露对投标文件的评审和比较、中标候选人的推荐情况以及评标有关的其他情况。在这里，“与评标活动有关的工作人员”是指评标委员会成员以外的因参与评标监督工作或者事务性工作而知悉。

2. 评标

（1）评标要求。

招标人应当采取必要的措施，保证评标在严格保密的情况下进行。任何单位和个人不得非法干预、影响评标的过程和结果。评标委员会应当按照招标文件确定的评标标准和方法，对投标文件进行评审和比较；设有标底的，应当参考标底。

为确保评标过程的公正和独立性，评标委员会成员的名单在中标结果确定前应当保密。

评标委员会可以要求投标人对投标文件中含义不明确的内容作必要的澄清或者说明，但是澄清或者说明不得超出投标文件的范围或者改变投标文件的实质性内容。

评标委员会成员应当客观、公正地履行职务，遵守职业道德，对所提出的评审意见承担个人责任。评标委员会成员不得私下接触投标人，不得收受投标人的财物或者其他好处。评标委员会成员和参与评标的有关工作人员不得透露对投标文件的评审和比较、中标候选人的推荐情况以及与评标有关的其他情况。

（2）评标方法。

根据《招标投标法》第四十一条的规定，投标人的投标应当符合下列条件之一：

1）能够最大限度地满足招标文件中规定的各项综合评价标准。

2）能够满足招标文件的实质性要求，并且经评审的投标价格最低；但是投标价格低于成本的除外。

以上第一个条件实际上就是综合评分法，即评标委员会根据投标报价、质量承诺、工期、施工方案、业绩、信誉等招标文件规定的指标和评分标准进行评审打分，最后以评审得分的高低排定中标候选人的顺序，得分最高的排第一，依此类推。

第二个条件实际上就是经评审的最低投标价法，也即投标文件在满足了招标文件实质性要求的情况下，评标委员会根据招标文件规定的评审指标和标准对投标单位的报价进行修正，得到评审价，最后以评审价的高低排定中标候选人的顺序，评审价最低的排第一，依此类推。

（3）按废标处理的情形。

1）《工程建设项目施工招标投标办法》第五十条规定，以下情况将被作为废标处理：

①无单位盖章并无法定代表人或法定代表人授权的代理人签字或盖章的。

②未按规定的格式填写，内容不全或关键字迹模糊、无法辨认的。

③投标人递交两份或多份内容不同的投标文件，或在一份投标文件中对统一招标项目报有两个或多个报价，且未声明哪一个有效，按招标文件规定提交备选投标方案的除外。

④投标人名称或组织结构与资格预审时不一致的。

⑤未按招标文件要求提交投标保证金的。

⑥联合体投标为附联合体各方共同投标协议的。

2）2005年3月1日起实行的《工程建设项目货物招标投标办法》在《工程建设项目施工招标投标办法》的基础上进一步补充了应当作为废标的情形：

①无法定代表人出具的授权委托书。

②投标人名称或组织结构与资格预审时不一致且未提供有效证明。

③投标有效期不满足招标文件的要求的。

3）《招标投标法》第四十二条规定："评标委员会可以否决全部投标。依法必须进行招标的项目的所有投标被否决的，招标人应当依法重新招标。"

评标委员会在对实质上响应招标文件要求的投标进行报价评估时，除招标文件另有约定外，应当按下述原则进行修正：

①用数字表示数额与文字表示的数额不一致时，以文字数额为准。

②单价与工程量的乘积与总价之间不一致时，以单价为准。若单价有明显的小数点错位，应以总价为准，并修改单价。

调整后的报价经投标人确定后产生约束力。

三、中标人的确定和定标后续工作

1. 评标报告

评标委员会完成评标工作后，应当向招标人提出书面评标报告，并推荐合格的中标候选人。

招标人根据评标委员会提出的书面评标报告和推荐的中标候选人确定中标人。招标人也可以授权评标委员会直接确定中标人。

国务院对特定招标项目的评标有特别规定的，从其规定。

2. 中标候选人

评标委员会推荐的中标候选人应当限定在1～3人，并标明排列顺序。中标人的投标，应当符合下列条件之一：

1）能够最大限度地满足招标文件中规定的各项综合评价标准。

2）能够满足招标文件的实质要求，并且经评审的投标价格最低；但是投标价格低于成本的除外。

评标委员会经评审，认为所有投标都不符合招标文件要求的，可以否决所有投标。依法必须进行招标的项目的所有投标被否决的，招标人应当依照本法重新招标。在确定中标人前，招标人不得与投标人就投标价格、投标方案等实质性内容进行谈判。

3. 确定中标人

根据《招标投标法》和《工程建设项目施工招标投标办法》的有关规定，确定中标人应当遵守如下程序：

评标委员会提出书面评标报告后，招标人一般应当在15日内确定中标人，但最迟应当在投标有效期结束日30个工作日前确定。

招标人应当接受评标委员会推荐的中标候选人，不得在评标委员会推荐的中标候选人之外确定中标人。依法必须招标的项目，招标人应当确定排名第一的中标候选人为中标人。排名第一的中标候选人放弃中标、因不可抗力提出不能履行合同，或者招标文件规定应当提交履约保证金而在规定的期限内未能提交的，招标人可以确定排名第二的中标候选人为中标人，依此类推。

4. 定标后续工作

（1）中标通知书。

根据《招标投标法》，招标人发出中标通知书应当遵守如下规定：

中标人确定后，招标人应当向中标人发出中标通知书，并同时将中标结果通知所有未中标的投标人。

中标通知书对招标人和投标人具有法律效力。中标通知书发出后，招标人改变中标结果的，或者中标人放弃中标项目的，应当依法承担法律责任。

招标人不得以向中标人提出压低报价、增加工作量、缩短工期或其他违背中标人意愿的要求，以此作为发出中标通知书和签订合同的条件。

（2）签订合同。

《招标投标法》第四十六条规定："招标人和中标人应当自中标通知书发出之日起三十日内，按照招标文件和中标人的投标文件订立书面合同。招标人和中标人不得再行订立背离合同实质性内容的其他协议。"

如果出现了两个或者两个以上内容有矛盾的合同，将来就会出现履行合同时使用哪一个合同的争议。但是，有的时候，招标人为了能够获得更大的利益，会要求中标人另行签订一个背离合同实质性内容的合同。

针对这种情况可能产生的纠纷，《最高人民法院关于审理建设工程施工合同纠纷案件适用法律问题的解释》第二十一条规定："当事人就同一建设工程另行订立的建设工程施工合同与经过备案的中标合同实质性内容不一致的，应当以备案的中标合同作为结算工程价款的根据。""备案的中标合同"就是依据《招标投标法》第四十六条签订的书面合同。

（3）投标保证金与履约保证金。

招标人与中标人签订合同后5个工作日内，应当向中标人和未中标的投标人退还投标保证金。

招标人为了降低自己的风险，经常会要求投标人提交履约保证金，招标文件要求中标人提交履约保证金的，中标人应当提交，拒绝提交的，视为放弃中标项目。招标人要求中标人提高履约保证金或其他形式履约担保的，招标人应当同时向中标人提供工程款支付担保，招标人不得擅自提高履约保证金。

（4）其他事项。

中标人应当按照合同约定履行义务，完成中标项目。中标人不得向他人转让中标项目，也不得将中标项目肢解后分别向他人转让。

中标人按照合同约定或者经招标人同意，可以将中标项目的部分非主体、非关键性工作分包给他人完成。接受分包的人应当具备相应的资格条件，并不得再次分包。

中标人应当就分包项目向招标人负责，接受分包的人就分包项目承担连带责任。

根据《招标投标法》的有关规定，依法必须进行招标的项目，招标人应当自确定中标人之日起 15 日内，向有关行政主管部门提交招标投标情况书面报告。

第五节　招标投标活动监督管理与法律责任

一、招标投标活动监督管理

1.《建筑法》

第二十一条　建筑工程招标的开标、评标、定标由建设单位依法组织实施，并接受有关行政主管部门的监督。

第二十三条　政府及其所属部门不得滥用行政权力，限定发包单位将招标发包的建筑工程发包给指定的承包单位。

2.《招标投标法》

第七条　招标投标活动及其当事人应当接受依法实施的监督。

有关行政监督部门依法对招标投标活动实施监督，依法查处招标投标活动中的违法行为。

对招标投标活动的行政监督及有关部门的具体职权划分，由国务院规定。

第十二条　依法必须进行招标的项目，招标人自行办理招标适宜的，应当向有关行政监督部门备案。

第十六条　招标人采用公开招标方式的，应当发布招标公告。依法必须进行招标的项目的招标公告，应当通过国家指定的报刊、信息网络或者其他媒介发布。

招标公告应当载明招标人的名称和地址、招标项目的性质、数量、实施地点和时间以及获取招标文件的办法等事项。

第四十七条　依法必须进行招标的项目，招标人应当自确定中标人之日起十五日内，向有关行政监督部门提交招标投标情况的书面报告。

第六十一条　本章规定的行政处罚，由国务院规定的有关行政监督部门决定。本法已对实施行政处罚的机关作出规定的除外。

第六十五条　投标人和其他利害关系人认为招标投标活动不符合本法有关规定的，有权向招标人提出异议或者依法向有关行政监督部门投诉。

3.《招标投标法实施条例》

第三条　依法必须进行招标的工程建设项目的具体范围和规模标准，由国务院发展改革部门会同国务院有关部门制定，报国务院批准后公布施行。

第四条　国务院发展改革部门指导和协调全国招标投标工作，对国家重大建设项目的工程招标投标活动实施监督检查。国务院工业和信息化、住房和城乡建设、交通运输、铁道、水利、商务等部门，按照规定的职责分工对有关招标投标活动实施监督。

县级以上地方人民政府发展改革部门指导和协调本行政区域的招标投标工作。县级以上地方人民政府有关部门按照规定的职责分工，对招标投标活动实施监督，依法查处招标投标活动中的违法行为。县级以上地方人民政府对其所属部门有关招标投标活动的监督职责分工另有规定的，从其规定。

财政部门依法对实行招标投标的政府采购工程建设项目的预算执行情况和政府采购政策执行情况实施监督。

监察机关依法对与招标投标活动有关的监察对象实施监察。

第五条　设区的市级以上地方人民政府可以根据实际需要，建立统一规范的招标投标交易场所，为招标投标活动提供服务。招标投标交易场所不得与行政监督部门存在隶属关系，不得以赢利为目的。

国家鼓励利用信息网络进行电子招标投标。

二、法律责任

1. 招标人的违法责任

(1) 规避招标的法律责任。

依法必须进行招标的项目而不招标的，将必须精心招标的项目化整为零或者以其他任何方式规避招标的，有关行政监督部门责令限期改正，可以处项目合同金额千分之五以上千分之十以下的罚款；对全部或者部分使用国有资金的项目，项目审批部门可以暂停项目执行或者暂停资金拨付；对单位直接负责的主管人员和其他直接责任人员依法给予处分。

(2) 影响公平竞争的法律责任。

1) 招标人以不合理的条件限制或者排斥潜在投标人的，对潜在投标人实行歧视待遇的，强制要求投标人组成联合体共同投标的，或者限制投标人之间竞争的，责令改正，处以 1 万元以上 5 万元以下的罚款。

2) 依法必须进行招标的项目的招标人向他人透露已获取招标文件的潜在投标人的名称、数量或者影响公平竞争的有关招标投标的其他情况的，或者泄露标底的，给予警告，可以并处 1 万元以上 10 万元以下的罚款；对单位直接负责的主管人员和其他直接责任人员依法给予处分；构成犯罪的，依法追究刑事责任。

前款所列行为影响中标结果的，中标无效。

(3) 与投标人先行谈判的法律责任。

依法必须进行招标的项目，招标人违反本法规定，与投标人就投标价格、投标方案等实质性内容进行谈判的，给予警告，对单位直接负责的主管人员和其他直接责任人员依法给予处分。

前款所列行为影响中标结果的，中标无效。

（4）非法确定中标人的法律责任。

招标人在评标委员会依法推荐的中标候选人以外确定中标人的，依法必须进行招标的项目在所有投标被评标委员会否决后自行确定中标人的，中标无效。责令改正，可以处中标项目金额千分之五以上千分之十以下的罚款；对单位直接负责的主管人员和其他直接责任人员依法给予处分。

2. 投标人的违法责任

（1）串通投标的法律责任。

投标人相互串通投标或者与招标人串通投标的，投标人以向招标人或者评标委员会成员行贿的手段谋取中标的，中标无效，处项目合同金额千分之五以上千分之十以下的罚款；对单位直接负责的主管人员和其他直接责任人员处单位罚款数额百分之五以上百分之十以下的罚款：有违法所得的，并处没收违法所得；情节严重的，取消其一年至二年内参加依法必须进行的项目的投标资格并予以公告，直至由工商行政管理机关吊销营业执照；构成犯罪的，应依法追究刑事责任。给他人造成损失的，依法承担赔偿责任。

前款所列行为影响中标结果的，中标无效。

（2）骗取中标的法律责任。

投标人以他人名义投标或者以其他方式弄虚作假，骗取中标的，中标无效，给招标人造成损失的，依法承担赔偿责任；构成犯罪的，依法追究刑事责任。

依法必须精心招标的项目的投标人有前款所列行为尚未构成犯罪的，处中标项目金额千分之五以上千分之十以下罚款，对单位直接负责的主管人员和其他直接责任人员处单位罚款数额百分之五以上百分之十以下的罚款；有违法所得的，并处没收违法所得；情节严重的，取消其一年至三年内参加依法必须进行的项目的投标资格并予以公告，直至由工商行政管理机关吊销营业执照。

前款所列行为影响中标结果的，中标无效。

3. 招标代理机构的违法责任

招标代理机构违反本法规定，泄露应当保密的与招标投标活动有关的情况和资料的，或者与招标人、投标人串通损害国家利益、社会公共利益或者他人合法权益的，处五万元以上二十五万元以下的罚款，对单位直接负责的主管人员和其他直接责任人员处单位罚款数额百分之五以上百分之十以下的罚款：有违法所得的，并处没收违法所得；情节严重的，暂停直至取消招标代理资格，构成犯罪的，依法追究刑事责任。给他人造成损失的，依法承担赔偿责任。

前款所列行为影响中标结果的，中标无效。

4. 评标委员会的违法责任

评标委员会成员收受投标人的财物或者其他好处的，评标委员成员或者参加评标的有关工作人员向他人透露对投标文件的评审和比较，中标候选人的推荐与评标有关的其他情况的，给予警告，没收收受的财物，可以并处 3 000 元以上 5 万元以下的罚款，对有所列违法行为的评标委员会成员取消担任评标委员会成员的资格，不得再参加任何依法必须进行招标的项目的评标；构成犯罪的，依法追究刑事责任。

5. 中标人的违法责任

（1）非法分包、转包的违法责任。

中标人将中标项目转让给他人的，将中标项目肢解后分别转让给他人的，违反本法规定将中标项目的部分主体、关键性工作分包给他人的，或者分包人再次分包的，转让、分包无效，处转让、分包项目金额千分之五以上千分之十以下的罚款；有违法所得的，并处没收违法所得；可以责令停业整顿；情节严重的，由工商行政管理机关吊销营业执照。

（2）订立背离合同实质性内同协议的违法责任。

招标人与中标人不按照招标文件和中标人的投标文件订立合同的，或者招标人、中标人订立背离合同实质性内容的协议的，责令改正；可以处中标项目金额千分之五以上千分之十以下的罚款。

（3）中标人不履行与招标人订立的合同的，履约保证金不予退还，给招标人造成的损失超过履约保证金数额的，还应当对超过部分予以赔偿；没有提交履约保证金的，应当对招标人的损失承担赔偿责任。

中标人不按照与招标人订立的合同履行义务，情节严重的，取消其二年至五年内参加依法必须进行招标的项目的投标资格并予以公告，直至由工商行政管理机关吊销营业执照。

因不可抗力不能履行合同的，不适用前两款规定。

6. 政府及其他单位的违法责任

任何单位违反本法规定，限制或者排斥本地区、本系统以外的法人或者其他组织参加投标的，为招标人指定招标代理机构的，强制招标人委托招标代理机构办理招标事宜的，或者以其他方式干涉招标投标活动的，责令改正；对单位直接负责的主管人员和其他直接责任人员依法给予警告、记过、记大过的处分，情节较重的，依法给予降级、撤职、开除的处分。

个人利用职权进行前款违法行为的，依照前款规定追究责任。

对招标投标活动依法负有行政监督职责的国家机关工作人员徇私舞弊、滥用职权或者玩忽职守，构成犯罪的，依法追究刑事责任；不构成犯罪的，依法给予行政处分。

第三章　建设工程安全生产管理

第一节　安全生产法规总则

一、安全生产法律、法规适用范围及安全生产的方针

《中华人民共和国安全生产法》（以下简称《安全生产法》）已由第九届全国人民代表大会常务委员会第二十八次会议于2002年6月29日通过，自2002年11月1日起施行。

《安全生产法》第一条开宗明义地提出："为了加强安全生产监督管理，防止和减少生产安全事故，保障人民群众生命和财产安全，促进经济发展，制定本法。"这既是《安全生产法》的立法宗旨，又是法律所要解决的基本问题。《安全生产法》的立法指导思想、方针原则、基本法律制度、法律条文都是围绕这个立法宗旨确定的。

1.《安全生产法》的适用范围

《安全生产法》是对所有生产经营单位的生产经营活动普遍适用的基本法律，其适用范围可以从三个方面来看。

（1）空间范围。

《安全生产法》第二条规定，在中华人民共和国领域内从事生产经营活动的单位（以下统称生产经营单位）的安全生产，适用本法。

按照《安全生产法》第九十七条的规定，所有在中华人民共和国陆地、海域和领空的范围内从事生产经营活动的生产经营单位，必须依照《安全生产法》的规定进行生产经营活动，违法者必将受到法律制裁。

（2）主体和行为范围。

法律所谓的"生产经营单位"，是指所有从事生产经营活动的基本生产经营单元，具体包括各种所有制和组织形式的公司、企业、社会组织和个体工商户，以及从事生产经营活动的公民个人。

（3）排除适用。

《安全生产法》第二条规定，有关法律、行政法规对消防安全和道路交通安全、铁路交通安全、水上交通安全、民用航空安全另有规定的，适用其规定。

总之，在我国安全生产法律体系中，《安全生产法》的法律地位和法律效力是最高的。《安全生产法》是我国第一部安全生产领域的基本法律。

2. 安全生产管理的方针

根据《中华人民共和国建筑法》（以下简称《建筑法》）第三十六条规定：建筑工程安全生产管理必须坚持安全第一、预防为主的方针，建立健全安全生产的责任制度和群防群治制度。同时《安全生产法》第三条也规定了安全生产管理的基本方针，即坚持安全第一，预防为主。所谓“安全第一”，也就是说，在生产经营活动中，在处理保证安全与实现生产经营活动的其他各项目标的关系上，要始终把安全特别是从业人员和其他人员的人身安全放在首要的位置，实行“安全优先”的原则。“安全第一、预防为主”是法律形式加以固定和实施的安全生产基本方针，是《安全生产法》的灵魂。

为了从法律制度上保证“安全第一、预防为主”方针的落实，《安全生产法》规定了有关的基本制度和措施，主要包括：

（1）安全生产的市场准入制度，即生产经营单位必须具备法律、法规和国家标准或者行业标准规定的安全生产条件，不符合安全生产条件的，不得从事生产经营活动。

（2）《安全生产法》第五条规定，生产经营单位主要负责人对本单位安全生产工作全面负责的制度。

（3）企业必须依法设置安全生产管理机构或安全生产管理人员的制度。

（4）对生产经营单位的主要负责人、安全生产管理人员和从业人员进行安全生产教育、培训、考核的制度。

（5）对特种作业人员实行资格认定和持证上岗的制度。

（6）建设工程项目的安全措施应当与主体工程同时设计、同时施工、同时投入生产和使用的“三同时”制度。

（7）对部分危险性较大的建设工程项目实行安全条件论证、安全评价和安全措施验收的制度。

（8）安全设备的设计、制造、安装、使用、检测、维修和报废必须符合国家标准的制度。

（9）对危险性较大的特种设备实行安全认证和使用许可，非经认证和许可不得使用的制度。

（10）对从事危险品的生产经营活动实行前置审批和严格监管的制度。

（11）对严重危及生产安全的工艺、设备予以淘汰的制度。

（12）生产经营单位对重大危险源的登记建档及向安全监督管理部门报告备案的制度。

（13）对爆破、吊装等危险作业的现场安全管理制度。

（14）生产经营单位的安全生产管理人员对本单位安全生产状况的经常性检查、处理、报告和记录的制度等。

二、建设工程安全生产规范性文件

建设工程安全生产规范性文件主要包括三个方面的内容。

（1）安全生产相关法律法规，包括《建筑法》、《安全生产法》、《建设工程安全生产管理条例》（以下简称《安全生产管理条例》）、《特种设备安全监察条例》等。

（2）安全生产标准、技术规范，包括《建筑施工安全检查标准》、《施工企业安全生产评价标准》、《建筑施工现场环境与卫生标准》、施工现场临时建筑物技术规范等。

（3）规范性文件包括三个层次，国家级，省级，市级。例如，住房和城乡建设部文件有《关于印发〈关于进一步规范房屋建筑和市政工程生产安全事故报告和调查处理工作的若干意见〉的通知》、《关于印发〈危险性较大的分部分项工程安全管理办法〉的通知》等。湖南省住房和城乡建设厅文件有《湖南省建设工程质量与安全管理条例》、《建筑施工企业施工安全质量标准化工作导则》、《湖南省建设工程开工安全生产条件审查制度（试行）》等。长沙市住建委文件有《关于加强长沙市深基坑工程建设管理的通知》、《长沙市边坡及基坑支护设计文件编制深度要求》等。

第二节　施工单位的安全责任

一、施工单位主要负责人、项目负责人、专职安全管理人员、作业人员等的安全责任

1. 主要负责人和项目负责人的安全施工责任

《建筑法》第四十四条规定建筑施工企业的法定代表人对本企业的安全生产负责。施工单位主要负责人和项目负责人的安全素质直接关系到施工安全，必须将其应负的施工安全责任法律化。

《安全生产管理条例》第三十六条规定施工单位的主要负责人、项目负责人、专职安全生产管理人员应当经建设行政主管部门或者其他有关部门考核合格后方可任职。

施工单位应当对管理人员和作业人员每年至少进行一次安全生产教育培训，其教育培训情况记入个人工作档案。安全生产教育培训考核不合格的人员，不得上岗。

（1）施工单位主要负责人的安全责任

根据《安全生产法》第十七条有关生产经营单位主要负责人安全责任的规定，结合建设施工的实际，《安全生产管理条例》第二十一条第一款规定，施工单位主要负责人依法对本单位的安全生产工作全面负责。施工单位应当建立、健全安全生产责任制和安全教育培训制度，制定安全生产规章制度和操作规程，保证本单位安全生产条件所需资金的投入，对所承担的建设工程进行定期和专项安全检查，并做好安全检查记录。

《安全生产管理条例》第二十一条同时规定施工单位的项目负责人应当由取得相应执业资格的人员担任，对建设工程项目的安全施工负责，落实安全生产责任制度、安全生产规章制度和操作规程，确保安全生产费用的有效使用，并根据工程的特点组织

制定安全施工措施，消除安全事故隐患，及时、如实报告生产安全事故。

（2）项目负责人的安全责任

《安全生产法》第五条规定生产经营单位的主要负责人对本单位的安全生产工作全面负责。

《安全生产管理条例》第二十一条第二款规定，施工单位的项目负责人应当由取得相应执业资格的人员担任，对建设工程项目的安全施工负责，落实安全生产责任制、安全生产规章制度和操作规程，确保安全生产费用的有效使用，并根据工程的特点组织制定安全施工措施，消除安全事故隐患，及时、如实报告生产安全事故。

《安全生产管理条例》第二十七条规定建设工程施工前，施工单位负责项目管理的技术人员应当对有关安全施工的技术要求向施工作业班组、作业人员作出详细说明，并由双方签字确认。

2. 专职安全管理人员、作业人员等的安全责任

（1）安全管理机构和安全管理人员的配置

《安全生产法》第十九条第一款规定，矿山、建筑施工单位和危险物品的生产、经营、储存单位，应当设置安全生产管理机构或者配备专职安全生产管理人员。

《安全生产管理条例》第二十三条规定，施工单位应当设立安全生产管理机构，配备专职安全生产管理人员。专职安全生产管理人员负责对安全生产进行现场监督检查。发现安全事故隐患，应当及时向项目负责人和安全生产管理机构报告；对于违章指挥、违章操作的，应当立即制止。专职安全生产管理人员的配备办法由国务院建设行政主管部门会同国务院其他有关部门制定。

《安全生产管理条例》第二十六条规定施工单位应当在施工组织设计中编制安全技术措施和施工现场临时用电方案，对下列达到一定规模的危险性较大的分部分项工程编制专项施工方案，并附具安全验算结果，经施工单位技术负责人、总监理工程师签字后实施，由专职安全生产管理人员进行现场监督：

① 基坑支护与降水工程。

② 土方开挖工程。

③ 模板工程。

④ 起重吊装工程。

⑤ 脚手架工程。

⑥ 拆除、爆破工程。

⑦ 国务院建设行政主管部门或者其他有关部门规定的其他危险性较大的工程。

对前款所列工程中涉及深基坑、地下暗挖工程、高大模板工程的专项施工方案，施工单位还应当组织专家进行论证、审查。本条第一款规定的达到一定规模的危险性较大工程的标准，由国务院建设行政主管部门会同国务院其他有关部门制定。

（2）作业人员的安全责任

《建筑法》第四十七条规定建筑施工企业和作业人员在施工过程中，应当遵守有关安全生产的法律、法规和建筑行业安全规章、规程，不得违章指挥或者违章作业。作业人员有权对影响人身健康的作业程序和作业条件提出改进意见，有权获得安全生产所需的防护用品。作业人员对危及生命安全和人身健康的行为有权提出批评、检举和控告。

《安全生产管理条例》第三十三条规定作业人员应当遵守安全施工的强制性标准、规章制度和操作规程，正确使用安全防护用具、机械设备等。

（3）特种作业人员的安全责任

《安全生产管理条例》第二十五条规定，垂直运输机械作业人员、安装拆卸工、爆破作业人员、起重信号工、登高架设作业人员等特种作业人员，必须按照国家有关规定经过专门的安全作业培训，并取得特种作业操作资格证书后，方可上岗作业。

3. 施工单位的安全资质

《建筑法》第二十六条规定，承包建筑工程的单位应当持有依法取得的资质证书，并在其资质等级许可的业务范围内承揽工程。禁止建筑施工企业超越本企业资质等级许可的业务范围或者以任何形式用其他施工企业的名义承揽工程。禁止建筑施工企业以任何形式允许其他单位或者个人使用本企业的资质证书、营业执照，以本企业的名义承揽工程。建筑法律的有关规定确立的建筑市场准入制度，为施工单位的安全资质设定了法律规范。

《安全生产管理条例》对施工单位的安全资质作出了进一步的规定。《安全生产管理条例》第二十条规定施工单位从事建设工程的新建、扩建、改建和拆除等活动，应当具备国家规定的注册资本、专业技术人员、技术装备和安全生产等条件，依法取得相应等级的资质证书，并在其资质等级许可的范围内承揽工程。

二、施工单位安全教育培训责任、劳动保护责任

1. 施工单位的安全教育培训责任

根据《建筑法》第四十六条规定建筑施工企业应当建立健全劳动安全生产教育培训制度，加强对职工安全生产的教育培训；未经安全生产教育培训的人员，不得上岗作业。

《安全生产管理条例》第三十七条规定作业人员进入新的岗位或者新的施工现场前，应当接受安全生产教育培训。未经教育培训或者教育培训考核不合格的人员，不得上岗作业。

施工单位在采用新技术、新工艺、新设备、新材料时，应当对作业人员进行相应的安全生产教育培训。

2. 施工单位的劳动保护责任

必须切实加强管理，保证职工在生产过程中的安全和健康，促进生产的发展。企业要努力改善劳动条件，注意劳逸结合，制定以防止工伤事故、职工中毒和职业病为内容的安全技术措施长远规划和年度计划，并组织实施。

要加强季节性劳动保护工作。夏季要防暑降温；冬季要防寒防冻，防止煤气中毒；雨季和台风来临之前，应对临时设施和电气设备进行检修，沿河流域的工地要做好防洪抢险准备；雨雪过后要采取防滑措施。

建筑施工企业在施工过程中，应遵守有关安全生产的法律、法规和建筑行业安全规章、规程。企业法定代表人、项目经理、生产管理人员和工程技术人员不得违章指挥，强令作业人员违章作业，如因违章指挥、强令职工冒险作业而发生重大伤亡事故

或造成其他严重后果的，要依法追究其刑事责任。作业人员有权对影响人身健康的作业程序和作业条件提出改进意见，有权获得安全生产所需的防护用品。作业人员对危及生命安全和人身健康的行为有权提出批评、检举和控告。

（1）《安全生产管理条例》第二十九条规定施工单位应当将施工现场的办公、生活区与作业区分开设置，并保持安全距离；办公、生活区的选址应当符合安全性要求。职工的膳食、饮水、休息场所等应当符合卫生标准。施工单位不得在尚未竣工的建筑物内设置员工集体宿舍。

施工现场临时搭建的建筑物应当符合安全使用要求。施工现场使用的装配式活动房屋应当具有产品合格证。

《安全生产管理条例》第三十二条规定施工单位应当向作业人员提供安全防护用具和安全防护服装，并书面告知危险岗位的操作规程和违章操作的危害。

作业人员有权对施工现场的作业条件、作业程序和作业方式中存在的安全问题提出批评、检举和控告，有权拒绝违章指挥和强令冒险作业。

在施工中发生危及人身安全的紧急情况时，作业人员有权立即停止作业或者在采取必要的应急措施后撤离危险区域。

（2）人身意外伤害保险

《中华人民共和国建筑法》第四十八条规定：建筑施工企业必须为从事危险作业的职工办理意外伤害保险，支付保险费。这就是说，只要是从事危险作业的人员，不论是固定工，还是合同工；不论是正式工，还是农民工，其所在的建筑施工企业都必须为其办理意外伤害保险，并支付保险费。这种保险是强制的，它从法律上保障了职工的意外伤害经济补偿权利。

《安全生产管理条例》第三十八条规定，施工单位应当为施工现场从事危险作业的人员办理意外伤害保险。意外伤害保险费由施工单位支付。实行施工总承包的，由总承包单位支付意外伤害保险费。意外伤害保险期限自建设工程开工之日起至竣工验收合格止。

（3）女职工和未成年工的特殊保护

根据女职工的不同生理特点和未成年工的身体发育情况，有必要对其进行特殊保护。

《劳动法》第五十八条：国家对女职工和未成年工实行特殊劳动保护。未成年工是指年满16周岁未满18周岁的劳动者。

《劳动法》第五十九条：禁止安排女职工从事矿山井下、国家规定的第四级体力劳动强度的劳动和其他禁忌从事的劳动。

《劳动法》第六十条：不得安排女职工在经期从事高处、低温、冷水作业和国家规定的第三级体力劳动强度的劳动。

《劳动法》第六十一条：不得安排女职工在怀孕期间从事国家规定的第三级体力劳动强度的劳动和孕期禁忌从事的劳动。对怀孕7个月以上的女职工，不得安排其延长工作时间和夜班劳动。

《劳动法》第六十二条：女职工生育享受不少于90天的产假。

《劳动法》第六十三条：不得安排女职工在哺乳未满一周岁的婴儿期间从事国家规

定的第三级体力劳动强度的劳动和哺乳期禁忌从事的其他劳动，不得安排其延长工作时间和夜班劳动。

《劳动法》第六十四条：不得安排未成年工从事矿山井下、有毒有害、国家规定的第四级体力劳动强度的劳动和其他禁忌从事的劳动。

《劳动法》第六十五条：用人单位应当对未成年工定期进行健康检查。

三、总、分包单位的安全责任

《建筑法》第四十五条规定，施工现场安全由建筑施工企业负责。实行施工总承包的，由总承包单位负责。分包单位向总承包单位负责，服从总承包单位对施工现场的安全生产管理。

《安全生产管理条例》第二十四条也规定，建筑工程实行总承包的，由总承包单位对施工现场的安全生产负总责。总承包单位应当自行完成建设工程主体结构的施工。总承包单位依法将建设工程分包给其他单位的，分包合同中应当明确各自的安全生产方面的权利、义务。总承包单位和分包单位对分包工程的安全生产承担连带责任。分包单位应当服从总承包单位的安全生产管理，分包单位不服从管理导致生产安全事故的，由分包单位承担主要责任。

四、施工单位施工现场管理的安全责任

根据《建筑法》第四十五条规定施工现场安全由建筑施工企业负责。

根据《建筑法》第三十九条规定建筑施工企业应当在施工现场采取维护安全、防范危险、预防火灾等措施；有条件的，应当对施工现场实行封闭管理。施工现场对毗邻的建筑物、构筑物和特殊作业环境可能造成损害的，建筑施工企业应当采取安全防护措施。

根据《建筑法》第五十一条规定施工中发生事故时，建筑施工企业应当采取紧急措施减少人员伤亡和事故损失，并按照国家有关规定及时向有关部门报告。

《安全生产管理条例》第二十二条规定施工单位对列入建设工程概算的安全作业环境及安全施工措施所需费用，应当用于施工安全防护用具及设施的采购和更新、安全施工措施的落实、安全生产条件的改善，不得挪作他用。

《安全生产管理条例》第三十条规定施工单位对因建设工程施工可能造成损害的毗邻建筑物、构筑物和地下管线等，应当采取专项防护措施。

施工单位应当遵守有关环境保护法律、法规的规定，在施工现场采取措施，防止或者减少粉尘、废气、废水、固体废物、噪声、振动和施工照明对人和环境的危害和污染。

在城市市区内的建设工程，施工单位应当对施工现场实行封闭围挡。

《安全生产管理条例》第三十一条规定施工单位应当在施工现场建立消防安全责任制度，确定消防安全责任人，制定用火、用电、使用易燃易爆材料等各项消防安全管理制度和操作规程，设置消防通道、消防水源，配备消防设施和灭火器材，并在施工现场入口处设置明显标志。

《安全生产管理条例》第二十八条规定施工单位应当在施工现场入口处、施工起重

机械、临时用电设施、脚手架、出入通道口、楼梯口、电梯井口、孔洞口、桥梁口、隧道口、基坑边沿、爆破物及有害危险气体和液体存放处等危险部位，设置明显的安全警示标志。安全警示标志必须符合国家标准。

施工单位应当根据不同施工阶段和周围环境及季节、气候的变化，在施工现场采取相应的安全施工措施。施工现场暂时停止施工的，施工单位应当做好现场防护，所需费用由责任方承担，或者按照合同约定执行。

五、施工单位施工机械、设施等安全使用规定

《安全生产管理条例》第三十四条规定施工单位采购、租赁的安全防护用具、机械设备、施工机具及配件，应当具有生产（制造）许可证、产品合格证，并在进入施工现场前进行查验。

施工现场的安全防护用具、机械设备、施工机具及配件必须由专人管理，定期进行检查、维修和保养，建立相应的资料档案，并按照国家有关规定及时报废。

《安全生产管理条例》第三十五条规定施工单位在使用施工起重机械和整体提升脚手架、模板等自升式架设设施前，应当组织有关单位进行验收，也可以委托具有相应资质的检验检测机构进行验收；使用承租的机械设备和施工机具及配件的，由施工总承包单位、分包单位、出租单位和安装单位共同进行验收。验收合格的方可使用。

《安全生产管理条例》第十八条规定施工起重机械和整体提升脚手架、模板等自升式架设设施的使用达到国家规定的检验检测期限的，必须经具有专业资质的检验检测机构检测。经检测不合格的，不得继续使用。

《安全生产管理条例》第十九条规定检验检测机构对检测合格的施工起重机械和整体提升脚手架、模板等自升式架设设施，应当出具安全合格证明文件，并对检测结果负责。

施工单位应当自施工起重机械和整体提升脚手架、模板等自升式架设设施验收合格之日起30日内，向建设行政主管部门或者其他有关部门登记。登记标志应当置于或者附着于该设备的显著位置。

第三节　工程建设其他相关主体的安全责任

一、建设单位的安全责任

1. 规定建设单位安全责任的必要性

（1）建设单位是建筑工程的投资主体，在建筑活动中居于主导地位。

作为业主，建设单位有权选择勘察、设计、施工、工程监理的单位，可以自行选购施工所需的主要建筑材料，检查工程质量、控制进度、监督工程款使用，对施工的各个环节实行综合管理。

（2）因建设单位的市场行为不规范所造成的事故居多，必须依法规范。

有的建设单位为降低工程造价，不择手段地追求利润最大化，在招投标中压价，将工程发包价压低于成本价。为降低成本，向勘察、设计和监理单位提出违法要求，强令改变勘察设计；对安全措施费不认可，拒付安全生产合理费用，安全投入低；强令施工单位压缩工期，偷工减料，搞“豆腐渣工程”；将工程交给不具备资质和安全条件的单位或者个人施工或者拆除。

2. 建设单位的安全责任

（1）建设单位应当如实向施工单位提供有关施工资料。

《建筑法》第四十条规定，建设单位应当向建筑施工企业提供与施工现场相关的地下管线资料，建筑施工企业应当采取措施加以保护。

《安全生产管理条例》第六条也规定，建设单位应当向施工单位提供施工现场及毗邻区域内供水、排水、供电、供气、供热、通信、广播电视等地下观测资料，相邻建筑物和构筑物、地下工程的有关资料，并保证资料的真实、准确、完整。

建设单位因建设工程需要，向有关部门或者单位查询前款规定的资料时，有关部门或者单位应当及时提供。

（2）建设单位不得向有关单位提出非法要求，不得压缩合同工期。

《安全生产管理条例》第七条规定，建设单位不得对勘察、设计、施工、工程监理等单位提出不符合建设工程安全生产法律、法规和强制性标准规定的要求，不得要求压缩合同的工期。

（3）必须保证必要的安全投入。

《安全生产管理条例》第八条规定，建设单位在编制工程概算时，应当确定建设工程安全作业环境及安全施工所需要费用。

（4）不得明示或者暗示施工单位购买不符合安全要求的设备、设施、器材和用具。

《安全生产法》第三十一条规定，国家对严重危及生产安全的工艺、设备实行淘汰制度。生产经营单位不得使用国家明令淘汰、禁止使用的危及生产安全的工艺、设备。

《安全生产管理条例》第九条进一步规定，建设单位不得明示或者暗示施工单位购买、租赁、使用不符合安全施工要求的安全防护用具、机械设备、施工机具及配件、消防设施和器材。

（5）开工前报送有关安全施工措施的资料。

依照《安全生产管理条例》第十条的规定，建设单位在申请领取施工许可证时，应当提供建设工程有关安全施工措施的资料。依法批准开工报告的建设工程，建设单位应当自开工报告批准之日起15日内，将保证安全施工的措施报送建设工程所在地的县级以上人民政府建设行政主管部门或者其他有关部门备案。建设单位在申请领取施工许可证前，应当提供安全施工措施的资料：

1）施工现场总平面布置图。

2）临时设施规划方案和已搭建情况。

3）施工现场安全防护设施（防护网、棚）搭设（设置）计划。

4）施工进度计划，安全措施费用计划。

5）施工组织设计（方案、措施）。

6）拟进入现场使用的起重机械设备（塔式起重机、物料提升机、外用电梯）的型号、数量。

7）工程项目负责人、安全管理人员和特种作业人员持证上岗情况。

8）建设单位安全监督人员和工程监理人员的花名册。

建设单位在申请领取施工许可证时，所报送的安全施工措施资料应当真实、有效，能够反映建设工程的安全生产准备情况、达到的条件和施工实施阶段的具体措施。必要时，建设行政主管部门收到资料后，应当尽快派员到现场进行实地勘察。

（6）对拆除工程进行备案。

《建筑法》第五十条规定，房屋拆除应当由具备保证安全条件的建筑施工单位承担，由建筑施工单位负责人对安全负责。

《安全生产管理条例》第十一条规定，建设单位应当将拆除工程发包给具有相应资质等级的施工单位。建设单位应当在拆除工程施工 15 日前将下列资料报送建设工程所在地县级以上人民政府建设行政主管部门或者其他有关部门备案：

1）施工单位资质等级证明。

2）拟拆除建筑物、构筑物及可能危及毗邻建筑的说明。

3）拆除施工组织方案。

4）堆放、清除废弃物的措施。

（7）实施爆破作业的，应当遵守国家有关民用爆炸物品管理的规定。

《中华人民共和国民用爆炸物品管理条例》规定，进行大型爆破作业，或在城镇与其他居民聚集的地方，风景名胜区和重要工程设施附近进行控制爆破作业，施工单位必须事先将爆破作业方案，报县、市以上主管部门批准，并征得所在县、市公安局同意，方能实施爆破作业。

二、工程监理单位的安全责任

1. 审查施工组织设计的责任

《安全生产管理条例》第十四条规定工程监理单位应当审查施工组织设计中的安全技术措施或者专项施工方案是否符合工程建设强制性标准。

施工单位必须编制建设工程施工组织设计。根据《建筑法》第三十八条的规定，建筑施工企业在编制施工组织设计时，应当根据建筑工程的特点制定相应的安全技术措施；对专业性较强的工程项目，应当编制专项安全施工组织设计，并采取安全技术措施。建设工程实行总包和分包的，由总包单位负责编制施工组织设计或者分阶段施工组织设计。分包单位在总包单位的总体部署下，负责编制分包工程的施工组织设计。

施工组织设计应当包括下列主要内容：

（1）工程任务情况。

（2）施工总方案、主要施工方法、工程施工进度计划、主要单位工程综合进度计划和施工力量、机具及部署。

（3）施工组织技术措施，包括工程质量、安全防护以及环境污染防护等各种措施。

（4）施工总平面布置图。

（5）总包和分包的分工范围及交叉施工部署等。

根据《安全生产管理条例》的相关规定，施工组织设计中必须包含安全技术措施和施工现场临时用电方案。对基坑支护、降水工程、土方开挖工程、模板工程、起重吊装工程、脚手架工程、拆除工程、爆破工程等达到一定规模的危险性较大的分部分项工程，施工单位还应当编制专项施工方案。工程监理单位依法应当对这些安全技术措施和专项施工方案进行审查，审查的重点是其是否符合工程建设强制性标准。

2. 安全隐患报告的责任

《安全生产管理条例》第十四条规定，工程监理单位在实施监理过程中，发现存在安全事故隐患的，应当要求施工单位整改；情况严重的，应当要求施工单位暂时停止施工，并及时报告建设单位。施工单位拒不整改或者不停止施工的，工程监理单位应当及时向有关主管部门报告。

3. 依法监理的责任

《安全生产管理条例》第十四条规定，工程监理单位和监理工程师应当按照法律、法规和工程建设强制性标准实施监理，并对建设工程安全生产承担监理责任。

根据《安全生产管理条例》第五十七条的有关规定，工程监理单位违反上述三项法定义务，视情形将可能分别受到责令停业整顿并处罚款、降低资质等级、吊销资质证书等行政处罚；构成犯罪的，其直接责任人员要承担刑事责任；造成损失的，工程监理单位还要依法承担民事赔偿责任。

4. 市场准入和市场行为的规定

工程监理单位应当依法取得相应等级的资质证书，并在其资质等级许可的范围内承担工程监理业务。禁止工程监理单位超越本单位资质等级许可的范围或者以其他工程监理单位的名义承担工程监理业务。禁止工程监理单位允许其他单位或者个人以本单位的名义承担工程监理业务。工程监理单位不得转让工程监理业务。

5. 工程监理单位与被监理单位关系的限制性规定

工程监理单位与被监理工程的施工承包单位以及建筑材料、建筑构配件和设备供应单位有隶属关系或者其他利害关系的，不得承担该项建设工程的监理业务。

6. 工程监理单位对施工质量监理的依据和监理责任

工程监理单位应当依照法律、法规以及有关技术标准、设计文件和建设工程承包合同，代表建设单位对施工质量实施监理，并对施工质量承担监理责任。

7. 监理人员资格要求及权力方面的规定

工程监理单位应当选派具备相应资格的总监理工程师和监理工程师（专业）进驻施工现场。未经监理工程师签字，建筑材料、建筑构配件和设备不得在工程上使用或安装，施工单位不得进行下一道工序的施工。未经总监理工程师签字，建设单位不拨付工程款，不进行竣工验收。

8. 监理方式的规定

监理工程师应当按照工程监理规范的要求，采用旁站、巡视和平行检验等形式，对建设工程实施监理。

三、勘察、设计单位的安全责任

1. 勘察单位的安全责任

（1）确保勘察文件的质量，以保证后续工作的安全的责任。

《安全生产管理条例》第十二条规定，勘察单位应当按照法律、法规和工程建设强制性标准进行勘察，提供的勘察文件应当真实、准确，满足建设工程安全生产的需要。

（2）科学勘察，以保证周边建筑物安全的责任。

《安全生产管理条例》第十二条还规定，勘察单位在勘察作业时，应当严格执行操作规程，采取措施保证各类管线、设施和周边建筑物、构筑物的安全。

2. 设计单位的安全责任

（1）科学设计的责任。

（2）提出建议的责任：《安全生产管理条例》第十三条同时规定，设计单位应当考虑施工安全操作和防护的需要，对涉及施工安全的重点部位和环节在设计文件中注明，并对防范生产安全事故提出指导意见。

四、检验检测单位的安全责任

1. 取得相应资质的责任

检验检测单位必须通过国务院或者省人民政府质量技术监督部门计量认证，并通过国务院或者省人民政府建设行政主管部门或者交通、水利等行政主管部门的资质审查，取得国家规定的资质，在资质范围内承担建设工程检验检测业务。法律法规另有规定的，从其规定。

建设、施工单位和其他有关单位应当将建设工程检验检测业务委托给具有相应资质的检验检测单位。

2. 科学检验检测并报告的责任

检验检测单位按照法律法规和有关技术标准进行检验检测，出具的检验检测数据和结论必须真实、可靠，并对检验检测结论负责；对经检验检测不合格的，及时告知委托单位，并报告有关行政主管部门。

对检验检测结论有异议的，由提出异议的单位与原检验检测单位共同选定的检验检测单位重新进行检验检测。

检验检测机构的安全责任：《安全生产管理条例》第十九条规定，检验检测机构对检测合格的施工起重机械和整体提升脚手架、模板等自升式架设设施，应当出具安全合格证明文件，并对检测结果负责。

根据国务院《特种设备安全监察条例》的规定，检验检测机构和检验检测人员进行特种设备检验检测，应当遵循诚信原则和方便企业的原则，为施工单位提供可靠、便捷的检验检测服务。检验检测机构和检验检测人员应当客观、公正、及时地出具检验检测结果、鉴定结论。检测合格的，应当出具安全合格证明文件。检验检测结果、鉴定结论经检验检测人员签字后，由检验检测机构负责人签署。设备检验检测机构和检验检测人员对检验检测结果、鉴定结论负责。

设备检验检测机构进行设备检验检测时发现严重事故隐患，应当及时告知施工单位，并立即向特种设备安全监督管理部门报告。

采用新结构、新材料、新工艺的建设工程和特殊结构的建设工程，设计单位应当在设计中提出保障施工作业人员安全和预防生产安全事故的措施建议。

五、其他相关单位的安全责任

1. 机械设备和配件供应单位的安全责任

《安全生产管理条例》第十五条规定，为建设工程提供机械设备和配件的单位，应当按照安全施工的要求配备齐全有效的保险、限位等安全设施和装置。

2. 出租机械设备和施工机具及配件单位的安全责任

《安全生产管理条例》第十六条规定，出租的机械设备和施工机具及配件，应当具有生产（制造）许可证、产品合格证，并应当对出租的机械设备和施工机具及配件的安全性能进行检测，在签订租赁协议时，应当出具检测合格证明。禁止出租检测不合格的机械设备和施工机具及配件。

3. 施工起重机械和自升式架设设施安装、拆卸单位的安全责任

《安全生产管理条例》第十七条规定，在施工现场安装、拆卸施工起重机械和整体提升脚手架、模板等自升式架设设施，必须由具有相应资质的单位承担。

安装、拆卸施工起重机械和整体提升脚手架、模板等自升式架设设施，应当编制拆装方案、制定安全施工措施，并由专业技术人员现场监督。

施工起重机械和整体提升脚手架、模板等自升式架设设施安装完毕后，安装单位应当自检，出具自检合格证明，并向施工单位进行安全使用说明，办理验收手续并签字。

第四节　安全生产监督管理

安全生产监督管理制度涵盖了安全生产监督管理体制、各级安全生产监督管理部门以及其他有关部门各自的安全监督管理职责、公众监督、社区组织监督和新闻舆论监督等重要内容。安全生产监督管理的主体包括各级人民政府及其安全生产综合监督管理部门、有关部门、公民、工会、社区基层组织和新闻媒体，依照法律赋予的权力（权利）对安全生产工作进行监督。

一、政府对安全生产的监督管理

1. 负有安全生产监督管理职责的部门

（1）《安全生产法》第九条规定：国务院负责安全生产监督管理的部门依照本法，对全国安全生产工作实施综合监督管理；县级以上地方各级人民政府负责安全生产监督管理的部门依照本法，对本行政区域内安全生产工作实施综合监督管理。

国务院有关部门依照本法和其他有关法律、行政法规的规定，在各自的职责范围内对有关的安全生产工作实施监督管理；县级以上地方各级人民政府有关部门依照本法和其他有关法律、法规的规定，在各自的职责范围内对有关的安全生产工作实施监督管理。

(2)《安全生产法》第六十一条规定：监察机关依照行政监察法的规定，对负有安全生产监督管理职责的部门及其工作人员履行安全生产监督管理职责实施监察。

(3)《安全生产法》关于安全生产中介机构的监督管理的规定主要包括资质认可和责任追究两个方面。《安全生产法》第六十二条规定，承担安全评价、认证、监测、检验的机构应当具备国家规定的资质条件。这是确定其合法性的基本条件。《安全生产法》第六十二条同时也规定，承担安全评价、认证、检测、检验的机构“对其作出的安全评价、认证、检测、检验的结果负责。”依法取得资质的安全生产中介机构从事服务活动，必须遵守有关法律、法规和职业准则，独立享有权利，履行义务，承担责任。按照权责利一致的原则，取得合法资质的有关中介机构的责任必须明确。

2. 负有安全生产监督管理职责的部门的行政许可职责

县级以上人民政府中负有安全生产监督管理职责的部门，按照各自的职责分工对安全生产实施监督管理的主要职权之一，是依法对有关安全生产事项实施行政许可。

《安全生产法》第五十四条规定：依照本法第九条规定对安全生产负有监督管理职责的部门（以下统称负有安全生产监督管理职责的部门）依照有关法律、法规的规定，对涉及安全生产的事项需要审查批准（包括批准、核准、许可、注册、认证、颁发证照等，下同）或者验收的，必须严格依照有关法律、法规和国家标准或者行业标准规定的安全生产条件和程序进行审查；不符合有关法律、法规和国家标准或者行业标准规定的安全生产条件的，不得批准或者验收通过。对未依法取得批准或者验收合格的单位擅自从事有关活动的，负责行政审批的部门发现或者接到举报后应当立即予以取缔，并依法予以处理。对已经依法取得批准的单位，负责行政审批的部门发现其不再具备安全生产条件的，应当撤销原批准。

《安全生产法》第五十五条规定：负有安全生产监督管理职责的部门对涉及安全生产的事项进行审查、验收，不得收取费用；不得要求接受审查、验收的单位购买其指定品牌或者指定生产、销售单位的安全设备、器材或者其他产品。

3. 负有安全生产监督管理职责的部门依法监督检查时行使的职权

《安全生产法》第五十六条规定：负有安全生产监督管理职责的部门依法对生产经营单位执行有关安全生产的法律、法规和国家标准或者行业标准的情况进行监督检查，行使以下职权：

（一）进入生产经营单位进行检查，调阅有关资料，向有关单位和人员了解情况。

（二）对检查中发现的安全生产违法行为，当场予以纠正或者要求限期改正；对依法应当给予行政处罚的行为，依照本法和其他有关法律、行政法规的规定作出行政处罚决定。

（三）对检查中发现的事故隐患，应当责令立即排除；重大事故隐患排除前或者排除过程中无法保证安全的，应当责令从危险区域内撤出作业人员，责令暂时停产停业或者停止使用；重大事故隐患排除后，经审查同意，方可恢复生产经营和使用。

（四）对有根据认为不符合保障安全生产的国家标准或者行业标准的设施、设备、器材予以查封或者扣押，并应当在十五日内依法作出处理决定。

监督检查不得影响被检查单位的正常生产经营活动。

4. 与安全生产监督相关行为的规定

（1）安全生产监督检查人员依法履行职责的要求。

《安全生产法》对安全生产监督检查人员履行职责提出了要求。《安全生产法》第五十八条规定，安全生产监督检查人员应当忠于职守，坚持原则，秉公执法。安全生产监督检查人员执行监督检查任务时，必须出示有效的监督执法证件；对涉及被检查单位的技术秘密和业务秘密，应当为其保密。

《安全生产法》第五十九条规定，安全生产监督检查人员应当将检查的时间、地点、内容、发现的问题及其处理情况，作出书面记录，并由检查人员和被检查单位的负责人签字；被检查单位的负责人拒绝签字的，检查人员应当将情况记录在案，并向负有安全生产监督管理职责的部门报告。

（2）配合安全生产监督管理部门和人员进行监督检查的规定。

保证安全生产监督检查人员正常履行职责，生产经营单位积极配合也很重要。《安全生产法》第六十条规定，负有安全生产监督管理职责的部门在监督检查中，应当互相配合，实行联合检查；确需分别进行检查的，应当互通情况，发现存在的安全问题应当由其他有关部门进行处理的，应当及时移送其他有关部门并形成记录备查，接受移送的部门应当及时进行处理。

（3）安全生产违法行为的举报的规定。

《安全生产法》关于安全生产违法行为举报的规定包括社会举报和举报受理两个方面。

1）社会举报：《安全生产法》第六十四条规定："任何单位或者个人对事故隐患或者安全生产违法行为，均有权向负有安全生产监督管理职责的部门报告或者举报。"

2）举报受理：《安全生产法》第六十三条规定，负有安全生产监督管理职责的部门应当建立举报制度，公开举报电话、信箱或者电子邮件地址，受理有关安全生产的举报；受理的举报事项经调查核实后，应当形成书面材料；需要落实整改措施的，报经有关负责人签字并督促落实。

（4）安全生产社会监督、舆论监督的规定。

1）社会监督：作为政府监督管理的补充，发挥城乡社区基层组织在安全生产监督方面的作用十分重要。《安全生产法》第六十五条规定，居民委员会、村民委员会发现其所在区域内的生产经营单位存在事故隐患或者安全生产违法行为时，应当向当地人民政府或者有关部门报告。

2）舆论监督：《安全生产法》第六十七条明确规定，新闻、出版、广播、电影、电视等单位有进行安全生产宣传教育的义务，有对违反安全生产法律、法规的行为进行舆论监督的权利。

（5）对举报安全生产违法行为有功人员的奖励。

《安全生产法》第六十六条规定："县级以上人民政府及其有关部门对报告重大事故隐患或者举报安全生产违法行为的有功人员，给予奖励。具体奖励办法由国务院负责安全生产监督管理的部门会同国务院财政部门制定。"

（6）工会是政府监督管理的重要补充。

《安全生产法》第七条规定，工会依法组织职工参加本单位安全生产工作的民主管理和民主监督，维护职工在安全生产方面的合法权益。

《安全生产法》第五十二条规定：工会有权对建设项目的安全设施与主体工程同时设计、同时施工、同时投入生产和使用进行监督，提出意见。

（7）安全生产检查收费的规定。

《安全生产法》第五十五条规定：负有安全生产监督管理职责的部门对涉及安全生产的事项进行审查、验收，不得收取费用；不得要求接受审查、验收的单位购买其指定品牌或者指定生产、销售单位的安全设备、器材或者其他产品。

二、安全生产许可证管理

国家对建筑施工企业实行安全生产许可制度。建筑施工企业未取得安全生产许可证的，不得从事建筑施工活动。

1. 安全生产许可证的颁发与管理

根据《建筑施工企业安全生产许可证管理规定》第三条的规定，国务院建设主管部门负责中央管理的建筑施工企业安全生产许可证的颁发和管理。

省、自治区、直辖市人民政府建设主管部门负责本行政区域内前款规定以外的建筑施工企业安全生产许可证的颁发和管理，并接受国务院建设主管部门的指导和监督。

市、县人民政府建设主管部门负责本行政区域内建筑施工企业安全生产许可证的监督管理，并将监督检查中发现的企业违法行为及时报告安全生产许可证颁发管理机关。

2. 安全生产许可证申领的办法

根据《建筑施工企业安全生产许可证管理规定》第五条的规定，建筑施工企业从事建筑施工活动前，应当依照本规定向省级以上建设主管部门申请领取安全生产许可证。

中央管理的建筑施工企业（集团公司、总公司）应当向国务院建设主管部门申请领取安全生产许可证。

前款规定以外的其他建筑施工企业，包括中央管理的建筑施工企业（集团公司、总公司）下属的建筑施工企业，应当向企业注册所在地省、自治区、直辖市人民政府建设主管部门申请领取安全生产许可证。

根据《建筑施工企业安全生产许可证管理规定》第八条的规定，安全生产许可证由国务院安全生产监督管理部门规定统一的式样。安全生产许可证分正本和副本，正、副本具有同等法律效力。

根据《安全生产许可证条例》第四条的规定，企业取得安全生产许可证，应当具备下列安全生产条件：

（1）建立、健全安全生产责任制，制定完备的安全生产规章制度和操作规程。

（2）安全投入符合安全生产要求。

（3）设置安全生产管理机构，配备专职安全生产管理人员。

（4）主要负责人和安全生产管理人员经考核合格。

（5）特种作业人员经有关业务主管部门考核合格，取得特种作业操作资格证书。

（6）从业人员经安全生产教育和培训合格。

（7）依法参加工伤保险，为从业人员缴纳保险费。

（8）厂房、作业场所和安全设施、设备、工艺符合有关安全生产法律、法规、标准和规程的要求。

（9）有职业病危害防治措施，并为从业人员配备符合国家标准或者行业标准的劳动防护用品。

（10）依法进行安全评价。

（11）有重大危险源检测、评估、监控措施和应急预案。

（12）有生产安全事故应急救援预案、应急救援组织或者应急救援人员，配备必要的应急救援器材、设备。

（13）法律、法规规定的其他条件。

根据《建筑施工企业安全生产许可证管理规定》第六条的规定，建筑施工企业申请安全生产许可证时，应当向建设主管部门提供下列材料：

（1）建筑施工企业安全生产许可证申请表。

（2）企业法人营业执照。

（3）第四条规定的相关文件、材料。

建筑施工企业申请安全生产许可证，应当对申请材料实质内容的真实性负责，不得隐瞒有关情况或者提供虚假材料。

根据《安全生产许可证条例》第七条的规定，企业进行生产前，应当依照本条例的规定向安全生产许可证颁发管理机关申请领取安全生产许可证，并提供本条例第六条规定的相关文件、资料。安全生产许可证颁发管理机关应当自收到申请之日起 45 日内审查完毕，经审查符合本条例规定的安全生产条件的，颁发安全生产许可证；不符合本条例规定的安全生产条件的，不予颁发安全生产许可证，书面通知企业并说明理由。

建设主管部门审查建筑施工企业安全生产许可证申请，涉及铁路、交通、水利等有关专业工程时，可以征求铁路、交通、水利等有关部门的意见。

3. 安全生产许可证的有效期限和变更管理

根据《安全生产许可证条例》第九条的规定，安全生产许可证的有效期为 3 年。安全生产许可证有效期满需要延期的，企业应当于期满前 3 个月向原安全生产许可证颁发管理机关申请办理延期手续。

企业在安全生产许可证有效期内，严格遵守有关安全生产的法律法规，未发生死亡事故的，安全生产许可证有效期届满时，经原安全生产许可证颁发管理机关同意，不再审查，安全生产许可证有效期延期 3 年。

根据《建筑施工企业安全生产许可证管理规定》第九条的规定，建筑施工企业变更名称、地址、法定代表人等，应当在变更后 10 日内，到原安全生产许可证颁发管理机关办理安全生产许可证变更手续。

建筑施工企业破产、倒闭、撤销的，应当将安全生产许可证交回原安全生产许可证颁发管理机关予以注销。

建筑施工企业遗失安全生产许可证，应当立即向原安全生产许可证颁发管理机关报告，并在公众媒体上声明作废后，方可申请补办。

第五节　工程建设相关主体违反安全生产法律法规应承担的法律责任

追究安全生产违法行为法律责任的形式有 3 种，即行政责任、民事责任和刑事责任。

1. 行政责任

行政责任是指责任主体违反安全生产法律规定，由有关人民政府和安全生产监督管理部门、公安机关依法对其实施行政处罚的一种法律责任。

《安全生产法》针对安全生产违法行为设定的行政处罚，共有责令改正、责令限期改正、责令停产停业整顿、责令停止建设、停止使用、责令停止违法行为、罚款、没收违法所得、吊销证照、行政拘留、关闭 11 种。

2. 民事责任

民事责任是指责任主体违反安全生产法律规定造成民事损害，由人民法院依照民事法律强制其进行民事赔偿的一种法律责任。民事责任的追究是为了最大限度地维护当事人受到民事损害时享有获得民事赔偿的权利。《安全生产法》在立法中设定了民事责任，依法调整当事人之间在安全生产方面的人身关系和财产关系，重视对财产权利的保护。

3. 刑事责任

《安全生产法》设定了刑事责任。《刑法》有关安全生产违法行为的罪名，主要是重大责任事故罪、重大劳动安全事故罪、危险物品肇事罪和提供虚假证明文件罪以及国家工作人员职务犯罪等。

一、安全生产违法行为的责任主体与行政处罚的决定机关

1. 安全生产违法行为的责任主体

《安全生产法》第八条、第九条明确规定了各级地方人民政府和负有安全生产监督管理职责的部门对其管辖行政区域和职权范围内的安全生产工作进行监督管理。监督管理既是法定职权，又是法定职责。

（1）有关人民政府和负有安全生产监督管理职责的部门及其领导人、负责人。

《安全生产法》第八十六条规定：生产经营单位将生产经营项目、场所、设备发包或者出租给不具备安全生产条件或者相应资质的单位或者个人的，责令限期改正，没收违法所得；违法所得五万元以上的，并处违法所得一倍以上五倍以下的罚款；没有违法所得或者违法所得不足五万元的，单处或者并处一万元以上五万元以下的罚款；导致发生生产安全事故给他人造成损害的，与承包方、承租方承担连带赔偿责任。第九十五条规定：“生产经营单位发生生产安全事故造成人员伤亡、他人财产损失的，应当依法承担赔偿责任”。

（2）生产经营单位及其负责人、有关主管人员。

《安全生产法》第十条规定：生产经营单位必须执行依法制定的保障安全生产的国

家标准或者行业标准。第十八条规定：生产经营单位应当具备的安全生产条件所必需的资金投入，由生产经营单位的决策机构、主要负责人或者个人经营的投资人予以保证，并对由于安全生产所必需的资金投入不足导致的后果承担责任。

《安全生产法》第十七条规定：“生产经营单位的主要负责人对本单位安全生产工作负有下列职责：

（一）建立、健全本单位安全生产责任制。

（二）组织制定本单位安全生产规章制度和操作规程。

（三）保证本单位安全生产投入的有效实施。

（四）督促、检查本单位的安全生产工作，及时消除生产安全事故隐患。

（五）组织制定并实施本单位的生产安全事故应急救援预案。

（六）及时、如实报告生产安全事故。”

《安全生产法》第十九条规定：“矿山、建筑施工单位和危险物品的生产、经营、储存单位，应当设置安全生产管理机构或者配备专职安全生产管理人员。

前款规定以外的其他生产经营单位，从业人员超过三百人的，应当设置安全生产管理机构或者配备专职安全生产管理人员；从业人员在三百人以下的，应当配备专职或者兼职的安全生产管理人员，或者委托具有国家规定的相关专业技术资格的工程技术人员提供安全生产管理服务。”

《安全生产法》第二十条规定：生产经营单位的主要负责人和安全生产管理人员必须具备与本单位所从事的生产经营活动相应的安全生产知识和管理能力。

（3）生产经营单位的从业人员。

从业人员直接从事生产经营活动，《安全生产法》在赋予他们必要的安全生产权利的同时，设定了他们必须履行的安全生产义务。如果因从业人员违反安全生产义务而导致重大、特大事故，那么必须承担相应的法律责任。

《安全生产法》第二十一条规定：生产经营单位应当对从业人员进行安全生产教育和培训，保证从业人员具备必要的安全生产知识，熟悉有关的安全生产规章制度和安全操作规程，掌握本岗位的安全操作技能。未经安全生产教育和培训合格的从业人员，不得上岗作业。

《安全生产法》第九十条规定：生产经营单位的从业人员不服从管理，违反安全生产规章制度或者操作规程的，由生产经营单位给予批评教育，依照有关规章制度给予处分；造成重大事故，构成犯罪的，依照刑法有关规定追究刑事责任。

（4）安全生产中介服务机构和安全生产中介服务人员。

《安全生产法》第十二条规定：依法设立的为安全生产提供技术服务的中介机构，依照法律、行政法规和职业准则，接受生产经营单位的委托为其安全生产工作提供技术服务。

《安全生产法》第七十九条规定：承担安全评价、认证、检测、检验工作的机构，出具虚假证明，构成犯罪的，依照刑法有关规定追究刑事责任；尚不够刑事处罚的，没收违法所得，违法所得在五千元以上的，并处违法所得二倍以上五倍以下的罚款，没有违法所得或者违法所得不足五千元的，单处或者并处五千元以上二万元以下的罚款，对其直接负责的主管人员和其他直接责任人员处五千元以上五万元以下的罚款；

给他人造成损害的，与生产经营单位承担连带赔偿责任。

(5) 负有安全生产监督管理职责的部门工作人员。

《安全生产法》第七十七条规定：负有安全生产监督管理职责的部门的工作人员，有下列行为之一的，给予降级或者撤职的行政处分；构成犯罪的，依照刑法有关规定追究刑事责任：

（一）对不符合法定安全生产条件的涉及安全生产的事项予以批准或者验收通过的。

（二）发现未依法取得批准、验收的单位擅自从事有关活动或者接到举报后不予取缔或者不依法予以处理的。

（三）对已经依法取得批准的单位不履行监督管理职责，发现其不再具备安全生产条件而不撤销原批准或者发现安全生产违法行为不予查处的。

2. 安全生产违法行为行政处罚的决定机关

安全生产违法行为行政处罚的决定机关也称行政执法主体，是指法律、法规授权履行法律实施职权和负责追究有关法律责任的国家行政机关。

具体地说，《安全生产法》规定的行政执法主体有 4 种：

①县级以上人民政府负责安全生产监督管理职责的部门。

《安全生产法》第九条规定：国务院负责安全生产监督管理的部门依照本法，对全国安全生产工作实施综合监督管理；县级以上地方各级人民政府负责安全生产监督管理的部门依照本法，对本行政区域内安全生产工作实施综合监督管理。

国务院有关部门依照本法和其他有关法律、行政法规的规定，在各自的职责范围内对有关的安全生产工作实施监督管理；县级以上地方各级人民政府有关部门依照本法和其他有关法律、法规的规定，在各自的职责范围内对有关的安全生产工作实施监督管理。

《安全生产法》第九十四条规定：本法规定的行政处罚，由负责安全生产监督管理的部门决定；予以关闭的行政处罚由负责安全生产监督管理的部门报请县级以上人民政府按照国务院规定的权限决定；给予拘留的行政处罚由公安机关依照治安管理处罚条例的规定决定。有关法律、行政法规对行政处罚的决定机关另有规定的，依照其规定。

②县级以上人民政府。

③公安机关。

《安全生产法》第九十一条规定：生产经营单位主要负责人在本单位发生重大生产安全事故时，不立即组织抢救或者在事故调查处理期间擅离职守或者逃匿的，给予降职、撤职的处分，对逃匿的处十五日以下拘留；构成犯罪的，依照刑法有关规定追究刑事责任。

《安全生产法》第九十四条规定："给予拘留的行政处罚由公安机关依照治安管理处罚条例的规定决定。"对违反《安全生产法》有关规定需要予以拘留的，除公安机关以外的其他部门、单位和公民，都无权擅自抓人。

④法定的其他行政机关。

《安全生产法》第九十四条规定："有关法律、行政法规对行政处罚的决定机关另有规定的，依照其规定。"依照有关安全生产法律、行政法规履行某些行政处罚权力的，主要有公安、工商、铁道、交通、民航、建筑、质检和煤矿安全监察等专项安全生产监管部门和机构，他们在有关法律、行政法规授权的范围内，有权决定相应的行政处罚。

《安全生产管理条例》第六十八条规定：本条例规定的行政处罚，由建设行政主管部门或者其他有关部门依照法定职权决定。违反消防安全管理规定的行为，由公安消防机构依法处罚。有关法律、行政法规对建设工程安全生产违法行为的行政处罚决定机关另有规定的，从其规定。

二、施工单位违反安全生产法律法规应承担的法律责任

(1)《安全生产管理条例》第五十三条规定县级以上人民政府建设行政主管部门或者其他有关行政管理部门的工作人员，有下列行为之一的，给予降级或者撤职的行政处分；构成犯罪的，依照刑法有关规定追究刑事责任：

1）对不具备安全生产条件的施工单位颁发资质证书的。

2）对没有安全施工措施的建设工程颁发施工许可证的。

3）发现违法行为不予查处的。

4）不依法履行监督管理职责的其他行为。

(2)《安全生产管理条例》第五十三条规定：建设单位未提供建设工程安全生产作业环境及安全施工措施所需费用的，责令限期改正；逾期未改正的，责令该建设工程停止施工。

建设单位未将保证安全施工的措施或者拆除工程的有关资料报送有关部门备案的，责令限期改正，给予警告。

(3)《安全生产管理条例》第五十五条规定：建设单位有下列行为之一的，责令限期改正，处20万元以上50万元以下的罚款；造成重大安全事故，构成犯罪的，对直接责任人员，依照刑法有关规定追究刑事责任；造成损失的，依法承担赔偿责任：

1）对勘察、设计、施工、工程监理等单位提出不符合安全生产法律、法规和强制性标准规定的要求的。

2）要求施工单位压缩合同约定的工期的。

3）将拆除工程发包给不具有相应资质等级的施工单位的。

(4)《安全生产管理条例》第五十六条规定：勘察单位、设计单位有下列行为之一的，责令限期改正，处10万元以上30万元以下的罚款；情节严重的，责令停业整顿，降低资质等级，直至吊销资质证书；造成重大安全事故，构成犯罪的，对直接责任人员，依照刑法有关规定追究刑事责任；造成损失的，依法承担赔偿责任：

1）未按照法律、法规和工程建设强制性标准进行勘察、设计的。

2）采用新结构、新材料、新工艺的建设工程和特殊结构的建设工程，设计单位未在设计中提出保障施工作业人员安全和预防生产安全事故的措施建议的。

(5)《安全生产管理条例》第五十七条规定：工程监理单位有下列行为之一的，责令限期改正；逾期未改正的，责令停业整顿，并处10万元以上30万元以下的罚款；情节严重的，降低资质等级，直至吊销资质证书；造成重大安全事故，构成犯罪的，对直接责任人员，依照刑法有关规定追究刑事责任；造成损失的，依法承担赔偿责任：

1）未对施工组织设计中的安全技术措施或者专项施工方案进行审查的。

2）发现安全事故隐患未及时要求施工单位整改或者暂时停止施工的。

3）施工单位拒不整改或者不停止施工，未及时向有关主管部门报告的。

4）未依照法律、法规和工程建设强制性标准实施监理的。

(6)《安全生产管理条例》第五十八条规定：注册执业人员未执行法律、法规和工程建设强制性标准的，责令停止执业3个月以上1年以下；情节严重的，吊销执业资格证书，5年内不予注册；造成重大安全事故的，终身不予注册；构成犯罪的，依照刑法有关规定追究刑事责任。

(7)《安全生产管理条例》第五十九条规定：为建设工程提供机械设备和配件的单位，未按照安全施工的要求配备齐全有效的保险、限位等安全设施和装置的，责令限期改正，处合同价款1倍以上3倍以下的罚款；造成损失的，依法承担赔偿责任。

(8)《安全生产管理条例》第六十条规定：出租单位出租未经安全性能检测或者经检测不合格的机械设备和施工机具及配件的，责令停业整顿，并处5万元以上10万元以下的罚款；造成损失的，依法承担赔偿责任。

(9)《安全生产管理条例》第六十一条规定：施工起重机械和整体提升脚手架、模板等自升式架设设施安装、拆卸单位有下列行为之一的，责令限期改正，处5万元以上10万元以下的罚款；情节严重的，责令停业整顿，降低资质等级，直至吊销资质证书；造成损失的，依法承担赔偿责任：

1）未编制拆装方案、制定安全施工措施的。

2）未由专业技术人员现场监督的。

3）未出具自检合格证明或者出具虚假证明的。

4）未向施工单位进行安全使用说明，办理移交手续的。

施工起重机械和整体提升脚手架、模板等自升式架设设施安装、拆卸单位有前款规定的第1）项、第3）项行为，经有关部门或者单位职工提出后，对事故隐患仍不采取措施，因而发生重大伤亡事故或者造成其他严重后果，构成犯罪的，对直接责任人员，依照刑法有关规定追究刑事责任。

(10)《湖南省建设工程质量和安全生产管理条例》规定：检验检测单位未取得国家规定的资质从事建设工程检验检测活动的，由省人民政府建设行政主管部门或者交通、水利等行政主管部门予以取缔，没收违法所得，处违法所得一倍以上二倍以下罚款。

检验检测单位出具虚假检验检测报告的，由县级以上人民政府建设行政主管部门或者交通、水利等行政主管部门责令停业整顿，可并处5 000元以上3万元以下罚款；情节严重的，吊销其资质证书。检验检测单位未将检验检测不合格的情况及时报告有关行政主管部门的，由县级以上人民政府建设行政主管部门或者交通、水利等行政主管部门责令改正。

第六节　生产安全事故报告与调查处理

一、生产安全事故定级与报告

1. 生产安全事故定级

《生产安全事故报告和调查处理条例》第三条规定，根据生产安全事故（以下简称事故）造成的人员伤亡或者直接经济损失，事故一般分为以下等级：

特别重大事故，是指造成30人以上死亡，或者100人以上重伤（包括急性工业中毒，下同），或者1亿元以上直接经济损失的事故。

重大事故，是指造成10人以上30人以下死亡，或者50人以上100人以下重伤，或者5 000万元以上1亿元以下直接经济损失的事故。

较大事故，是指造成3人以上10人以下死亡，或者10人以上50人以下重伤，或者1 000万元以上5 000万元以下直接经济损失的事故。

一般事故，是指造成3人以下死亡，或者10人以下重伤，或者1 000万元以下直接经济损失的事故。

国务院安全生产监督管理部门可以会同国务院有关部门，制定事故等级划分的补充性规定（本条第一款所称的“以上”包括本数，所称的“以下”不包括本数）。

2. 生产安全事故报告

《生产安全事故报告和调查处理条例》第四条规定，事故报告应当及时、准确、完整，任何单位和个人对事故不得迟报、漏报、谎报或者瞒报。事故调查处理应当坚持实事求是、尊重科学的原则，及时、准确地查清事故经过、事故原因和事故损失，查明事故性质，认定事故责任，总结事故教训，提出整改措施，并对事故责任者依法追究责任。

（1）事故报告程序要求。

《生产安全事故报告和调查处理条例》第九条规定，事故发生后，事故现场有关人员应当立即向本单位负责人报告；单位负责人接到报告后，应当于1小时内向事故发生地县级以上人民政府安全生产监督管理部门和负有安全生产监督管理职责的有关部门报告。情况紧急时，事故现场有关人员可以直接向事故发生地县级以上人民政府安全生产监督管理部门和负有安全生产监督管理职责的有关部门报告。

《生产安全事故报告和调查处理条例》第十条规定，安全生产监督管理部门和负有安全生产监督管理职责的有关部门接到事故报告后，应当依照下列规定上报事故情况，并通知公安机关、劳动保障行政部门、工会和人民检察院：特别重大事故、重大事故逐级上报至国务院安全生产监督管理部门和负有安全生产监督管理职责的有关部门；较大事故逐级上报至省、自治区、直辖市人民政府安全生产监督管理部门和负有安全生产监督管理职责的有关部门；一般事故上报至设区的市级人民政府安全生产监督管理部门和负有安全生产监督管理职责的有关部门。

安全生产监督管理部门和负有安全生产监督管理职责的有关部门依照前款规定上报事故情况，应当同时报告本级人民政府。国务院安全生产监督管理部门和负有安全生产监督管理职责的有关部门以及省级人民政府接到发生特别重大事故、重大事故的报告后，应当立即报告国务院。必要时，安全生产监督管理部门和负有安全生产监督管理职责的有关部门可以越级上报事故情况。

（2）事故报告内容要求。

《生产安全事故报告和调查处理条例》第十二条规定，报告事故应当包括下列内容：事故发生单位概况；事故发生的时间、地点以及事故现场情况；事故的简要经过；事故已经造成或者可能造成的伤亡人数（包括下落不明的人数）和初步估计的直接经济损失；已经采取的措施；其他应当报告的情况。

（3）事故报告时间要求。

《生产安全事故报告和调查处理条例》第十一条规定，安全生产监督管理部门和负有安全生产监督管理职责的有关部门逐级上报事故情况，每级上报的时间不得超过2小时。《生产安全事故报告和调查处理条例》第十三条规定，事故报告后出现新情况的，应当及时补报。自事故发生之日起30日内，事故造成的伤亡人数发生变化的，应当及时补报。道路交通事故、火灾事故自发生之日起7日内，事故造成的伤亡人数发生变化的，应当及时补报。

《生产安全事故报告和调查处理条例》第十五条规定，事故发生地有关地方人民政府、安全生产监督管理部门和负有安全生产监督管理职责的有关部门接到事故报告后，其负责人应当立即赶赴事故现场，组织事故救援。

二、生产安全事故调查与处理

1. 生产安全事故调查

（1）生产安全事故调查分级。

《生产安全事故报告和调查处理条例》第十九条规定，特别重大事故由国务院或者国务院授权有关部门组织事故调查组进行调查。重大事故、较大事故、一般事故分别由事故发生地省级人民政府、设区的市级人民政府、县级人民政府负责调查。省级人民政府、设区的市级人民政府、县级人民政府可以直接组织事故调查组进行调查，也可以授权或者委托有关部门组织事故调查组进行调查。未造成人员伤亡的一般事故，县级人民政府也可以委托事故发生单位组织事故调查组进行调查。

（2）生产安全事故调查报告的内容。

《生产安全事故报告和调查处理条例》第三十条规定，事故调查报告应当包括下列内容：事故发生单位概况；事故发生经过和事故救援情况；事故造成的人员伤亡和直接经济损失；事故发生的原因和事故性质；事故责任的认定以及对事故责任者的处理建议；事故防范和整改措施。事故调查报告应当附具有关证据材料。事故调查组成员应当在事故调查报告上签名。

（3）生产安全事故调查职责。

《生产安全事故报告和调查处理条例》第二十五条规定，事故调查组履行下列职责：查明事故发生的经过、原因、人员伤亡情况及直接经济损失；认定事故的性质和事故责任；提出对事故责任者的处理建议；总结事故教训，提出防范和整改措施；提交事故调查报告。

（4）生产安全事故调查时间要求。

《生产安全事故报告和调查处理条例》第二十九条规定，事故调查组应当自事故发生之日起60日内提交事故调查报告；特殊情况下，经负责事故调查的人民政府批准，提交事故调查报告的期限可以适当延长，但延长的期限最长不超过60日。

2. 生产安全事故处理

《生产安全事故报告和调查处理条例》第三十二条规定，重大事故、较大事故、一般事故，负责事故调查的人民政府应当自收到事故调查报告之日起15日内做出批复；

特别重大事故，30 日内做出批复，特殊情况下，批复时间可以适当延长，但延长的时间最长不超过 30 日。有关机关应当按照人民政府的批复，依照法律、行政法规规定的权限和程序，对事故发生单位和有关人员进行行政处罚，对负有事故责任的国家工作人员进行处分。事故发生单位应当按照负责事故调查的人民政府的批复，对本单位负有事故责任的人员进行处理。负有事故责任的人员涉嫌犯罪的，依法追究刑事责任。

三、生产安全事故法律责任

1. 事故发生单位主要负责人法律责任

《生产安全事故报告和调查处理条例》第三十五条规定，事故发生单位主要负责人有下列行为之一的，处上一年年收入 40%～80%的罚款；属于国家工作人员的，并依法给予处分；构成犯罪的，依法追究刑事责任：不立即组织事故抢救的；迟报或者漏报事故的；在事故调查处理期间擅离职守的。

2. 事故发生单位及其有关人员法律责任

《生产安全事故报告和调查处理条例》第三十六条规定，事故发生单位及其有关人员有下列行为之一的，对事故发生单位处 100 万元以上 500 万元以下的罚款；对主要负责人、直接负责的主管人员和其他直接责任人员处上一年年收入 60%～100%的罚款；属于国家工作人员的，并依法给予处分；构成违反治安管理行为的，由公安机关依法给予治安管理处罚；构成犯罪的，依法追究刑事责任：谎报或者瞒报事故的；伪造或者故意破坏事故现场的；转移、隐匿资金、财产，或者销毁有关证据、资料的；拒绝接受调查或者拒绝提供有关情况和资料的；在事故调查中作伪证或者指使他人作伪证的；事故发生后逃匿的。

3. 有关地方人民政府、安全生产监督管理部门法律责任

《生产安全事故报告和调查处理条例》第三十九条规定，有关地方人民政府、安全生产监督管理部门和负有安全生产监督管理职责的有关部门有下列行为之一的，对直接负责的主管人员和其他直接责任人员依法给予处分；构成犯罪的，依法追究刑事责任：不立即组织事故抢救的；迟报、漏报、谎报或者瞒报事故的；阻碍、干涉事故调查工作的；在事故调查中作伪证或者指使他人作伪证的。

4. 参与事故调查的人员法律责任

《生产安全事故报告和调查处理条例》第四十一条规定，参与事故调查的人员在事故调查中有下列行为之一的，依法给予处分；构成犯罪的，依法追究刑事责任：对事故调查工作不负责任，致使事故调查工作有重大疏漏的；包庇、袒护负有事故责任的人员或者借机打击报复的。

第四章 建设工程质量管理

第一节 建筑工程质量法规总则

一、建设工程质量管理法律、法规适用范围

（一）建筑工程质量的管理体系

我国的建设工程质量管理体系，包括纵向管理和横向管理两个方面。

纵向管理是国家对建设工程质量所进行的监督管理，具体由建设行政主管部门及其授权机构实施，这种管理贯穿在工程建设的全过程和各个环节。它既对工程建设从计划、规划、土地管理、环保、消防等方面进行监督管理，又对工程建设的主体从资质认定和审查、成果质量检测、验证和奖惩等方面进行监督管理，且对工程建设各种活动，如工程建设招标、投标、工程施工、验收、维修等方面进行监督管理。

横向管理包括两个方面：一是工程承包单位，如勘察单位、设计单位、施工单位对其自身所承担工作的质量管理，二是建设单位对所建工程的质量进行监督管理。

（二）我国建筑工程质量管理的法律框架

建筑工程质量管理是工程建设过程中永恒的主题。我国颁布了一系列关于建筑工程质量的法律、法规和规章等。

1. 法律——《中华人民共和国建筑法》

《中华人民共和国建筑法》于 1997 年 11 月 1 日经第八届全国人大常务委员会第二十八次会议审议通过，自 1998 年 3 月 1 日起施行，并根据 2011 年 4 月 22 日第十一届全国人民代表大会常务委员会第二十次会议《关于修改〈中华人民共和国建筑法〉的决定》修正。这部法律第六章规定了建筑工程质量管理，包括建筑工程质量的要求、质量义务和质量管理制度。第七章规定了建筑工程质量法律责任。《中华人民共和国建筑法》是我国社会主义市场经济法律体系中的重要法律，对于加强建筑活动的监督管理，维护建筑市场秩序，保证建筑工程的质量和安全，促进建筑业的健康发展，具有

重要意义。

适用范围：

第二条　在中华人民共和国境内从事建筑活动，实施对建筑活动的监督管理，应当遵守本法。

本法所称建筑活动，是指各类房屋建筑及其附属设施的建造和与其配套的线路、管道、设备的安装活动。

2. 行政法规——《建设工程质量管理条例》

《建设工程质量管理条例》于2000年1月10日经国务院第二十五次常务会议通过，自2000年1月30日发布实施。《建设工程质量管理条例》以参与建筑活动各方主体为线，分别规定了建设单位、勘察单位、设计单位、施工单位、工程监理单位的质量责任和义务，确立了建设工程质量保修制度，工程质量监督管理制度等内容。《建设工程质量管理条例》在对违法行为的种类和相应处罚作出了原则规定的同时，完善了责任追究制度，加大了处罚力度。《建设工程质量管理条例》的发布施行，对于强化质量监督、规范建设工程各方主体的质量责任和义务、维护建筑市场秩序、全面提高建设工程质量，具有重要意义。

适用范围：

第二条　凡在中华人民共和国境内从事建设工程的新建、扩建、改建等有关活动及实施对建设工程质量监督管理的，必须遵守本条例。

本条例所称建设工程，是指土木工程、建筑工程、线路管道和设备安装工程及装修工程。

第八十条　抢险救灾及其他临时性房屋建筑和农民自建低层住宅的建设活动，不适用本条例。

第八十一条　军事建设工程的管理，按照中央军事委员会的有关规定执行。

3. 技术法规

从严格意义上讲，我国目前还没有真正意义的工程建设技术法规。《房屋建筑技术法规》正在编制过程中，这将是我国第一部建筑技术法规。我国研究制定《房屋建筑技术法规》要做到：首先，制定“房屋建筑技术法规”要将房屋作为一个完整的概念，改变目前单项标准的状况。技术法规应当是有法定效力、系统完整、可操作性强、技术权威性高的综合技术成果，对政府部门转变职能、强化经济调控、市场监管、公共管理、社会服务，提供技术支撑。其次，借鉴国外经验、总结国内标准化成果，加快技术法规的编制步伐，要有自己的特色，注重实效性。再次，建筑技术法规要明确对结构安全、防火安全、施工与使用安全、卫生健康与环境、噪声控制、节能及其他涉及公众利益的规定。由于我国幅员辽阔，气候和地质条件不一，技术法规也应考虑地方差异，给地方留些余地。

4. 地方性法规、自治条例

地方性法规、自治条例都是由地方国家权力机关制定的规范性文件。从2007年10月1日开始施行的《湖南省建设工程质量和安全生产管理条例》，是湖南省有关工程质量的地方性法规。自治法规是民族自治地方的权力机关所制定的特殊的地方规范性文件，即自治条例和单行条例。

适用范围：

第二条　凡在本省行政区域内从事建设工程的新建、扩建、改建和拆除等有关活动及实施对建设工程质量和安全生产的监督管理，应当遵守本条例。

交通、水利等专业工程以及单建人防工程的质量和安全生产的监督管理，法律法规另有规定的，从其规定。

第四十七条　私人规模建房、用于商贸经营或者涉及公共安全的临时性房屋建筑活动和监督管理，参照本条例执行。

第四十八条　本条例下列用语的含义：

建设工程，是指土木工程、建筑工程、线路管道和设备安装工程及装修工程。

私人规模建房工程，是指城市规划区内私人单独或者合伙新建、改建、扩建二层以上，或者面积三百平方米以上的房屋建筑工程。

拆除工程，是指对城市规划区内三层以上建筑物或者高大构筑物实施拆除的工程。

5. 行政规章

行政规章是有关行政机关依法制定的事关行政管理的规范性文件，分为部门规章和地方政府规章两种。有关工程质量管理的部门规章很多，如《建设工程质量管理办法》、《建筑工程质量许可管理办法》、《房屋建筑工程质量保修办法》等；地方政府规章则更多。

（三）工程建设标准化管理

1. 工程建设标准的种类

工程建设标准是指对建设工程设计、施工方法和安全保护的统一的技术要求及有关工程建设的技术术语、符号、代号、制图方法的一般原则。

工程建设标准的类型，按执行效力可划分为强制性标准和推荐性标准。对工程建设业来说，属于强制性标准的有：工程建设勘察、规划、设计、施工（包括安装）及验收等通用的综合标准和重要的质量标准；工程建设通用的有关安全、卫生和环境保护的标准；工程建设重要的术语、符号、代号、计量与单位、建筑模数和制图方法标准；工程建设重要的试验、检验和评定方法等标准；工程建设重要的通用的信息技术标准；国家需要控制的其他工程建设通用的标准。

根据标准的内容可分为设计标准、施工及验收标准、建设定额。按属性可分为技术标准、管理标准和经济标准。

2.《工程建设标准强制性条文》的实施

(1)《工程建设标准强制性条文》是《建设工程质量管理条例》的配套文件，它是工程建设强制标准实施监督的依据。它的内容是摘录现行工程建设标准中直接涉及人民生命财产安全、人身健康、环境保护和其他公众利益的规定，同时也包括保护资源、节约投资、提高经济效益和社会效益等政策要求，必须严格贯彻执行。

(2)《工程建设标准强制性条文》对设计、施工人员来说，是设计或施工时必须绝对遵守的技术法规。

(3)《工程建设标准强制性条文》对监理人员来说，是实施工程监理时首先要进行监理的内容。

（4）《工程建设标准强制性条文》对政府监督人员来说，是重要的、可操作的处罚依据。

（四）建筑企业质量体系认证制度

产品质量认证是指依据产品标准和相应的技术要求，经认证机构确认并通过颁发认证证书和认证标志，来证明某一产品符合相应标准和相应技术要求的活动。产品质量认证制度实质上是一种提高商品信誉的标志，通过认证标志向社会和购买者提供产品的明示担保，证明经过产品质量认证的产品质量可以信赖。

《中华人民共和国产品质量法》把质量体系认定制度分为两类：一类是企业质量体系认定制度，它是国家根据国际通用的质量管理标准，推行的企业质量体系认证制度；另一类是产品质量认证制度。我国对从事建筑活动的单位推行质量体系认证制度。从事建筑活动的单位根据自愿原则可以向国务院产品质量监督管理部门或者国务院产品质量监督管理部门授权部门认可的认证机构申请质量体系认证。经认证合格的，由认证机构颁发质量体系认证证书。

二、建设工程质量管理的目标

国家对建设工程质量立法进行监督管理，其目的在于维护建筑市场秩序，确保建设工程的质量和安全，这在《建筑法》和《建设工程质量管理条例》之中都有明确规定。

1.《建筑法》

第一条　为了加强对建筑活动的监督管理，维护建筑市场秩序，保证建筑工程的质量和安全，促进建筑业健康发展，制定本法。

第三条　建筑活动应当确保建筑工程质量和安全，符合国家的建筑工程安全标准。

2.《建设工程质量管理条例》

第一条　为了加强对建设工程质量的管理，保证建设工程质量，保护人民生命和财产安全，根据《中华人民共和国建筑法》，制定本条例。

第六条　国家鼓励采用先进的科学技术和管理方法，提高建设工程质量。

第二节　施工单位的质量责任

一、总包与分包单位的质量责任

（1）建筑工程实行总承包的，工程质量由总承包单位负责，总承包单位将建筑工程分包给其他单位的，应当对分包工程的质量与分包单位承担连带责任。分包单位应接受总承包单位的质量管理。对于分包工程由总承包单位同分包单位承担连带质量责任是《建筑法》中一再强调的内容。

（2）施工总承包单位或者施工专业承包单位按照国家和省规定实行建筑劳务分包的，应当分包给具有相应资质的建筑劳务分包单位，签订分包合同，明确双方的建设工程质量和安全生产责任。

二、施工单位应当建立、健全的质量管理制度

1. 施工单位应当建立健全质量责任制度

施工单位应确定工程项目的项目负责人、技术负责人和施工管理负责人；严格工序管理和施工质量检验；制定重大事故应急预案。

建设工程实行总承包的，总承包单位应当对全部建设工程质量负责；建设工程勘察、设计、施工、设备采购的一项或者多项实行总承包的，总承包单位应当对其承包的建设工程或者采购的设备的质量负责。

施工单位主要负责人对建设工程施工质量和安全生产工作全面负责；项目负责人对该项目的施工质量和安全生产负责。

2. 施工单位应当建立健全施工质量的检验制度

施工过程中应严格工序管理，做好隐蔽工程的质量检查和记录。隐蔽工程在隐蔽前，施工单位应当通知建设单位和建设工程质量监督机构。

施工人员对涉及结构安全的试块、试件以及有关材料，应当在建设单位或者工程监理单位监督下现场取样，并送具有相应资质等级的质量检测单位进行检测。

施工单位对施工中出现质量问题的建设工程或者竣工验收不合格的建设工程，应当负责返修。

3. 施工单位应当建立、健全教育培训制度

施工单位应当加强对职工的教育培训；未经教育培训或者考核不合格的人员，不得上岗作业。

三、施工单位质量管理责任

1.《中华人民共和国建筑法》中规定的施工单位的质量责任

(1) 建筑施工企业须按图施工，不得偷工减料。

建筑施工企业必须按照工程设计图纸和施工技术标准施工，不得偷工减料。工程设计的修改由原设计单位负责，建筑施工企业不得擅自修改工程设计。按图施工是施工企业施工生产的基本条件。由于工程设计图纸都是经反复论证修改并经批准才交付施工的，因此，施工单位无权擅自修改施工图。在施工操作过程中，如施工单位发现施工图设计错误，无法施工，或工程设计图违反有关技术标准的规定，可以向建设单位或其派出的建筑工程监理工程师提出，由他们作出是否更改的决定。在设计图纸未作修改之前，施工单位无权擅自修改设计图纸，只能严格按设计施工。此外，偷工减料也是目前建筑市场混乱的典型现象。一部分施工单位为节约成本，减少施工作业程序，降低技术要求，使用假冒伪劣或不合格产品等是目前造成工程质量不合格以及质量事故的重要原因。因此，施工单位的偷工减料行为不仅违反了合同规定，同时也是一种违法行为。

(2) 施工企业对工程质量问题有修复的责任。

建筑工程竣工时，屋顶、墙面不得留有渗漏、开裂等质量缺陷；对已发现的质量缺陷，建筑施工企业应当修复。对于工程质量的通病，施工企业有修复的责任。《建筑法》没有对质量责任进行分析，而只是强调施工单位应当修复，应当这样理解：一是

在保修期内的质量通病由施工单位进行修复；二是保修期后出现的质量通病则问题比较复杂。这些质量通病有属于野蛮装修造成的，有属于用户使用不当造成的等。这种情况下不属于保修范围但原施工单位也可负责修复，修复费用应当由责任方承担。

2.《建设工程质量管理条例》明确了施工单位的质量责任和义务

《建设工程质量管理条例》明确了施工单位的质量责任和义务：

(1) 施工单位应当依法取得相应资质等级的证书，并在其资质等级许可的范围内承揽工程。

(2) 施工单位不得转包或违法分包工程。

(3) 总承包单位与分包单位对分包工程的质量承担连带责任。

(4) 施工单位必须按照工程设计图纸和施工技术标准施工，不得擅自修改工程计划，不得偷工减料。

(5) 施工单位必须按照工程设计要求、施工技术表和合同约定，对建筑材料、建筑构配件、设备和商品混凝土进行检验，未经检验或检验不合格的，不得使用。

(6) 施工人员对涉及结构安全的试块、试件以及有关材料，应在建设单位或工程监理单位监督下现场取样，并送具有相应资质等级的质量检测单位进行检测。

(7) 建设工程实行质量保修制度，承包单位履行保修义务。

3.《湖南省建设工程质量和安全生产管理条例》关于施工单位工程质量责任的规定

《湖南省建设工程质量和安全生产管理条例》关于施工单位工程质量责任的规定：

(1) 施工单位从事建筑施工活动，必须遵守有关法律法规的规定，对建设单位未依法取得施工许可证或者开工报告的建设工程，不得组织施工。

(2) 施工单位应当建立健全质量责任制、安全生产责任制和重大危险源监管、安全生产教育培训等制度；确定工程项目的项目负责人、技术负责人和施工管理负责人；设立安全生产管理机构，依法足额配备专职安全生产管理人员；严格工序管理和施工质量检验；制定重大事故应急预案。

(3) 施工单位主要负责人对建设工程施工质量和安全生产工作全面负责；项目负责人对该项目的施工质量和安全生产负责。

四、质量保修制度

建设工程质量保修制度是指建设工程在办理竣工验收手续后，在规定的保修期内，因勘察、设计、施工、材料等原因造成的质量缺陷，应当由施工承包单位负责维修、返工或更换，由责任单位负责赔偿损失。建设工程实行质量保修制度是落实工程质量责任的重要措施。《建筑法》、《建设工程质量管理条例》、《房屋建筑工程质量保修办法》(2000 年 6 月 30 日建设部令第 80 号发布）对该项制度的规定主要有以下几个方面内容：

(1) 建设工程承包单位在向建设单位提交竣工验收报告时，应当向建设单位出具质量保修书。质量保修书中应当明确建设工程的保修范围、保修期限和保修责任等。保修范围和正常使用条件下国务院规定的最低保修期限为：

1) 基础设施工程、房屋建筑的地基基础工程和主体结构工程，为设计文件规定的该工程的合理使用年限；

①屋面防水工程、有防水要求的卫生间、房间和外墙面的防渗漏，为5年。

②供热和供冷系统，为2个采暖期、供冷期。

③电气管线、给排水管道、设备安装和装修工程，为2年。

2）其他项目的保修期限由发包方与承包方约定，但其最低保修期限不得低于国务院规定的标准。建设工程的保修期，自竣工验收合格之日起计算。因使用不当或者第三方造成的质量缺陷，以及不可抗力造成的质量缺陷，不属于法律规定的保修范围。

（2）建设工程在保修范围和保修期内发生质量问题，施工单位应当履行保修义务，并对造成的损失承担赔偿责任。

对在保修期内和保修范围内发生的质量问题，一般应先由建设单位组织勘察、设计、施工等单位分析质量问题的原因，确定维修方案，由施工单位负责维修。但当问题较严重且复杂时，不管是什么原因造成的，只要是在保修范围内，均先由施工单位履行保修义务。对于保修费用，则由质量缺陷的责任方承担。

（3）建设工程在超过合理使用年限后需要继续使用的，产权所有人应当委托具有相应资质等级的勘察、设计单位鉴定，并根据鉴定结果采取加固、维修等措施，重新界定使用期。

第三节　工程建设其他相关主体的质量责任

一、建设单位的质量责任

建设单位是工程建设的投资者、管理者和使用者。建设工程的质量好坏，直接影响到建设单位的投资效益。建设单位应该特别关注工程质量，但在我国目前市场经济条件下，建设单位还不成熟，尤其是对于一些国家投资的工程，为片面追求工期，追求节约投资而忽视了工程质量甚至降低工程质量要求的建设单位大量存在。因此，在社会上流传着“有什么样的业主，就有什么样的工程质量”的说法，在一定程度上反映了业主即建设单位在保证工程质量方面的重要作用。

1.《建筑法》的规定

第五十四条　建设单位不得以任何理由要求建筑设计单位或者建筑施工企业在工程设计或者施工作业中，违反法律、行政法规和建筑工程质量、安全标准，降低工程质量。

对于建设单位违反本条规定的，由政府监督部门责令改正，并可处以罚款；构成犯罪的，依法追究刑事责任。建筑工程的勘察、设计、施工的质量必须符合国家有关建筑工程安全标准的要求。任何单位和个人都不得非法干预工程质量标准的执行。否则，需要承担相应的法律责任。

2.《建设工程质量管理条例》的规定

《建设工程质量管理条例》第二章明确了建设单位的质量责任和义务：

（1）建设单位应当将工程发包给具有相应资质等级的单位，不得将工程肢解发包。

（2）建设单位应当依法对工程建设项目的勘察、设计、施工、监理以及与工程建设有关的重要设备、材料等的采购进行招标。

（3）建设单位不得对承包单位的建设活动进行不合理干预。

（4）施工图设计文件未经审查批准的，建设单位不得使用。

（5）对必须实行监理的工程，建设单位应当委托具有相应资质等级的工程监理单位进行监理。

（6）建设单位在领取施工许可证或者开工报告之前，应当按照国家有关规定办理工程质量监督手续。

（7）涉及建筑主体和承重结构变动的装修工程，建设单位要有设计方案。

（8）建设单位应按照国家有关规定组织竣工验收，建设工程验收合格的，方可交付使用。

3.《湖南省建设工程质量和安全生产管理条例》的规定

（1）建设单位应当依法将建设工程发包给具有相应资质的单位，并以书面合同形式明确建设工程质量和安全生产责任及措施。

（2）建设单位应当对建设工程现场勘察进行见证，没有条件的应当委托其他勘察单位进行见证。

（3）建设单位必须保证建设工程的建设资金，并按照国家和省有关规定提供工程款支付担保。政府投资的建设工程，建设单位不得以施工单位带资、垫资承包的方式进行工程建设。

（4）建设单位应当按照国家和省有关规定确定建筑施工意外伤害保险、工伤保险、工程安全作业环境和安全防护、文明施工措施所需费用，并在工程承包合同中予以明确。

（5）建设单位对同一建设工程分项发包的，必须依法分别取得施工许可证。

（6）建设单位在收到施工单位竣工报告后十个工作日内，组织设计、工程监理、施工等单位进行竣工验收，并依法向有关行政主管部门提出认可申请。有关行政主管部门应当在法定期限内出具是否认可的文件。

（7）建设单位应当组织设计、工程监理、施工等单位对住宅工程进行分户验收。

（8）建设单位自建设工程竣工验收合格并办理竣工验收备案手续三个月内，向备案机关移交建设项目档案，取得档案移交证明。

（9）建设单位在办理房屋产权登记时，应当出具房屋建筑工程竣工验收备案证明。

二、工程监理单位的质量责任

1.《建设工程质量管理条例》

《建设工程质量管理条例》第五章明确了工程监理单位的质量责任和义务，如下：

（1）工程监理企业应当依法取得相应资质等级的证书，并在其资质等级许可的范围内承担工程监理业务，不得转让工程监理业务。

（2）工程监理企业不得与被监理工程的施工承包单位以及建筑材料、建筑构配件和设备供应单位隶属关系或者其他利害关系。

（3）工程监理企业应当依照法律、法规以及有关技术标准、设计文件和建设工程承包合同，代表建设单位对施工质量实施监理，并对施工质量承担监理责任。

2.《湖南省建设工程质量和安全生产管理条例》

《湖南省建设工程质量和安全生产管理条例》规定的质量责任和义务：

（1）工程监理单位必须配备与建设工程项目相适应的专业监理人员，按照法律法规以及有关技术标准、设计文件和建设工程承包合同，对工程质量和安全生产实施监理，承担监理责任。

（2）审查施工单位建设工程质量和安全生产的保证措施。

（3）查验施工单位的安全生产许可证、管理人员的安全生产考核合格证以及特种作业人员的特种作业证。

（4）督促施工单位对建设工程质量和安全生产隐患进行整改；情况严重的，责令暂时停止施工，并及时通报建设单位；对拒不整改或者不停止施工的，及时报告有关行政主管部门。

（5）对建设工程拟使用的建筑材料、构（配）件、设备验收认可，对建设单位拨付工程款审核签字；必要时，对建设工程使用的构（配）件、预拌混凝土的生产过程和钢筋的加工过程进行监理。

（6）按照国家有关规定及时进行隐蔽工程验收和工程阶段性验收。

三、勘察、设计单位的质量责任

勘察设计质量是决定工程建设质量的首要环节，它关系到国家财产和人民生命的安全，关系到建设投资的综合效益，也反映一个国家的科技水平和文化水平，因此，勘察设计质量工作一直是各级主管部门和勘察设计单位的工作重点。

有关工程勘察设计质量监督管理的文件有：2000 年国务院颁布的《建设工程质量管理条例》和《建设工程勘察设计管理条例》，2000 年原建设部发布的《建筑工程项目施工图设计文件审查试行办法》，2002 年原建设部发布的《建设工程勘察质量管理办法》，2004 年原建设部发布的《房屋建筑和市政基础设施工程施工图设计文件审查管理办法》等。

1. 勘察设计单位的质量责任和义务

（1）承揽勘察设计业务应符合相应资质等级制度的责任。

从事建设工程勘察、设计的单位应当依法取得相应等级的资质证书，并在其资质等级许可的范围内承揽工程。禁止勘察、设计单位超越其资质等级许可的范围或者以其他勘察、设计单位的名义承揽工程。禁止勘察、设计单位允许其他单位或者个人以本单位的名义承揽工程。

勘察、设计单位不得转包或者违法分包所承揽的工程。

（2）应遵守工程建设强制性标准。

勘察、设计单位必须按照工程建设强制性标准进行勘察设计，并对其勘察设计的质量负责。

根据 2000 年原建设部发布的《实施工程建设强制性标准监督规定》，工程建设强制性标准是指直接涉及工程质量、安全、卫生及环境保护等方面的工程建设标准强制性条文。

（3）注册执业人员签字制度。

注册建筑师、注册结构工程师等注册执业人员应当在设计文件上签字，对设计文件负责。

（4）工程勘察质量责任。

勘察单位提供的地质、测量、水文等勘察成果必须真实、准确，应当符合国家规定的勘察深度要求。

工程勘察企业的法定代表人、项目负责人、审核人、审定人等相关人员，应当在勘察文件上签字或者盖章，并对勘察质量负责。

（5）工程设计质量责任。

设计单位应当根据勘察成果文件进行建设工程设计。设计文件应当符合国家规定的设计深度要求，注明工程合理使用年限。

设计单位在设计文件中选用的建筑材料、建筑构配件和设备，应当注明规格、型号、性能等技术指标，其质量要求必须符合国家规定的标准。除有特殊要求的建筑材料、专用设备、工艺生产线等外，设计单位不得指定生产厂和供应商。

（6）施工图设计文件技术交底。

设计单位应当就审查合格的施工图设计文件向施工单位作出详细说明。

（7）设计单位参与设计建设工程质量事故分析。

设计单位应当参与建设工程质量事故分析，并对因设计造成的质量事故，提出相应的技术处理方案。

2.《湖南省建设工程质量和安全生产管理条例》规定的质量责任和义务

（1）勘察单位按照法律法规和工程建设强制性标准的规定进行勘察，并对勘察质量负责；所提供的勘察成果文件必须真实、准确、完整，满足建设工程质量和安全生产的要求。

（2）设计单位根据勘察成果文件进行建设工程设计，并对设计质量负责。设计文件应当符合工程建设的有关技术标准和法律法规的规定。

（3）采用专有、专利技术的，设计单位必须在设计文件中注明，并提出相应的保障工程质量和安全生产措施的建议。

（4）设计单位应当向施工、监理等单位对审查合格的施工图设计文件作出详细说明，并及时处理施工中出现的与设计相关的技术问题。

（5）设计单位应当参与建设工程质量和安全生产事故分析；对设计原因造成的事故，提出技术处理方案；对非设计原因造成的事故，配合有关部门提出技术处理方案。

四、建设工程质量检验检测单位的质量责任

1. 建筑工程质量检测机构的性质

建设工程质量检测（以下简称质量检测），是指工程质量检测机构（以下简称检测机构）接受委托，依据国家有关法律、法规和工程建设强制性标准，对涉及结构安全项目的抽样检测和对进入施工现场的建筑材料、构配件的随机取样检测。检测机构是具有独立法人资格的中介机构，它须经省级以上人民政府建设行政主管部门或国务院工业、交通行政主管部门（或其授权的机构）考核合格后，方可承担建筑工程质量的检测任务。

2. 检测机构的质量责任

(1) 任何单位和个人不得涂改、倒卖、出租、出借或者以其他形式非法转让资质证书。

(2) 检测机构变更名称、地址、法定代表人、技术负责人，应当在3个月内到原审批机关办理变更手续。

(3) 质量检测试样的取样应当严格执行有关工程建设标准和国家有关规定，在建设单位或者工程监理单位监督下现场取样。提供质量检测试样的单位和个人，应当对试样的真实性负责。

(4) 检测机构完成检测业务后，应当及时出具检测报告。检测报告经检测人员签字、检测机构法定代表人或者其授权的签字人签署，并加盖检测机构公章或者检测专用章后方可生效。检测报告经建设单位或者工程监理单位确认后，由施工单位归档。见证取样检测的检测报告中应当注明见证人单位及姓名。

(5) 任何单位和个人不得明示或者暗示检测机构出具虚假检测报告，不得篡改或者伪造检测报告。

(6) 检测人员不得同时受聘于两个或者两个以上的检测机构。

检测机构和检测人员不得推荐或者监制建筑材料、构配件和设备。

检测机构不得与行政机关，法律、法规授权的具有管理公共事务职能的组织以及所检测工程项目相关的设计单位、施工单位、监理单位有隶属关系或者其他利害关系。

(7) 检测机构不得转包检测业务。

检测机构跨省、自治区、直辖市承担检测业务的，应当向工程所在地的省、自治区、直辖市人民政府建设主管部门备案。

(8) 检测机构应当对其检测数据和检测报告的真实性和准确性负责。

检测机构违反法律、法规和工程建设强制性标准，给他人造成损失的，应当依法承担相应的赔偿责任。

(9) 检测机构应当将检测过程中发现的建设单位、监理单位、施工单位违反有关法律、法规和工程建设强制性标准的情况，以及涉及结构安全检测结果的不合格情况，及时报告工程所在地建设主管部门。

(10) 检测机构应当建立档案管理制度。检测合同、委托单、原始记录、检测报告应当按年度统一编号，编号应当连续，不得随意抽撤、涂改。

检测机构应当单独建立检测结果不合格项目台账。

第四节　建设工程质量监督管理与法律责任

一、建设工程质量监督管理主体的法律责任

《建筑法》有两条主线：一是安全，二是质量。对于建筑工程的质量监督制度贯穿了第六章乃至《建筑法》的全文。尤其是对于群众监督制度更是作了具体规定，该法

第三十三条规定：任何单位和个人对建筑工程质量事故、质量缺陷都有权向建设行政主管部门或者其他有关部门进行检举、控告、投诉。

1. 建筑工程质量必须实行政府监督管理

建筑工程质量的优劣，不仅关系到工程建设双方当事人的质量效益问题，同时也涉及社会的公共安全。一个工程质量的好坏，对于建设单位来说是能否满足其使用要求，能否达到投资效益的问题，对于施工单位来说一方面是其信誉水平的表现，另一方面也涉及其能否履行合同，拿到工程款的问题。而对于社会公众，则不是一个单纯的效益问题，而是生命财产安全问题。一个质量不合格的建设工程一旦投入使用，就会造成严重安全隐患和质量威胁，就有可能造成人民生命财产的极大损失。在这种情况下，建筑工程的质量问题就不仅仅是双方当事人的问题了。因此，为保证社会公共利益，维护消费者的合法权益，对建筑工程实行政府质量监督尤显必要。综观世界各国立法，一旦涉及社会公众利益问题，则往往由政府出面加以维护，我国也不例外，建筑工程的政府质量监督制度便是维护社会公共安全和利益的政府职能履行的重要体现。

政府对工程质量的监督管理主要以保证工程使用安全和环境质量为主要目的，以法律、法规和强制性标准为依据，以地基基础、主体结构、环境质量和与此相关的工程建设各方主体的质量行为为主要内容，以施工许可制度和竣工验收备案制度为主要手段。

政府对建设工程主体的监督管理主要有：

（1）对建设单位的能力进行审查。审查其是否具备与发包工程项目相适应的技术经济能力，编制招标文件及组织开标、评标、定标的能力。

（2）对勘察设计单位、施工、监理、构配件生产、房地产开发单位实行资格（质）等级认证、生产许可证和业务许可范围的监督管理。

（3）实行执业工程师的注册制。目前，我国有关法律规定从事建筑设计、结构设计、工程监理、工程造价、项目管理、安全管理的工程技术人员，须经过考试取得资格证书并注册后方能获得相应的执业资格。

国务院建设行政主管部门对全国的建设工程质量实施统一监督管理。国务院铁路、交通、水利等主管部门按照国务院规定的职责分工，负责对全国有关专业建设工程质量的监督管理。

县级以上地方人民政府建设行政主管部门对本行政区域内的建设工程质量实施监督管理，县级以上地方人民政府交通、水利等有关部门在各自的职责范围内，负责对本行政区域内的专业建设工程质量的监督管理。

国务院建设行政主管部门和国务院铁路、交通、水利等主管部门应当加强对有关建设工程质量的法律、法规和强制性标准执行情况的监督检查。

国家发展和改革委员会按照国务院规定的职责，组织稽查特派员，对国家出资的重大建设项目实施监督检查。

国务院经济贸易主管部门按照国务院规定的职责，对国家重大技术改造项目实施监督检查。

2. 建筑工程质量监督机构

建设工程质量监督管理，可以由建设行政主管部门或者其他有关部门委托的建设工程质量监督机构具体实施。目前，建筑工程质量监督工作由各省级建设主管部门委托的建筑工程质量监督站（以下简称监督站）进行具体实施。

监督站的主要职责包括：

（1）检查受监工程的勘察、设计、施工单位和建筑构件企业的资质等级和营业范围。

（2）监督勘察、设计、施工单位和建筑构配件企业严格执行技术标准，检查其工程质量。

（3）检验工程的质量等级和建筑构件质量，参与评定本地区、本部门的优质工程。

（4）参与重大工程质量事故的处理。

（5）总结质量监督工作经验，掌握工程质量状况，定期向主管部门汇报。

从事房屋建筑工程和市政基础设施工程质量监督的机构，必须按照国家有关规定经国务院建设行政主管部门或者省、自治区、直辖市人民政府建设行政主管部门考核；从事专业建设工程质量监督的机构，必须按照国家有关规定经国务院有关部门或者省、自治区、直辖市人民政府有关部门考核。经考核合格后，方可实施质量监督。

县级以上地方人民政府建设行政主管部门和其他有关部门应当加强对有关建设工程质量的法律、法规和强制性标准执行情况的监督检查。

县级以上人民政府建设行政主管部门和其他有关部门履行监督检查职责时，有权采取以下措施：

（1）要求被检查的单位提供有关工程质量的文件和资料。

（2）进入被检查单位的施工现场进行检查。

（3）纠正施工中违反安全生产要求的行为。

（4）对检查中发现的安全事故隐患，责令立即排除；重大安全事故隐患排除前或者排除过程中无法保证安全的，责令从危险区域内撤除作业人员或者暂时停止施工。

有关单位和个人对县级以上人民政府建设行政主管部门和其他有关部门进行的监督检查应当支持与配合，不得拒绝或者阻碍建设工程质量监督检查人员依法执行职务。

3. 建筑工程质量监督管理制度的几项具体规定

（1）建筑工程竣工验收报告制度。

建设单位应当自建设工程竣工验收合格之日起 15 日内，将建设工程竣工验收报告和规划、公安消防、环保等部门出具的认可文件或者准许使用文件报建设行政主管部门或者其他有关部门备案。

建设行政主管部门或者其他有关部门发现建设单位在竣工验收过程中有违反国家有关建设工程质量管理规定行为的，责令停止使用，重新组织竣工验收。

（2）工程质量事故报告制度。

建设工程发生质量事故后，有关单位应当在 24 小时内向当地建设行政主管部门和其他有关部门报告。对重大质量事故，事故发生地的建设行政主管部门和其他有关部门应当按照事故类别和等级向当地人民政府和上级建设行政主管部门和其他有关部门报告。

（3）工程质量检举、控告、投诉制度。

《建筑法》与《建设工程质量管理条例》均明确规定，任何单位和个人对建设工程的质量事故、质量缺陷都有权检举、控告、投诉。工程质量检举、控告、投诉制度是为了更好地发挥群众监督和社会舆论监督的作用，是保证建设工程质量的一项有效措施。

（4）有关单位不得明示或暗示购买指定产品制度。

供水、供电、供气、公安、消防等部门或者单位不得明示或者暗示建设单位、施工单位购买其指定的生产供应单位的建筑材料、建筑构配件和设备。

在实际操作中，有些人常常把政府的质量监督同建筑工程监理混淆起来。这两者既有联系又有区别。

1）其相同之处是：二者的出发点是一致的，都是为保证工程质量而做的工作。

2）其不同点在于：一是两者的性质不同。政府的质量监督是政府履行维护社会公共利益的职责而确定的，具有强制性和广泛性。而建设工程监理则是受建设单位的委托而从事的质量监督活动。建设工程监理依据是监理单位同建设单位签订的工程建设监理合同，建设工程监理具有自愿性和限定性。二是两者的工作对象不同。政府监督的对象既包括所有从事建筑施工的单位和个人，也包括建设工程监理单位。而建筑工程监理单位的监督对象只是施工企业。三是两者监督的内容不同。政府监督是依据有关工程建设的法律、法规、技术标准及设计文件对整个施工过程实行以抽查为主要方式的监督；而建筑工程监理则是监理单位依据监理合同和其他工程建设合同进行现场监督，其监督的内容不仅包括工程质量，而且包括工期、投资等更为广泛的内容；两者在保证工程质量方面各有其作用，不可偏废。

二、竣工验收备案制度

1. 建筑工程的竣工验收

交付竣工验收的建筑工程，必须符合规定的建筑工程质量标准，有完整的工程技术经济资料和经签署的工程保修书，并具备国家规定的其他竣工条件。

建筑工程竣工时，屋顶、墙面不得留有渗漏、开裂等质量缺陷；对已发现的质量缺陷，建筑施工企业应当修复。建筑工程竣工后经验收合格，方可交付使用；未经验收或者验收不合格的，不得交付使用。施工单位对施工中出现质量问题的建设工程或者竣工验收不合格的建设工程，应当负责返修。

建设单位收到建设竣工报告后，应当组织设计、施工、工程监理等有关单位进行竣工验收。建设工程竣工验收应当具备下列条件：

（1）完成建设工程设计和合同约定的各项内容。

（2）有完整的技术档案和施工管理资料。

（3）有工程使用的主要建筑材料、建筑构配件和设备及进场试验报告。

（4）有勘察、设计、施工、工程监理等单位分别签署的质量合格文件。

（5）有施工单位签署的工程保修书。

建设工程经验收合格的，方可交付使用。建设行政主管部门或者其他有关部门发现建设单位竣工验收过程中有违反国家有关建设工程质量管理规定行为的，责令停止使用，重新组织竣工验收。

依据《建筑法》的规定：建筑工程竣工验收合格后，方可交付使用。未经验收或者验收不合格的，不得交付使用。但在实践中，常常有些建设单位因种种原因，对未经验收的建筑工程擅自使用。因此，最高人民法院于2004年9月29日通过的《关于审理建设工程施工合同纠纷案件适用法律问题的解释》第十三条规定：建设工程未经竣工验收，发包人擅自使用后，又以使用部分质量不符合约定为由主张权利的，不予支持；但是承包人应当在建设工程的合理使用寿命内对地基基础和主体结构质量承担民事责任。

2. 建筑工程竣工验收备案制度

《建设工程质量管理条例》确立了建设工程竣工验收备案制度。建设单位应当严格按照国家有关档案管理的规定，及时收集、整理建设项目各环节的文件资料，健全建设项目档案，并在建设工程竣工验收后，及时向建设行政主管部门或者其他有关部门移交建设项目档案。该项制度是加强政府监督管理，防止不合格工程流向社会的一个重要手段。结合《建设工程质量管理条例》和《房屋建筑工程和市政基础设施工程竣工验收备案管理暂行办法》的有关规定，建设单位应当自建设工程竣工验收合格之日起15日内，将建设工程竣工验收报告和规划、公安、消防、环境等部门出具的认可文件或者准许使用文件报建设行政主管部门或者其他有关部门备案。

（1）建设单位办理工程竣工验收备案时需提交以下材料：

1）工程竣工验收备案表。

2）工程竣工验收报告，其包括：工程报建日期，施工许可证号，施工图设计文件审查意见，勘察、设计、施工、工程监理等单位分别签署的质量合格文件及验收人员签署的竣工验收原始文件，市政基础设施的有关质量检测和功能性试验材料以及备案机关认为需要提供的有关资料。

3）法律、行政法规规定应当由规划、公安、消防、环保等部门出具的认可文件或者准许使用文件。

4）施工单位签署的工程质量保修书。

5）法规、规章规定必须提供的其他文件。

6）商品住宅还应当提交《住宅质量保证书》和《住宅使用说明书》。

建设行政主管部门或其他有关部门收到建设单位的竣工验收备案文件后，依据质量监督机构的监督报告，发现建设单位在竣工验收过程中违反国家有关建设工程质量管理规定行为的，责令停止使用，重新组织竣工验收后，再办理竣工验收备案。

（2）建设单位有下列违法行为的，应按照有关规定予以行政处罚：

1）在工程竣工验收合格之日起15天内未办理工程竣工验收备案。

2）在重新组织竣工验收前擅自使用工程。

3）采用虚假证明文件办理竣工验收备案。

第五节　工程建设相关主体违反质量法律法规应承担的法律责任

一、施工单位违反质量法律法规应承担的法律责任

《建设工程质量管理条例》规定了施工单位的法律责任有：

（1）施工单位在施工中偷工减料的，使用不合格的建筑材料、建筑构配件和设备的，或者有不按照工程设计图纸或者施工技术标准施工的其他行为的，责令改正，处工程合同价款2%以上4%以下的罚款；造成建设工程质量不符合规定的质量标准的，负责返工、修理，并赔偿因此造成的损失；情节严重的，责令停业整顿，降低资质等级或者吊销资质证书。

（2）施工单位未对建筑材料、建筑构配件、设备和商品混凝土进行检验，或者未对涉及结构安全的试块、试件以及有关材料取样检测的，责令改正，处10万元以上20万元以下的罚款；情节严重的，责令停业整顿，降低资质等级或者吊销损失的，依法承担赔偿责任。

（3）施工单位不履行保修义务或者拖延履行保修义务的，责令改正，处10万元以上20万元以下的罚款，并对在保修期内因质量缺陷造成的损失承担赔偿责任。

（4）涉及建筑主体或者承重结构变动的装修工程，没有设计方案擅自施工的，责令改正，处50万元以上100万元以下的罚款；房屋建筑使用者在装修过程中擅自变动房屋建筑主体和承重结构的，责令改正，处5万元以上10万元以下的罚款。

（5）施工单位超越单位资质等级承揽工程的，责令停止违法行为，对施工单位处工程合同价款2%以上4%以下的罚款，可以责令停业整顿，降低资质等级；情节严重的，吊销资质证书；有违法所得的，予以没收。

未取得资质证书承揽工程的，予以取缔，依照上述规定处以罚款；有违法所得的，予以没收。

以欺骗手段取得资质证书承揽工程的，吊销资质证书，依照本条第一款规定处以罚款；有违法所得的，予以没收。

（6）施工单位允许其他单位个人以本单位名义承揽工程的，责令改正，没收违法所得，对施工单位处工程合同价款2%以上4%以下的罚款；可以责令停业整顿，降低资质等级；情节严重的，吊销资质证书。

（7）承包单位将承包的工程转包或者违法分包的，责令改正，没收违法所得，对施工单位处工程合同价款的0.5%以上1%以下的罚款，可以责令停业整顿，降低资质等；情节严重的，吊销资质证书。

二、工程建设其他相关主体违反质量法律法规应承担的法律责任

1. 建设单位的法律责任

《建设工程质量管理条例》规定的建设单位的法律责任如下：

（1）建设单位将建设工程发包给不具有相应资质等级的勘察、设计、施工单位或者委托给不具有相应资质等级的工程监理单位的，责令改正，处50万元以上100万元以下的罚款。

（2）建设单位将建设工程肢解发包的，责令改正，处工程合同价款0.5%以上1%以下的罚款；对全部或者部分使用国有资金的项目，并可暂停项目执行或者暂停资金拨付。

（3）建设单位未取得施工许可证或者开工报告未经批准，擅自施工的，责令停止施工，限期改正，处工程合同价款1%以上2%以下的罚款。

（4）建设单位有下列行为之一的，责令改正，处工程合同价款2%以上4%以下的罚款；造成损失的，依法承担赔偿责任：未组织竣工验收，擅自交付使用的；验收不合格，擅自交付使用的；对不合格的建设工程按照合格工程验收的。

《建设工程质量管理条例》第五十九条规定：违反本条例规定，建设工程竣工验收后，建设单位未向建设行政主管部门或者其他有关部门移交建设项目档案的，责令改正，处1万元以上10万元以下的罚款。

2. 建设工程监理单位的法律责任

（1）工程监理单位超越本单位资质等级承揽工程的，责令停止违法行为，处合同约定监理酬金1倍以上2倍以下的罚款；情节严重的，吊销资质证书；有违法所得的，予以没收。

未取得资质证书承揽工程的，予以取缔，依照上述规定处以罚款，有违法所得的，予以没收。

以欺骗手段取得资质证书承揽工程的，吊销资质证书，依照本条第一款规定处以罚款；有违法所得的，予以没收。

（2）工程监理单位允许其他单位或者个人以本单位名义承揽工程的，责令改正，没收违法所得，对工程监理单位处合同约定监理酬金1倍以上2倍以下的罚款；情节严重的，吊销资质证书。

（3）工程监理单位转让工程监理业务的，责令改正，没收违法所得，处合同约定的监理酬金25%以上50%以下的罚款；可以责令停业整顿，降低资质等级，情节严重的，吊销资质证书。

（4）工程监理单位有下列行为之一的，责令改正，处50万元以上100万元以下的罚款，降低资质等级或者吊销资质证，有违法所得的，予以没收；造成损失的，承担连带赔偿责任。

1）与建设单位或者施工单位串通，弄虚作假，降低工程质量的。

2）将不合格的建设工程、建筑材料、建筑构配件和设备按照合格签字的。

3）工程监理单位与被监理工程的施工承包单位以及建筑材料、建筑构配件和设备供应单位有隶属关系或者其他利害关系承担该项建设工程的监理业务的，责令改正，处5万元以上10万元以下的罚款，降低资质等级或者吊销资质证书；有违法所得的，予以没收。

3. 工程勘察设计单位的法律责任

根据《建筑法》、《建设工程勘察设计管理条例》、《建设工程质量管理条例》等有关法律文件，工程勘察设计领域内违法行为应承担的法律责任有：

(1) 违反资质管理规定承揽工程勘察设计业务行为的法律责任。

建设工程勘察、设计单位超越其资质等级许可的范围或者以其他建设工程勘察、设计单位的名义承揽建设工程勘察、设计业务；建设工程勘察、设计单位允许其他单位或者个人以本单位的名义承揽建设工程勘察、设计业务的，责令停止违法行为，处合同约定的勘察费、设计费1倍以上2倍以下的罚款，有违法所得的，予以没收；可以责令停业整顿，降低资质等级；情节严重的，吊销资质证书。

未取得资质证书承揽工程的，予以取缔，依照前款规定处以罚款；有违法所得的，予以没收。

以欺骗手段取得资质证书承揽工程的，吊销资质证书，依照本条第一款规定处以罚款；有违法所得的，予以没收。

(2) 违反注册管理规定执业行为的法律责任。

未经注册，擅自以注册建设工程勘察、设计人员的名义从事建设工程勘察、设计活动的，责令停止违法行为，没收违法所得，处违法所得2倍以上5倍以下罚款；给他人造成损失的，依法承担赔偿责任。

建设工程勘察、设计注册执业人员和其他专业技术人员未受聘于一个建设工程勘察、设计单位或者同时受聘于两个以上建设工程勘察、设计单位，从事建设工程勘察、设计活动的，责令停止违法行为，没收违法所得，处违法所得2倍以上5倍以下的罚款；情节严重的，可以责令停止执行业务或者吊销资格证书；给他人造成损失的，依法承担赔偿责任。

(3) 违法发包工程勘察、设计业务的法律责任。

发包方将建设工程勘察、设计业务发包给不具有相应资质等级的建设工程勘察、设计单位的，责令改正，处50万元以上100万元以下的罚款。

(4) 违法转包工程勘察、设计业务的法律责任。

建设工程勘察、设计单位将所承揽的建设工程勘察、设计转包的，责令改正，没收违法所得，处合同约定的勘察费、设计费25%以上50%以下的罚款，可以责令停业整顿，降低资质等级；情节严重的，吊销资质证书。

(5) 违反工程勘察设计质量管理规定的法律责任。

工程勘察设计单位有下列行为之一的，责令改正，处10万元以上30万元以下的罚款：

1) 勘察单位未按照工程建设强制性标准进行勘察的。

2) 设计单位未根据勘察成果文件进行工程设计的。

3) 设计单位指定建筑材料、建筑构配件的生产厂、供应商的。

4) 设计单位未按照工程建设强制性标准进行设计的。

有上述所列行为，造成工程质量事故的，责令停业整顿，降低资质等级；情节严重的，吊销资质证书；造成损失的，依法承担赔偿责任。

(6) 国家机关工作人员职务违法行为的法律责任。

国家机关工作人员在建设工程勘察、设计活动的监督管理工作中玩忽职守、滥用职权、徇私舞弊，构成犯罪的，依法追究刑事责任；尚不构成犯罪的，依法给予行政处分。

4. 工程质量检测机构的法律责任

（1）未取得相应的资质，擅自承担本办法规定的检测业务的，其检测报告无效，由县级以上地方人民政府建设主管部门责令改正，并处1万元以上3万元以下的罚款。

（2）检测机构隐瞒有关情况或者提供虚假材料申请资质的，省、自治区、直辖市人民政府建设主管部门不予受理或者不予行政许可，并给予警告，1年之内不得再次申请资质。

（3）以欺骗、贿赂等不正当手段取得资质证书的，由省、自治区、直辖市人民政府建设主管部门撤销其资质证书，3年内不得再次申请资质证书；并由县级以上地方人民政府建设主管部门处以1万元以上3万元以下的罚款；构成犯罪的，依法追究刑事责任。

（4）检测机构违反本办法规定，有下列行为之一的，由县级以上地方人民政府建设主管部门责令改正，可并处1万元以上3万元以下的罚款；构成犯罪的，依法追究刑事责任：

1）超出资质范围从事检测活动的。

2）涂改、倒卖、出租、出借、转让资质证书的。

3）使用不符合条件的检测人员的。

4）未按规定上报发现的违法违规行为和检测不合格事项的。

5）未按规定在检测报告上签字盖章的。

6）未按照国家有关工程建设强制性标准进行检测的。

7）档案资料管理混乱，造成检测数据无法追溯的。

8）转包检测业务的。

（5）检测机构伪造检测数据，出具虚假检测报告或者鉴定结论的，县级以上地方人民政府建设主管部门给予警告，并处3万元罚款；给他人造成损失的，依法承担赔偿责任；构成犯罪的，依法追究其刑事责任。

（6）委托方有下列行为之一的，由县级以上地方人民政府建设主管部门责令改正，处1万元以上3万元以下的罚款：

1）委托未取得相应资质的检测机构进行检测的。

2）明示或暗示检测机构出具虚假检测报告，篡改或伪造检测报告的。

3）弄虚作假送检试样的。

4）给予检测机构罚款处罚的，对检测机构的法定代表人和其他直接责任人员处罚款数额5%以上10%以下的罚款。

（7）县级以上人民政府建设主管部门工作人员在质量检测管理工作中，有下列情形之一的，依法给予行政处分；构成犯罪的，依法追究刑事责任：

1）对不符合法定条件的申请人颁发资质证书的。

2）对符合法定条件的申请人不予颁发资质证书的。

3）对符合法定条件的申请人未在法定期限内颁发资质证书的。

4）利用职务上的便利，收受他人财物或者其他好处的。

5）不依法履行监督管理职责，或者发现违法行为不予查处的。

5. 违反《工程建设标准强制性条文》应承担的法律责任

（1）建设单位的法律责任。

建设单位有下列行为之一的，责令改正，并处以 20 万元以上 50 万元以下的罚款：

1）明示或者暗示施工单位使用不合格的建筑材料、建筑构配件和设备的。

2）明示或者暗示设计单位或者施工单位违反工程建设强制性标准，降低工程质量的。

（2）施工单位的法律责任。

施工单位违反工程建设强制性标准的，责令改正，处工程合同价款 2%以上 4%以下的罚款；造成建设工程质量不符合规定的质量标准的，负责返工、修理，并赔偿因此造成的损失；情节严重的，责令停业整顿，降低资质等级或者吊销资质等级证书。

（3）监理单位的法律责任。

工程监理单位违反强制性标准规定，将不合格的建设工程以及建筑材料、建筑构配件和设备按照合格签字的，责令改正，处 50 万元以上 100 万元以下的罚款，降低资质等级或者吊销资质证书；有违法所得的，予以没收；造成损失的，承担连带赔偿责任。

（4）勘察设计单位的法律责任。

勘察设计单位违反工程建设强制性标准进行勘察、设计的，责令改进，并处以 10 万元以上 30 万元以下的罚款。造成工程质量事故的，责令停业整顿，降低资质等级；情节严重的，吊销资质证书，造成损失的，依法承担赔偿责任。

（5）建设行政主管部门和有关行政部门的法律责任。

建设行政主管部门和有关行政部门工作人员，玩忽职守、滥用职权、徇私舞弊的，给予行政处分；构成犯罪的，依法追究刑事责任。

（6）处罚规定。

1）违反工程建设强制标准造成工程质量、安全隐患或者工程事故的，按照《建设工程质量管理条例》的有关规定，对事故责任单位和责任人进行处罚。

2）有关责令停业整顿、降低资质等级和吊销资质证书的行政处罚，由颁发资质证书的机关决定；其他行政处罚，由建设行政主管部门或者有关部门依照法定职权决定。

第五章 环境保护与建筑节能

第一节 环境保护

我国已颁布了一系列与环境保护有关的法律，主要有《中华人民共和国环境保护法》（以下简称《环境保护法》)、《中华人民共和国水污染防治法》、《中华人民共和国大气污染防治法》、《中华人民共和国环境噪声污染防治法》、《中华人民共和国固体废物污染环境防治法》和《中华人民共和国环境影响评价法》（以下简称《环境影响评价法》）等。本节主要介绍《环境保护法》和《环境影响评价法》与工程建设相关的内容。

《环境保护法》于1989年12月26日第七届全国人民代表大会常务委员会第十一次会议通过并公布，自公布之日起施行。

《环境保护法》第十三条 建设污染环境的项目，必须遵守国家有关建设项目环境保护管理的规定。

建设项目的环境影响报告书，必须对建设项目产生的污染和对环境的影响作出评价，规定防治措施，经项目主管部门预审并依照规定的程序报环境保护行政主管部门批准。环境影响报告书经批准后，计划部门方可批准建设项目设计任务书。

第十四条 县级以上人民政府环境保护行政主管部门或者其他依照法律规定行使环境监督管理权的部门，有权对管辖范围内的排污单位进行现场检查。被检查的单位应当如实反映情况，提供必要的资料。检查机关应当为被检查的单位保守技术秘密和业务秘密。

第二十六条 建设项目中防治污染的设施，必须与主体工程同时设计、同时施工、同时投产使用。防治污染的设施必须经原审批环境影响报告书的环境保护行政主管部门验收合格后，该建设项目方可投入生产或者使用。

防治污染的设施不得擅自拆除或者闲置，确有必要拆除或者闲置的，必须征得所在地的环境保护行政主管部门同意。

一、建设项目环境影响评价制度

为了实施可持续发展战略，预防因规划和建设项目实施后对环境造成不良影响，促进经济、社会和环境的协调发展，在国务院《建设项目环境保护管理条例》（1998年

11 月 29 日国务院令第 253 号发布）已有规定的基础上，我国于 2002 年 10 月 28 日公布了《环境影响评价法》，进一步以法律的形式确立了环境影响评价制度。

《环境影响评价法》所称环境影响评价（以下简称环评），是指对规划和建设项目实施后可能造成的环境影响进行分析、预测和评估，提出预防或者减轻不良环境影响的对策和措施，进行跟踪监测的方法与制度。

《环境影响评价法》第三条规定：编制本法第九条所规定的范围内的规划，在中华人民共和国领域和中华人民共和国管辖的海域内建设对环境有影响的项目，应当依照本法进行环境影响评价。

第四条规定：环境影响评价必须客观、公开、公正，综合考虑规划或者建设项目实施后对各种环境因素及其所构成的生态系统可能造成的影响，为决策提供科学依据。

（一）环境影响评价的分类管理

《环境影响评价法》第十六条规定：国家根据建设项目对环境的影响程度，对建设项目的环境影响评价实行分类管理。

建设单位应当按照下列规定组织编制环境影响报告书、环境影响报告表或者填报环境影响登记表（以下统称环境影响评价文件）：

（1）可能造成重大环境影响的，应当编制环境影响报告书，对产生的环境影响进行全面评价。

（2）可能造成轻度环境影响的，应当编制环境影响报告表，对产生的环境影响进行分析或者专项评价。

（3）对环境影响很小、不需要进行环境影响评价的，应当填报环境影响登记表。

（二）环境影响评价文件的编制

1. 环境影响评价文件的内容

《环境影响评价法》第十七条规定了建设项目的环境影响报告书应当包括下列内容：

（1）建设项目概况。

（2）建设项目周围环境现状。

（3）建设项目对环境可能造成影响的分析、预测和评估。

（4）建设项目环境保护措施及其技术、经济论证。

（5）建设项目对环境影响的经济损益分析。

（6）对建设项目实施环境监测的建议。

（7）环境影响评价的结论。

涉及水土保持的建设项目，还必须有经水行政主管部门审查同意的水土保持方案。

环境影响报告表和环境影响登记表的内容和格式，由国务院环境保护行政主管部门制定。

2. 环境影响评价文件的编制

《环境影响评价法》第二十条规定：环评文件中的环境影响报告书或者环境影响报告表，应当由具有相应环境影响评价资质的机构编制。

任何单位和个人不得为建设单位指定对其建设项目进行环境影响评价的机构。

第十九条规定：接受委托为建设项目环境影响评价提供技术服务的机构，应当经国务院环境保护行政主管部门考核审查合格后，颁发资质证书，按照资质证书规定的等级和评价范围，从事环境影响评价服务，并对评价结论负责。为建设项目环境影响评价提供技术服务的机构的资质条件和管理办法，由国务院环境保护行政主管部门制定。

国务院环境保护行政主管部门对已取得资质证书的为建设项目环境影响评价提供技术服务的机构的名单，应当予以公布。

为建设项目环评提供技术服务的机构，不得与负责审批建设项目环境影响评价文件的环境保护行政主管部门或者其他有关审批部门存在任何利益关系。

（三）环境影响评价文件的审批管理

根据《环境影响评价法》的规定，建设项目的环评文件，由建设单位按照国务院的规定报有审批权的环境保护行政主管部门审批；建设项目有行业主管部门的，其环境影响报告书或者环境影响报告表应当经行业主管部门预审后，报有审批权的环境保护行政主管部门审批。

审批部门应当自收到环境影响报告书之日起60日内，收到环境影响报告表之日起30日内，收到环境影响登记表之日起15日内，分别作出审批决定并书面通知建设单位。

预审、审核、审批建设项目环评文件，不得收取任何费用。

《环境影响评价法》还规定：建设项目的环评文件未经法律规定的审批部门审查或者审查后未予批准的，该项目审批部门不得批准其建设，建设单位不得开工建设。

第二十四条规定：建设项目的环境影响评价文件经批准后，建设项目的性质、规模、地点、采用的生产工艺或者防治污染、防止生态破坏的措施发生重大变动的，建设单位应当重新报批建设项目的环境影响评价文件。

建设项目的环境影响评价文件自批准之日起超过5年，方决定该项目开工建设的，其环境影响评价文件应当报原审批部门重新审核；原审批部门应当自收到建设项目环境影响评价文件之日起10日内，将审核意见书面通知建设单位。

（四）环境影响的后评价和跟踪管理

根据《环境影响评价法》的规定，在项目建设、运行过程中产生不符合经审批的环境影响评价文件的情形的，建设单位应当组织环境影响的后评价，采取改进措施，并报原环境影响评价文件审批部门和建设项目审批部门备案；原环境影响评价文件审批部门也可以责成建设单位进行环境影响的后评价，采取改进措施。

环境保护行政主管部门应当对建设项目投入生产或者使用后所产生的环境影响进行跟踪检查，对造成严重环境污染或者生态破坏的，应当查清原因、查明责任。

二、环境保护“三同时”制度

所谓环境保护“三同时”制度，是指建设项目需要配套建设的环境保护设施，必须与主体工程同时设计、同时施工、同时投产使用。《环境影响评价法》第二十六条规定：“建设项目建设过程中，建设单位应当同时实施环境影响报告书、环境影响报告表以及环境影响评价文件审批部门审批意见中提出的环境保护对策措施。”环境保护“三同时”制度是建设项目环境保护法律制度的重要组成部分，《建设项目环境保护管理条例》对环境保护“三同时”制度作了详细规定。

（一）设计阶段

建设项目的初步设计，应当按照环境保护设计规范的要求，编制环境保护篇章，并依据经批准的建设项目环境影响报告书或者环境影响报告表，在环境保护编审中落实防治环境污染和生态破坏的措施以及环境保护设施投资概算。

（二）试生产阶段

建设项目的主体工程完工后，需要进行试生产的，其配套建设的环境保护设施必须与主体工程同时投入试运行。建设项目试生产期间，建设单位应当对环境保护设施运行情况和建设项目对环境的影响进行监测。

（三）竣工验收和投产使用阶段

建设项目竣工后，建设单位应当向审批环境影响评价文件的环境保护行政主管部门申请该建设项目需要配套建设的环境保护设施竣工验收。环境保护设施竣工验收，应当与主体工程竣工验收同时进行。需要进行试生产的建设项目，建设单位应当自建设项目投入试生产之日起3个月内，向审批环境影响评价文件的环境保护行政主管部门申请该建设项目需要配套建设的环境保护设施竣工验收。分期建设、分期投入生产或者使用的建设项目，其相应的环境保护设施应当分期验收。建设项目需要配套建设的环境保护设施经验收合格，该建设项目方可正式投入生产或者使用。

第二节　建筑节能

一、建筑节能管理基本规定

（一）节能管理的基本思路

节约资源是我国的基本国策。国家实施节约与开发并举，把节约放在首位的能源发展战略。依据《节约能源法》，我国进行节能管理的基本思路包括五点：

1. 编制节能计划

国务院和县级以上各级人民政府应当将节能工作纳入国民经济和社会发展规划、年度计划，并组织编制和实施节能中长期专项规划、年度节能计划。

国务院和县级以上各级人民政府每年向本级人民代表大会或者其常务委员会报告节能工作。

2. 节能考核评价

国家实行节能目标责任制和节能考核评价制度，将节能目标完成情况作为对地方人民政府及其负责人考核评价的内容。

省、自治区、直辖市人民政府每年向国务院报告节能目标责任的履行情况。

3. 节能产业政策

国家实行有利于节能和环境保护的产业政策，限制发展高耗能、高污染行业，发展节能环保型产业。

国务院和省、自治区、直辖市人民政府应当加强节能工作，合理调整产业结构、企业结构、产品结构和能源消费结构，推动企业降低单位产值能耗和单位产品能耗，淘汰落后的生产能力，改进能源的开发、加工、转换、输送、储存和供应，提高能源利用效率。

国家鼓励、支持开发和利用新能源、可再生能源。

4. 节能技术创新

国家鼓励、支持节能科学技术的研究、开发、示范和推广，促进节能技术创新与进步。

国家开展节能宣传和教育，将节能知识纳入国民教育和培训体系，普及节能科学知识，增强全民的节能意识，提倡节约型的消费方式。

5. 节能监督

任何单位和个人都应当依法履行节能义务，有权检举浪费能源的行为。新闻媒体应当宣传节能法律、法规和政策，发挥舆论监督作用。

国务院管理节能工作的部门主管全国的节能监督管理工作。国务院有关部门在各自的职责范围内负责节能监督管理工作，并接受国务院管理节能工作的部门的指导。

县级以上各级人民政府管理节能工作的部门负责本行政区域内的节能监督管理工作。县级以上各级人民政府有关部门在各自的职责范围内负责节能监督管理工作，并接受同级管理节能工作的部门的指导。

（二）建筑节能

《节约能源法》第三章第三节专门对建筑节能提出了原则性规定。

1. 建筑节能的监督管理

国务院建设主管部门负责全国建筑节能的监督管理工作。

县级以上各级人民政府建设主管部门负责本行政区域内建筑节能的监督管理工作。

县级以上各级人民政府建设主管部门会同同级管理节能工作的部门编制本行政区域内的建筑节能规划。建筑节能规划应当包括既有建筑节能改造计划。

2. 建设主体的节能义务

建筑工程的建设、设计、施工和监理单位应当遵守建筑节能标准。不符合建筑节能标准的建筑工程，建设主管部门不得批准开工建设；已经开工建设的，应当责令停止施工、限期改正；已经建成的，不得销售或者使用。

建设主管部门应当加强对在建建筑工程执行建筑节能标准情况的监督检查。

房地产开发企业在销售房屋时，应当向购买人明示所售房屋的节能措施、保温工程保修期等信息，在房屋买卖合同、质量保证书和使用说明书中载明，并对其真实性、准确性负责。

3. 建筑节能制度

（1）室内温度控制制度。

使用空调采暖、制冷的公共建筑应当实行室内温度控制制度。具体办法由国务院建设主管部门制定。

（2）分户计量、按照用热量收费的制度。

国家采取措施，对实行集中供热的建筑分步骤实行供热分户计量、按照用热量收费的制度。新建建筑或者对既有建筑进行节能改造，应当按照规定安装用热计量装置、室内温度调控装置和供热系统调控装置。具体办法由国务院建设主管部门会同国务院有关部门制定。

（3）发展节能产品制度。

县级以上各级人民政府有关部门应当加强城市节约用电管理，严格控制公用设施和大型建筑物装饰性景观照明的能耗。

国家鼓励在新建建筑和既有建筑节能改造中使用新型墙体材料等节能建筑材料和节能设备，安装和使用太阳能等可再生能源利用系统。

二、民用建筑节能中各主体的责任

依据《节约能源法》和《民用建筑节能条例》等法律、行政法规，结合本省实际，湖南省第十一届人民代表大会常务委员会第十一次会议于2009年11月27日颁布了《湖南省民用建筑节能条例》，2010年3月1日起施行。

（一）民用建筑节能的含义

民用建筑，是指居住建筑、国家机关办公建筑和商业、服务业、教育、卫生等其他公共建筑。

民用建筑节能，是指在保证民用建筑使用功能和室内热环境质量的前提下，采取节能措施，降低其使用过程中能源消耗的活动。

国家鼓励和扶持在新建建筑和既有建筑节能改造中采用太阳能、地热能等可再生能源。在具备太阳能利用条件的地区，有关地方人民政府及其部门应当采取有效措施，鼓励和扶持单位、个人安装使用太阳能热水系统、照明系统、供热系统、采暖制冷系统等太阳能利用系统。

民用建筑节能项目依法享受税收优惠。

（二）新建建筑节能

1. 节能材料与设备的使用

国家推广使用民用建筑节能的新技术、新工艺、新材料和新设备，限制使用或者禁止使用能源消耗高的技术、工艺、材料和设备。国务院节能工作主管部门、建设主管部门应当制定、公布并及时更新推广使用、限制使用、禁止使用目录。

国家限制进口或者禁止进口能源消耗高的技术、材料和设备。

建设单位、设计单位、施工单位不得在建筑活动中使用列入禁止使用目录的技术、工艺、材料和设备。

2. 建设节能主体的节能义务

（1）城乡规划主管部门与建设主管部门的节能义务。

编制城市详细规划、镇详细规划，应当按照民用建筑节能的要求，确定建筑的布局、形状和朝向。

城乡规划主管部门依法对民用建筑进行规划审查，应当就设计方案是否符合民用建筑节能强制性标准征求同级建设主管部门的意见；建设主管部门应当自收到征求意见材料之日起10日内提出意见。征求意见时间不计算在规划许可的期限内。

对不符合民用建筑节能强制性标准的，不得颁发建设工程规划许可证。

（2）施工图审查机构的节能义务。

施工图设计文件审查机构应当按照民用建筑节能强制性标准对施工图设计文件进行审查；经审查不符合民用建筑节能强制性标准的，县级以上地方人民政府建设主管部门不得颁发施工许可证。

（3）建设单位的节能义务。

建设单位不得明示或者暗示设计单位、施工单位违反民用建筑节能强制性标准进行设计、施工不得明示或者暗示施工单位使用不符合施工图设计文件要求的墙体材料、保温材料、门窗、采暖制冷系统和照明设备。

按照合同约定由建设单位采购墙体材料、保温材料、门窗、采暖制冷系统和照明设备的，建设单位应当保证其符合施工图设计文件要求。

建设单位组织竣工验收，应当对民用建筑是否符合民用建筑节能强制性标准进行查验；对不符合民用建筑节能强制性标准的，不得出具竣工验收合格报告。

房地产开发企业销售商品房，应当向购买人明示所售商品房的能源消耗指标、节能措施和保护要求、保温工程保修期等信息，并在商品房买卖合同和住宅质量保证书、住宅使用说明书中载明。

（4）设计单位、施工单位、工程监理单位的节能义务。

设计单位、施工单位、工程监理单位及其注册执业人员，应当按照民用建筑节能强制性标准进行设计、施工、监理。

施工单位应当对进入施工现场的墙体材料、保温材料、门窗、采暖制冷系统和照明设备进行查验；不符合施工图设计文件要求的，不得使用。

工程监理单位发现施工单位不按照民用建筑节能强制性标准施工的，应当要求施工单位改正；施工单位拒不改正的，工程监理单位应当及时报告建设单位，并向有关主管部门报告。

墙体、屋面的保温工程施工时，监理工程师应当按照工程监理规范的要求，采取旁站、巡视和平行检验等形式实施监理。

未经监理工程师签字，墙体材料、保温材料、门窗、采暖制冷系统和照明设备不得在建筑上使用或者安装，施工单位不得进行下一道工序的施工。

（三）既有建筑节能

1. 既有建筑节能的含义

既有建筑节能改造，是指对不符合民用建筑节能强制性标准的既有建筑的围护结构、供热系统、采暖制冷系统、照明设备和热水供应设施等实施节能改造的活动。

既有建筑节能改造应当根据当地经济、社会发展水平和地理气候条件等实际情况，有计划、分步骤地实施分类改造。

2. 节能改造

国家机关办公建筑、政府投资和以政府投资为主的公共建筑的节能改造，应当制订节能改造方案，经充分论证，并按照国家有关规定办理相关审批手续方可进行。各级人民政府及其有关部门、单位不得违反国家有关规定和标准，以节能改造的名义对前款规定的既有建筑进行扩建、改建。

此外，其他公共建筑和居住建筑不符合民用建筑节能强制性标准的，在尊重建筑所有权人意愿的基础上，可以结合扩建、改建，逐步实施节能改造。

实施既有建筑节能改造，应当符合民用建筑节能强制性标准，优先采用遮阳、改善通风等低成本改造措施。既有建筑围护结构的改造和供热系统的改造应当同步进行。

第三节　绿色施工

我国尚处于经济快速发展阶段，作为大量消耗资源、影响环境的建筑业，应全面实施绿色施工，承担起可持续发展的社会责任。

2007 年 7 月，中华人民共和国建设部下达了关于印发《绿色施工导则》（建质［2007］223 号）的通知，2010 年 11 月，住建部和国家质监总局又联合发布了《建筑工程绿色施工评价标准》（GB/T 50640—2010）（以下简称《评价标准》）。以上文件和标准对绿色施工进行了规范。

绿色施工是指工程建设中，在保证质量、安全等基本要求的前提下，通过科学管理和技术进步，最大限度地节约资源与减少对环境负面影响的施工活动，实现“四节一环保”（节能、节地、节水、节材和环境保护）。绿色施工总体框架图如下。

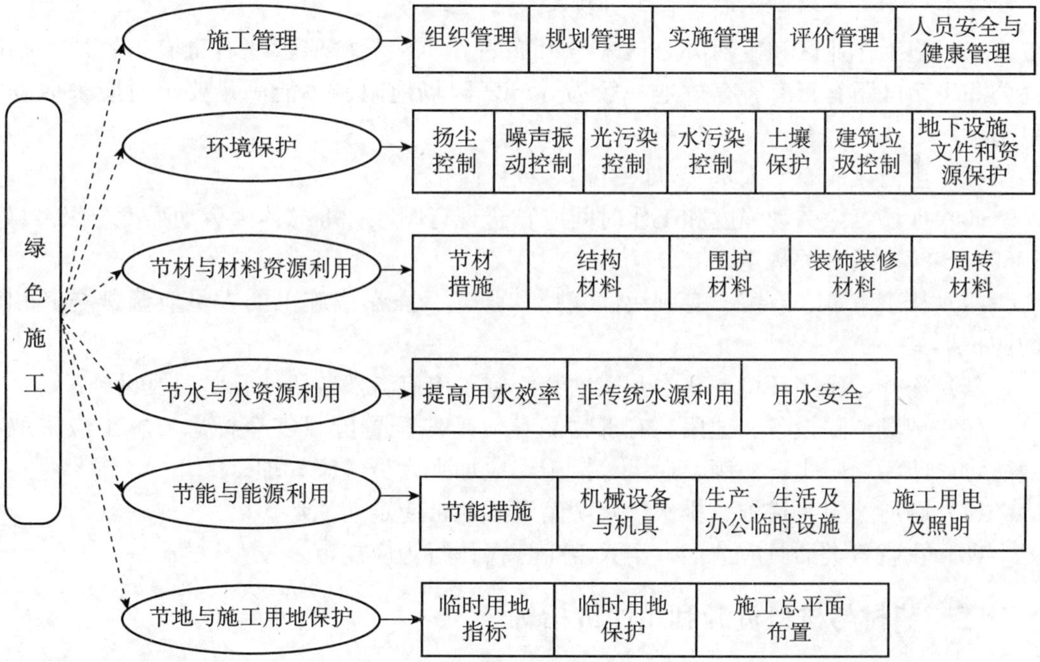

绿色施工总体框架图

绿色施工管理主要包括组织管理、规划管理、实施管理、评价管理和人员安全与健康管理五个方面。

建筑工程绿色施工应根据环境保护、节材与材料资源利用、节水与水资源利用、节能与能源利用和节地与施工用地保护五个要素进行评价。

评价要素应由控制项、一般项、优选项三类评价指标组成。其中控制项是指绿色施工过程中必须达到的基本要求条款；一般项是指绿色施工过程中根据实施情况进行评价，难度和要求适中的条款；优选项是指绿色施工过程中实施难度较大、要求较高的条款。

评价等级应分为不合格、合格和优良。

一、环境影响评价指标

1. 控制项

控制项包括四个方面：

（1）现场施工标牌应包括环境保护内容。

（2）施工现场应在醒目位置设环境保护标识。

（3）施工现场的文物古迹和古树名木应采取有效保护措施。

（4）现场食堂应有卫生许可证，炊事员应持有效健康证明。

2. 一般项

《评价标准》对资源保护、人员健康、扬尘控制、废气排放控制、建筑垃圾处置、污水排放、光污染、噪声控制、施工现场围挡、开挖土方利用十个方面进行了要求。

其中，关于人员健康应符合下列规定：

（1）施工作业区和生活办公区应分开布置，生活设施应远离有毒有害物质。临时办公和生活区距有毒有害存放地一般为50m，因场地限制不能满足要求时应采取隔离措施。

（2）生活区应有专人负责，应有消暑或保暖措施。

（3）现场工人劳动强度和工作时间应符合现行国家标准《体力劳动强度分级》（GB 3869—1997）的有关规定。

（4）从事有毒、有害、有刺激性气味和强光、强噪声施工的人员应佩戴与其相应的防护器具。

（5）深井、密闭环境、防水和室内装修施工应有自然通风或临时通风设施。

（6）现场危险设备、地段、有毒物品存放地应配置醒目安全标志，施工应采取有效防毒、防污、防尘、防潮、通风等措施，应加强人员健康管理。

（7）厕所、卫生措施、排水沟及阴暗潮湿地带应定期消毒。

（8）食堂各类器具应清洁，个人卫生、操作行为应规范。

二、节材与材料资源利用评价指标

1. 控制项

控制项包括两个方面：

（1）应根据就地取材的原则进行材料选择并有实施记录。根据《绿色建筑评价标准》（GB 50378—2006）中第 4.4.3 条的规定，就地取材的是指材料产地距施工现场 500 km 范围内。

（2）应有健全的机械保养、限额领料、建筑垃圾再生利用等制度。

2. 一般项

《评价标准》对材料的选择、材料节约、资源再生利用三个方面进行了要求。

其中，关于材料选择应符合下列规定：

（1）施工应选用绿色、环保材料。

（2）临建设施应采用可拆迁、可回收的材料。

（3）应利用粉煤灰、矿渣、外加剂等新材料降低混凝土和砂浆中的水泥用量；粉煤灰、矿渣、外加剂等新材料掺量应按供货单位推荐掺量、使用要求、施工条件、原材料等因素通过试验确定。

三、节水与水资源利用评价指标

1. 控制项

控制项包括两个方面：

（1）签订标段分包或劳务合同时，应将节水指标纳入合同款项。

（2）应有计量考核记录。

2. 一般项

《评价标准》对节约用水、水资源的利用两个方面进行了要求。

其中，关于水资源的利用应符合下列规定：

（1）基坑降水应储存使用。尽量减少基坑外抽水。在一些地下水位高的地区，很多工程有较长降水周期，这部分基坑降水应尽量合理使用。

（2）冲洗现场机具、设备、车辆用水，应设立循环用水装置。尽量使用非传统水源进行车辆、机具和设备冲洗；使用城市管网自来水时，必须建立循环用水装置，不得直接排放。

四、节能与能源利用评价指标

1. 控制项

控制项包括三个方面：

（1）对施工现场的生产、生活、办公和主要耗能施工设备应设有节能的控制措施。

（2）对主要耗能施工设备应定期进行耗能计量核算。

（3）国家、行业、地方政府明令淘汰的施工设备、机具和产品不应使用。

2. 一般项

《评价标准》对临时用电设施、机械设备、临时设施、材料运输与施工四个方面进行了要求。

其中，关于临时设施应符合下列规定：

（1）施工临时设施应结合日照和风向等自然条件，合理采用自然采光、通风和外窗遮阳设施。南方采用外遮阳，可减少太阳辐射和温度传导，节约大量的空调、电扇等运行能耗，是一种节能的有效手段，值得提倡。

（2）临时施工用房应使用热工性能达标的复合墙体和屋面板，顶棚宜采用吊顶。

五、节地与土地资源保护评价指标

1. 控制项

控制项包括三个方面：

（1）施工场地布置应合理并应实时动态管理。

（2）施工临时用地应有审批用地手续。

（3）施工单位应充分了解施工现场及毗邻区域内人文景观保护要求、工程地质情况及基础设施管线分布情况，制定相应保护措施，并应报相关方核准。

2. 一般项

《评价标准》对节约用地、保护用地两个方面进行了要求。

其中，关于节约用地应符合下列规定：

（1）施工总平面布置应紧凑，并应尽量减少占地。

（2）应在经批准的临时用地范围内组织施工。

（3）应根据现场条件，合理设计场内交通道路。

（4）施工现场临时道路布置应与原有及永久道路兼顾考虑，并充分利用拟建道路为施工服务。规定场内交通道路布置应满足各种车辆机具设备进出场、消防安全疏散要求，方便场内运输。场内交通道路双车道宽度不宜大于 6 m，单车道不宜大于 3.5 m，转弯半径不宜大于 15 m，且尽量形成环形通道。

（5）应采用预拌混凝土。

专业通用知识篇

第六章　建筑制图及识图

第一节　制图基本知识

工程图是工程施工、生产、管理等环节最重要的技术文件，建筑工程制图方面的标准总代号为“GBJ”。建设部会同有关部门共同对《房屋建筑制图统一标准》等六项标准进行修订，批准并颁布了《房屋建筑制图统一标准》（GB/T 50001—2010）、《总图制图标准》（GB/T 50103—2010）、《建筑制图标准》（GB/T 50104—2010）、《建筑结构制图标准》（GB/T 50105—2010）、《给水排水制图标准》（GB/T 50106—2010）和《暖通空调制图标准》（GB/T 50114—2010）。

一、图幅

图幅是图纸幅面的简称，指图纸尺寸的大小。单位工程的施工图要装订成套，为了使整套施工图方便装订，国标规定图纸按其大小分为 5 种，见表 6-1。同一项工程的图纸，幅面不宜多于两种。如图纸幅面不够，可将图纸长边加长，但短边不宜加长。

表 6-1　幅面及图框尺寸　　单位：mm

幅面代号 / 尺寸代号	A_0	A_1	A_2	A_3	A_4
$b \times l$	841×1 189	594×841	420×594	297×420	210×297
c	10			5	
a	25				

二、标题栏与会签栏

在每张施工图中，为了方便查阅图纸，图纸右下角都有标题栏，形式见图6-1（a）。标题栏主要以表格形式表达本张图纸的一些属性，如设计单位名称、工程名称、图样名称、图样类别、编号以及设计、审核、负责人的签名，如涉外工程应加注“中华人民共和国”字样。会签栏则是各专业工种负责人签字区，一般位于图纸的左上角图框线外，形式见图 6-1（b）。

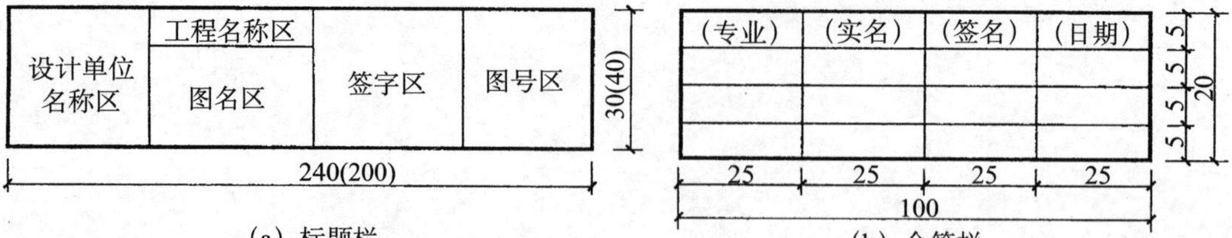

(a) 标题栏　　(b) 会签栏

图 6-1　标题栏与会签栏

三、图线

工程图样中的内容都用图线表达。为了使各种图线所表达的内容统一，国标对建筑工程图样中图线的种类、用途和画法都作了规定。在建筑工程图样中图线的线型、线宽及其作用见表 6-2。

表 6-2　图线

名称		线型	线宽	一般用途
实线	粗		b	图框线、平面图及剖面图上剖切到的构造轮廓线、立面图的外轮廓线，结构图中的钢筋线
	中		$0.5b$	平面图及立面图上门窗等构件外轮廓线起止点
	细		$0.25b$	尺寸线、尺寸界线、引出线及材料图线、剖面图中的次要图线（如粉刷线）
虚线	粗		b	地下建筑物或构筑物的位置线等
	中		$0.5b$	房屋地下的通道、地沟等位置线
	细		$0.25b$	房屋地上部分未剖切到也看不到的构件（如高窗）位置线、搁板位置、拟扩建部分的范围等
单点长画线	粗		b	结构平面图中梁、屋架的位置线
	中		$0.5b$	平面图中的吊车轨道线等
	细		$0.25b$	中心线、对称线、定位轴线等
双点长画线	粗		b	见各有关专业制图标准
	中		$0.5b$	见各有关专业制图标准
	细		$0.25b$	假想轮廓线、成型前原始轮廓线
折断线			$0.25b$	断开界线
波浪线			$0.25b$	断开界线

表 6-2 中线宽 b 根据图样的复杂程度合理选择，较复杂的图样选择较细的图线，如 0.5 mm、0.35 mm；较简单的图样选择的图线粗一点，如 0.7 mm、1.0 mm。中粗线为 $0.5b$，细线为 $0.25b$。

图纸的图框线和标题栏的图线的线宽见表6-3。

表6-3 图框线、标题栏的线宽 单位：mm

幅面代号	图框线	标题栏线	
		外框线	分格线
A_0、A_1	1.4	0.7	0.35
A_2、A_3、A_4	1.0	0.7	0.35

画图时应注意以下几个问题：

(1) 在同一张图纸中，相同比例的图样，应选择相同的线宽组。

(2) 图纸的图框和标题栏线可采用表6-3中规定的线宽。

(3) 相互平行的图线，其间隙不宜小于其中的粗线宽度，且不宜小于0.7 mm。

(4) 虚线、单点长画线或双点长画线的线段长度和间隔，宜各自相等，虚线的线段长为3～6 mm，单点长画线的线段长度为15～20 mm。

(5) 单点长画线或双点长画线，当在较小图形中绘制有困难时，可用实线代替。

(6) 单点长画线或双点长画线的两端不应是点，点画线与点画线交接或点画线与其他图线交接时，应是线段交接。

(7) 虚线与虚线交接或虚线与其他图线交接时，应是线段交接。虚线为实线的延长线时，不得与实线连接。

(8) 图线不得与文字、数字或符号重叠、混淆，不可避免时，应首先保证文字等的清晰。

四、字体

建筑施工图中的文字有汉字、拉丁字母、阿拉伯数字、符号、代号等。为了保持图样的严肃性，图样中的字体均应笔画清晰、字体端正、排列整齐、间隔均匀，标点符号应清楚正确。汉字、数字、字母等字体的大小以字号来表示，字号就是字体的高度。图纸中字体的大小应依据图纸幅面、比例等情况从国家标准规定的下列字高系列中选用：2.5 mm、3.5 mm、5 mm、7 mm、10 mm、14 mm、20 mm。如书写更大的字，其高度应按$\sqrt{2}$的比值递增，并取毫米整数。

图及说明的汉字，应采用长仿宋体。长仿宋体字的书写要领是：横平竖直、起落分明，填满方格，结构匀称，排列整齐，字体端正。

拉丁字母及数字（包括阿拉伯数字和罗马数字）有一般字体和窄字体两种，其中又有直体字和斜体字之分。

五、比例

图样的比例是指图形与实物相应要素的线性尺寸之比。比例的大小是指其比值的大小，如1∶50大于1∶100。比例通常注写在图名的右方，与文字的基准线应取平，字高比图名小一号或两号。

绘图所用的比例应根据图样的用途与被绘对象的复杂程度，并优先选用常用比例，见表 6-4。

表 6-4　绘图所用的比例

常用比例	1∶1、1∶2、1∶5、1∶10、1∶20、1∶50、1∶100、1∶150、1∶200、1∶500、1∶1 000、1∶2 000、1∶5 000、1∶10 000、1∶20 000、1∶50 000、1∶100 000、1∶200 000
可用比例	1∶3、1∶4、1∶6、1∶15、1∶25、1∶30、1∶40、1∶60、1∶80、1∶250、1∶300、1∶400、1∶600

六、尺寸标注

工程图样中的图形除了按比例画出建筑物或构筑物的形状外，还必须标注完整的实际尺寸，作为施工的依据。因此，尺寸标注必须准确无误、字体清晰、不得有遗漏，否则会给施工造成很大的损失。

尺寸由尺寸界线、尺寸线、尺寸起止符号和尺寸数字四部分组成。

（1）尺寸界线。尺寸界线用细实线绘制，与所要标注轮廓线垂直。其一端应离开图样轮廓线不小于 2 mm，另一端超过尺寸线 2～3 mm，图样轮廓线、轴线和中心线可以作为尺寸界线。

（2）尺寸线。尺寸线表示所要标注轮廓线的方向，用细实线绘制，与所要标注轮廓线平行，与尺寸界线垂直，不得超越尺寸界线，也不得用其他图线代替。互相平行的尺寸线的间距应大于 7 mm，并应保持一致，尺寸线离图样轮廓线的距离不应小于10 mm。

（3）尺寸起止符号。尺寸起止符号是尺寸的起点和止点。建筑工程图样中的起止符号一般用 2～3 mm 的中粗短线表示，其倾斜方向应与尺寸界线成顺时针 45°。半径、直径、角度和弧长的尺寸起止符号，宜用箭头表示。

（4）尺寸数字。尺寸数字必须用阿拉伯数字注写。建筑工程图样中的尺寸数字表示建筑物或构件的实际大小，与所绘图样的比例和精确度无关。尺寸数字的单位，在“国标”中规定，除总平面图上的尺寸单位和标高的单位以“m”为单位外，其余尺寸均以“mm”为单位，在施工图中尺寸数字后不注写单位。尺寸标注时，当尺寸线是水平线时，尺寸数字应写在尺寸线的上方中部，字头朝上；当尺寸线是竖线时，尺寸数字应写在尺寸线的左方中部，字头向左。

尺寸宜标注在图样轮廓线以外，不宜与图线、文字及符号等相交。尺寸数字如果没有足够的位置注写时，两边的尺寸可以注写在尺寸界线的外侧，中间相邻的尺寸可以错开注写。

七、材料图例

《房屋建筑制图统一标准》（GB/T 50001—2010）中将常用建筑材料做了规定画法，如表 6-5 所示。

表 6-5　建筑材料图例

序号	名称	图例	备注
1	自然土壤		包括各种自然土壤
2	夯实土壤		
3	砂、灰土	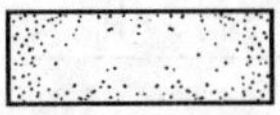	靠近轮廓线绘较密的点
4	砂砾石、碎砖三合土	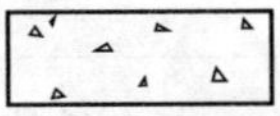	
5	石 材	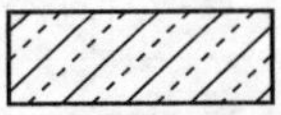	
6	毛 石		
7	普通砖	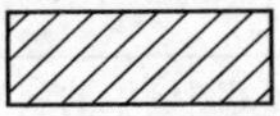	包括实心砖、多孔砖、砌块等砌体。断面较窄不易绘出图例线时，可涂红
8	耐火砖	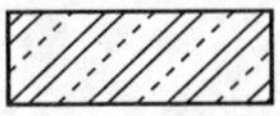	包括耐酸砖等砌体
9	空心砖	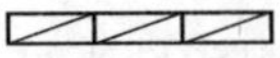	指非承重砖砌体
10	饰面砖	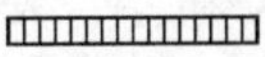	包括铺地砖、马赛克、陶瓷锦砖、人造大理石等
11	焦渣、矿渣	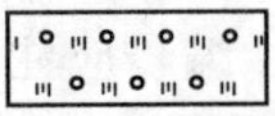	包括与水泥、石灰等混合而成的材料
12	混凝土	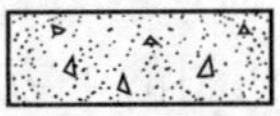	①本图例指能承重的混凝土及钢筋混凝土 ②包括各种强度等级、骨料、添加剂的混凝土 ③在剖面图上画出钢筋时，不画图例线 ④断面图形小，不易画出图例线时，可涂黑
13	钢筋混凝土		
14	多孔材料		包括水泥珍珠岩、沥青珍珠岩、泡沫混凝土、非承重加气混凝土、软木、蛭石制品等
15	纤维材料	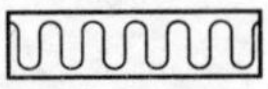	包括矿棉、岩棉、玻璃棉、麻丝、木丝板、纤维板等
16	泡沫塑料材料	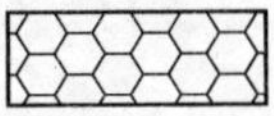	包括聚苯乙烯、聚乙烯、聚氨酯等多孔聚合物类材料
17	木 材	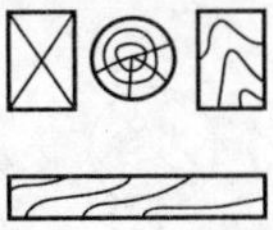	①上图为横断面，上左图为垫木、木砖或木龙骨 ②下图为纵断面
18	胶合板	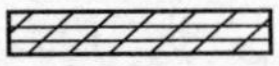	应注明为×层胶合板
19	石膏板	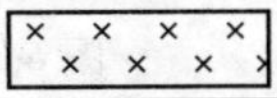	包括圆孔、方孔石膏板、防水石膏板等
20	金 属	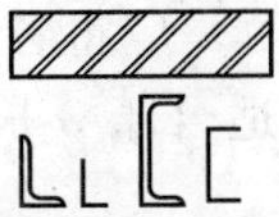	①包括各种金属 ②图形小时，可涂黑

序号	名称	图例	备注
21	网状材料		①包括金属、塑料网状材料 ②应注明具体材料名称
22	液 体		应注明具体液体名称
23	玻 璃		包括平板玻璃、磨砂玻璃、夹丝玻璃、钢化玻璃、中空玻璃、加层玻璃、镀膜玻璃等
24	橡 胶		
25	塑 料		包括各种软、硬塑料及有机玻璃等
26	防水材料		构造层次多或比例大时，采用上面图例
27	粉 刷		本图例采用较稀的点

注：序号 1、2、5、7、8、13、14、16、17、18、22、23 图例中的斜线、短斜线、交叉斜线等一律为 45°。

八、定位轴线

房屋施工图中的定位轴线是确定建筑结构构件平面布置及标志尺寸的基线，是设计和施工中定位放线的重要依据。凡主要的墙和柱、大梁、屋架等主要承重构件，都应画上轴线并用该轴线编号来确定其位置。定位轴线的画法及编号见图 6-2。

（1）定位轴线用细点画线绘制且应编号，编号应注写在定位轴线端部细实线的圆内，其直径为 8～10 mm，但通用详图的定位轴线可不编号。

（2）平面图上定位轴线的编号，宜标注在图的下方与左侧（有时上、下、左、右均标注）。横向编号应用阿拉伯数字从左至右编写，竖向编号应用大写拉丁字母（但 I、O、Z 例外，以免与数字混淆）由下至上顺序编写。

（3）两根轴线之间，如需附加轴线时，应以分数表示。分母表示前一轴线的编号，分子表示附加轴线的编号，见图 6-3，第一个图表示②轴线之后附加的第 1 根轴线，第二个图表示 C 轴线之后附加的第 3 根轴线。

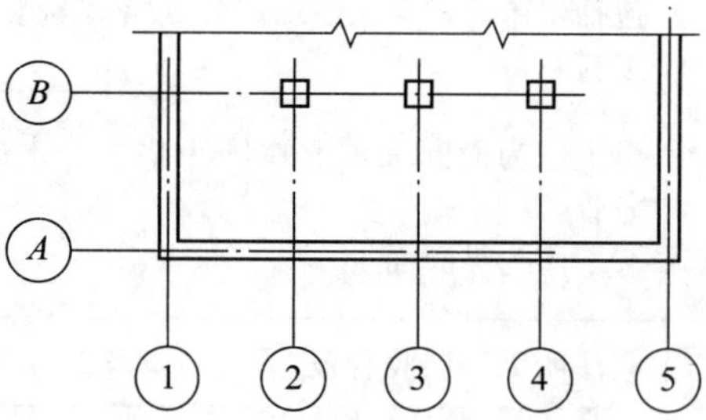

图 6-2 定位轴线的画法和编号

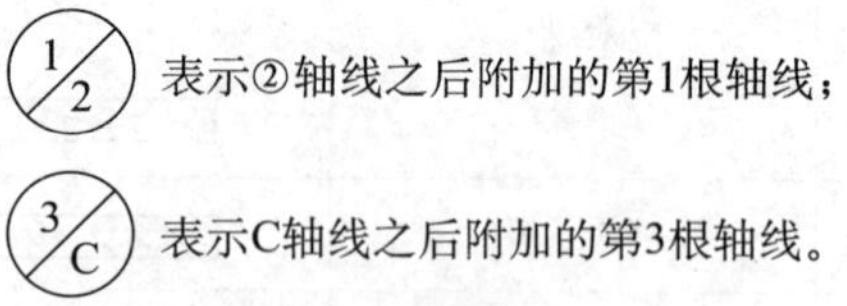

图 6-3 附加定位轴线的表示

（4）如果一个详图同时适用于几根轴线时，应将各有关轴线的编号注明。图示中的图 6-4（a）适合于两根轴线，图 6-4（b）适合于 3 根以上连续编号的轴线，图 6-4（c）适合于任意 3 根以上的轴线。

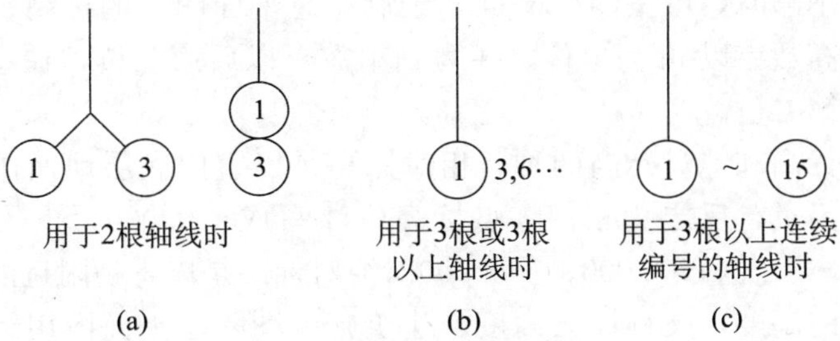

图 6-4　多根定位轴线的表示

九、索引符号与详图符号

图样中的某一局部或构配件，如需另见详图，应以索引符号索引，即在需要另画详图的部位画出索引符号，并在所画的详图上画出详图符号，两者编号必须对应一致，以便对照查阅。索引符号的形式如图 6-5（a）所示，索引符号的圆及直径均应以细实线绘制，且直径为 10 mm，索引符号的引出线一端指在要索引的位置上，另一端对准索引符号的圆心。当引出的是剖面详图时，用粗实线表示剖切位置，引出线所在的一侧为剖视方向。

详图的位置和编号，应以详图符号表示，详图符号应以直径为 14 mm 的粗实线圆表示，如图 6-5（b）所示。

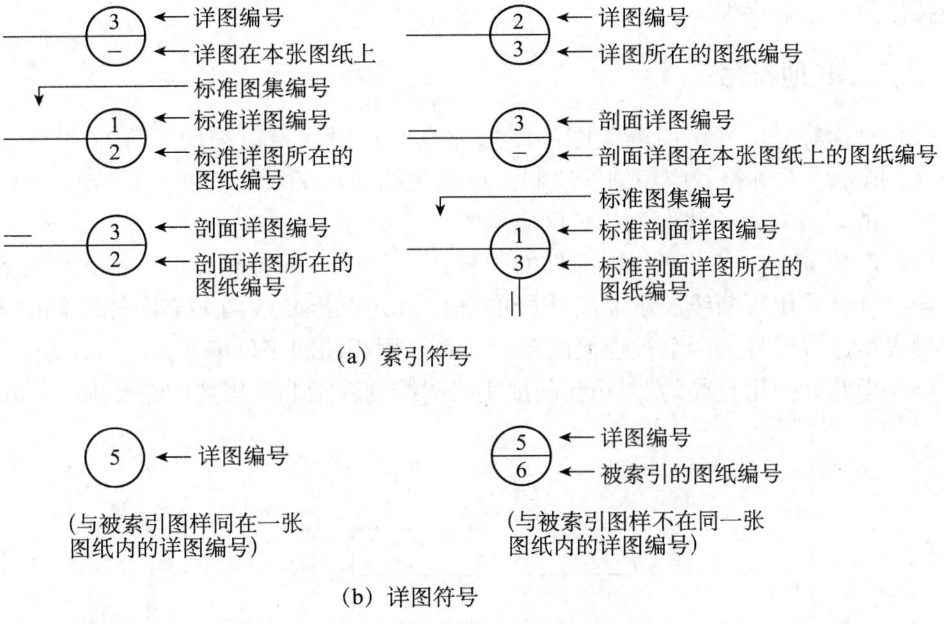

图 6-5　索引符号与详图符号

十、标高符号

标高是标注建筑物高度的一种尺寸形式。单体建筑物图样上的标高符号，应按图 6-6（a）以细实线绘制；标高符号的尖端，应指至被注的高度，尖端可向上，也可向下；若标注位置不够时，可按图 6-6（b）绘制；总平面图上的标高符号，宜用涂黑的三角形表示；标高数字以 m 为单位，注写到小数点以后第三位，在总平面图中，可注写到小数点以后第二位。

标高有相对标高和绝对标高两种。相对标高是以室内底层地面作为零点而确定的高度。低于零点为负，反之为正；零点标高应注写成±0.000，正数标高不注“+”，负数标高应注“－”，例如 3.000、－3.000。绝对标高是以青岛附近的黄海平均海平面作为零点而测定的高度，又称海拔高度。建筑施工图除总平面图用绝对标高外，一般采用相对标高。

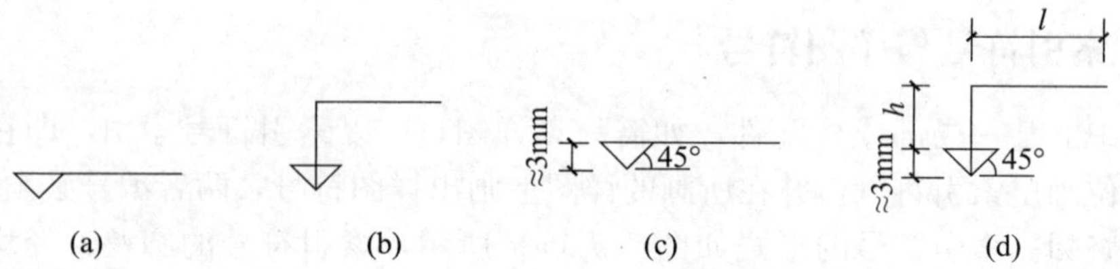

l——取适当长度注写标高数字；*h*—根据需要取适当高度

图 6-6　标高符号

十一、编号

零件、钢筋、杆件、设备等的编号，应以直径为 6 mm 的细实线圆表示，其编号应用阿拉伯数字按顺序编写。

十二、其他符号

（1）对称符号：当房屋施工图的图形完全对称时，可以采用对称符号简化作图，如图 6-7 所示。对称符号应用细线绘制，点划线端部两平行线长度为 6～10 mm、间距为 2～3 mm，且在对称线两侧的长度应相等。

（2）连接符号：当一部分构配件的图样还需与另一部分相接时，需用连接符号表达。连接符号采用折断线表示需要连接的部位，并以折断线两端靠图样一侧的大写拉丁字母表示连接编号。两个被连接的图样，必须用相同的字母编号。

（3）指北针：用直径为 24 mm 的细实线圆绘制，指北针尾部的宽度为 3 mm。

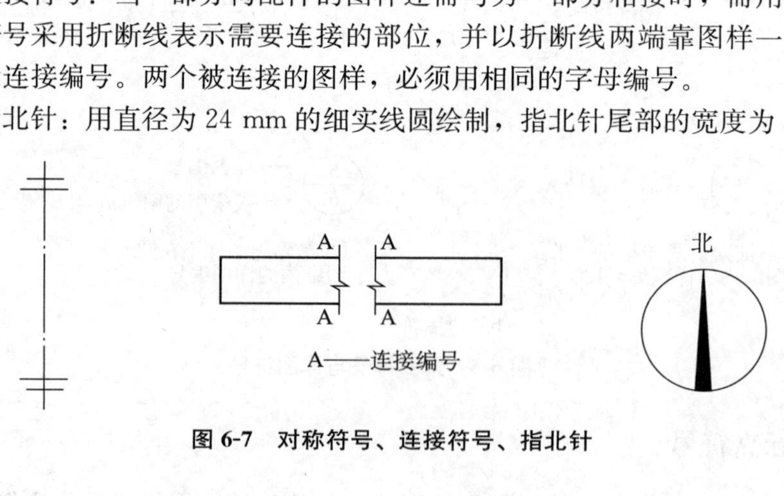

图 6-7　对称符号、连接符号、指北针

第二节 投影基本知识

一、投影的形成与分类

施工图的绘制原理源于投影。在日常生活中人们会经常见到这种现象：在光线照射下，物体在地面或墙面上会出现影子。从这些现象中认识到光线、物体和影子之间的关系并加以抽象分析和科学总结产生了投影原理。即投影线投射一形体，在投影面上产生投影图形。而在平面（纸）上绘出形体的投影图，以表示其形状大小的方法，称为投影法。

1. 投影的分类

投影法可分为中心投影法和平行投影法两大类。

（1）中心投影法：指投影线由一点引出，对形体进行投影的方法。用中心投影法绘出的图工程上也称透视投影图。

（2）平行投影法：平行投影法又可分为正投影法和斜投影法两种。

1）正投影法：指投影线相互平行且与投影面垂直，对形体进行投影的方法。用正投影法绘出的投影图也称正投影图（包括标高投影图）。

当只绘出形体的水平正投影图并在其上加注标高时又称标高投影图。工程上常用于绘地形图。

2）斜投影法：指投影线相互平行且与投影面倾斜，对形体进行的投影方法。用斜投影法绘出的图工程上又称斜投影图。

2. 正投影的基本特性

下面我们以直线及平面在空间不同位置的正投影图为例，可以得出正投影的几个基本特性，见图 6-8。

（1）真实性：平行于投影面的直线反映实长。

（2）积聚性：垂直于投影面的直线积聚为一个点。

（3）相似性：倾斜于投影面的平面其投影仍为一平面但长度变小了。

（4）平行性：空间两条直线平行其投影仍平行。

（5）定比性：直线上一点 M 分线段 AB 为一定比值，则其投影图仍分该投影线段为同样的比值。即：$AM:MB=am:mb$，见图 6-8（e）。

3. 三面投影图的形成及其规律

（1）三面投影图的形成。

如图 6-9 所示，空间形体虽然不同，但却有着相同的正投影图。由此可见，仅凭单面投影是不足以确定空间形体的形状和大小的。因此，一般需要从几个方向对形体作投影图并综合起来识读，才能确定形体唯一的形状和大小。

我们建立由三个相互垂直的平面组成的三面投影体系。然后将形体放在该体系中，并使形体的主要面分别与三个投影面平行，由前向后投影得正立面投影图（V 面投影），由上向下投影得水平投影图（H 面投影），由左向右投影得侧立面投影图（W 面投影）。为作图方便，还需将该投影体系作展开，展开方法即 V 面不动，H 面绕 X 轴向下旋转 90°，W 面绕 Z 轴向右旋转 90°，使其展开在一个平面上。

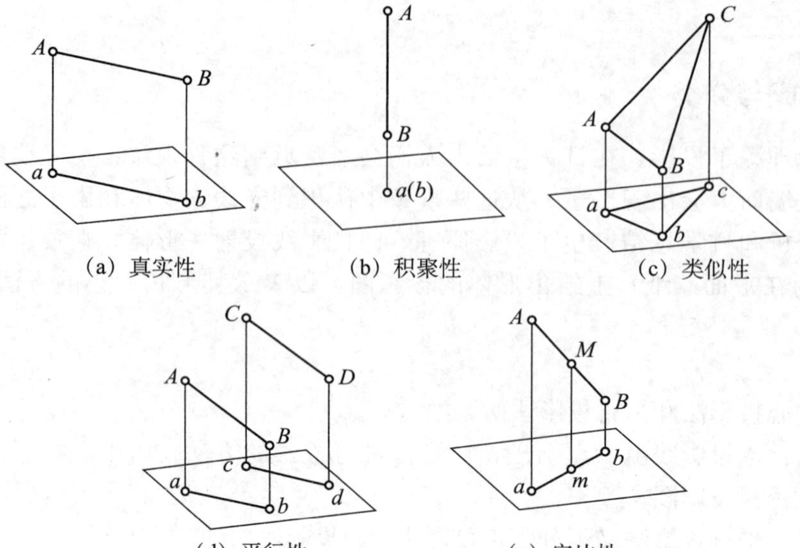

(a) 真实性　(b) 积聚性　(c) 类似性

(d) 平行性　(e) 定比性

图 6-8　正投影的基本特性

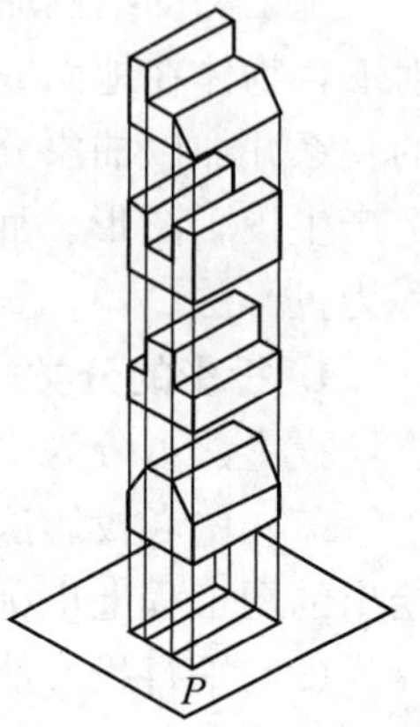

图 6-9　形体的单面投影

（2）三面投影图的规律。

正投影图中分析可知：V 面、H 面投影左右对齐，并同时反映形体的长度。V 面、W 面上下对齐，并同时反映形体的高度。H 面、W 面前后对齐，并同时反映形体宽度。上述三面投影的基本规律可以概括为：长对正、高平齐、宽相等的关系。

形体投影图上还能反映形体的方向。我们规定以 X 轴正向表示左，Y 轴正向表示前、Z 轴正向表示上。则得出：V 面投影反映形体的上下、左右关系；H 面投影反映形体前后、左右关系；W 面投影反映形体的前后、上下关系。

二、点、直线、平面的投影

1. 点的三面投影及其规律

如图 6-11 所示，为空间点 A 的三面投影图及展开图。总结其展开图的投影规律，可以得出点的三面投影规律：

点的水平投影和正面投影连线垂直 OX 轴，即 $aa' \perp OX$。

点的正面投影和侧面投影连线垂直 OZ 轴，即 $a'a'' \perp OZ$。

点的水平投影到 X 轴的距离等于点的侧面投影到 Z 轴的距离，即 $aa_X = a''a_Z$。

2. 直线的投影

空间的两点可以确定一条直线段。因此，直线的三面投影可由其两端点的三面投影图来确定。

在三面投影体系中，据直线对投影面的位置，可分为三种情况：

投影面平行线：平行于某一投影面的直线。在平行的投影面上的投影，反映直线的实长以及对另两个投影面的倾角，在另两个投影面上的投影平行于相应的投影轴，

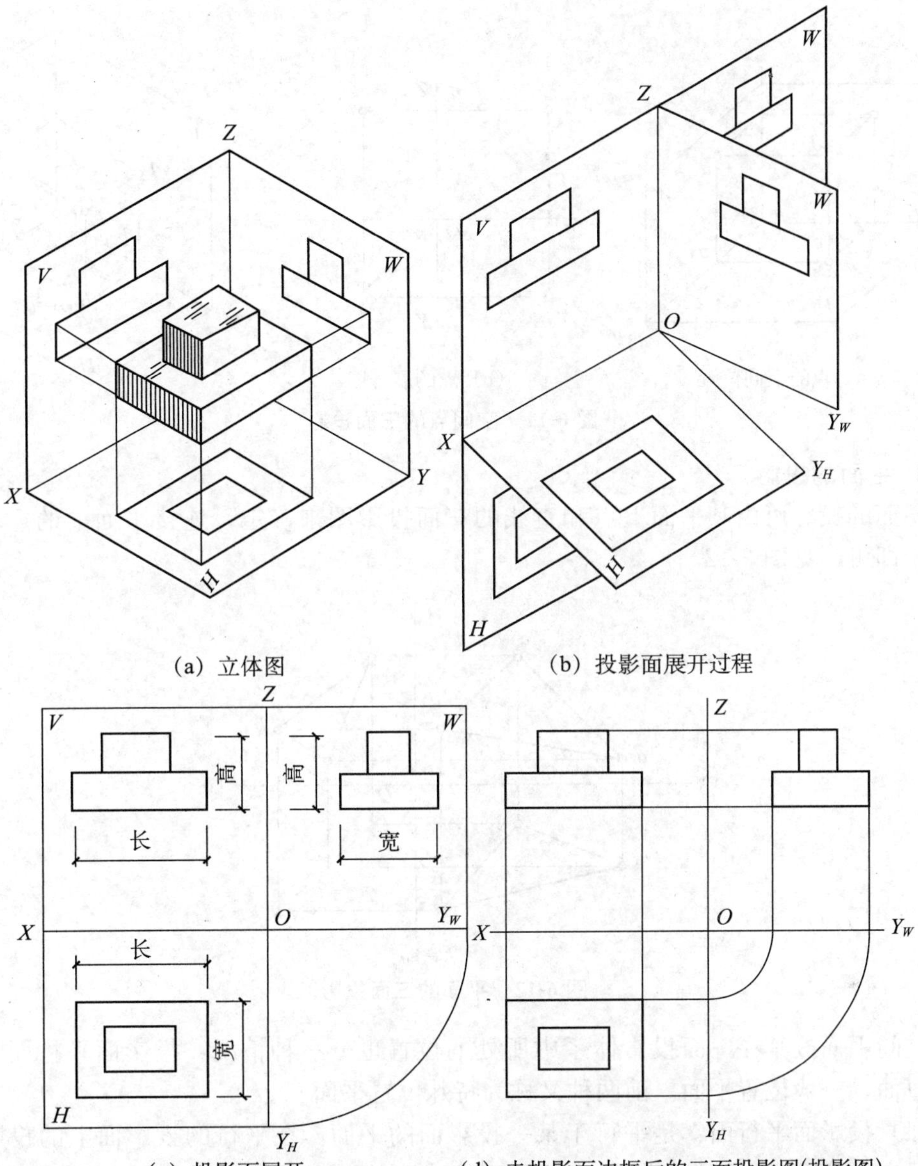

(a) 立体图　(b) 投影面展开过程

(c) 投影面展开　(d) 去投影面边框后的三面投影图(投影图)

图 6-10　形体的三面投影

但长度缩短。投影面平行线可分为：水平线、正平线、侧平线。水平线是平行于水平投影面的直线；正平线是平行于正立平投影面的直线；侧平线是平行于侧立投影面的直线。

投影面垂直线：垂直于某一投影面的直线。在垂直的投影面上的投影积聚成一点，在另两个投影面上的投影平行于投影轴，且反映实长。投影面垂直线可分为：正垂线、铅垂线、侧垂线。正垂线是垂直于正立投影面的直线；铅垂线是垂直于水平投影面的直线；侧垂线是垂直于侧立投影面的直线。

一般位置直线：倾斜于三个投影面，对三个投影面都有倾斜角，三个投影的长度也不等于空间线段的实长，也不能直接反映直线对投影面的倾角。

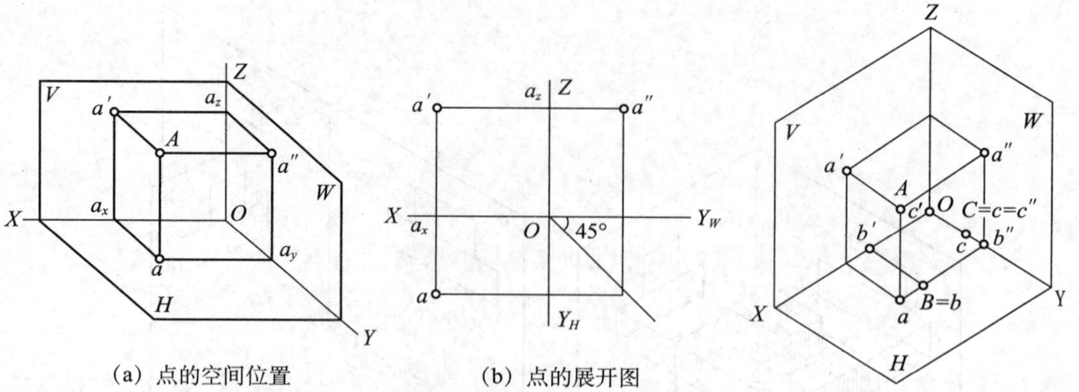

(a) 点的空间位置　　(b) 点的展开图

图 6-11　空间点的三面投影

3. 平面的投影

平面的投影可由其平面上点和直线的三面投影图来确定，连接平面上的点和直线的投影即可，见图 6-12。

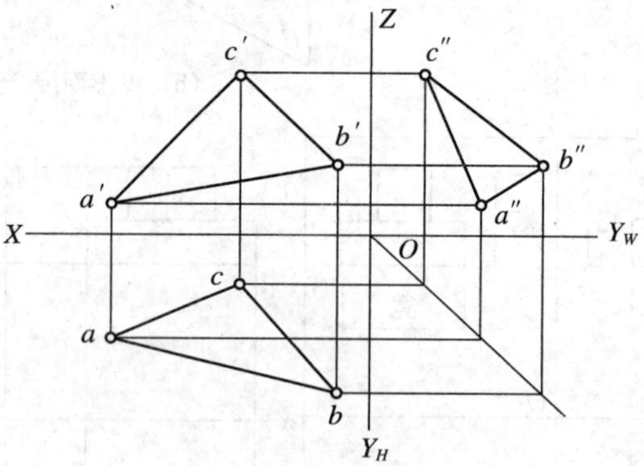

图 6-12　平面的三面投影

空间平面按其在三面投影体系中所处的位置也分三种情况：投影面平行面、投影面垂直面、一般位置平面。前两种又称为特殊位置平面。

(1) 投影面平行面：是平行于某一投影面的平面。在平行的投影面上的投影反映实形，在另两个投影面上的投影，分别积聚成直线，且平行于投影轴。投影面平行面可分为：水平面、正平面、侧平面。水平面是平行于水平投影面的平面；正平面是平行于正立平投影面的平面；侧平面是平行于侧立投影面的平面。

(2) 投影面垂直面：是垂直于某一投影面的平面。在垂直的投影面上的投影积聚成直线，并反映与另两投影面的倾角，在另两个投影面上的投影为面积缩小的类似形。投影面垂直面可分为：正垂面、铅垂面、侧垂面。正垂面是垂直于正立投影面的平面；铅垂面是垂直于水平投影面的平面；侧垂面是垂直于侧立投影面的平面。

(3) 一般位置平面：其投影特性为在三个投影面上均反映类似性。

4. 平面上的点或直线

(1) 直线在平面上的几何条件。

若直线通过平面上的两个点，则此直线在该平面上。

（2）点在平面上的几何条件。

点如果在平面中的任一直线上，则此点必在该平面上。

三、平面立体的投影

表面是由平面围成的形体称为平面立体。基本平面体包括棱柱体、棱锥体和棱台。

1. 棱柱体的投影

棱柱有正棱柱和斜棱柱之分。正棱柱具有如下特点，见图 6-13。

（1）有两个互相平行的等边多边形——底面。

（2）其余各面都是矩形——侧面。

（3）相邻侧面的公共边互相平行——侧棱。

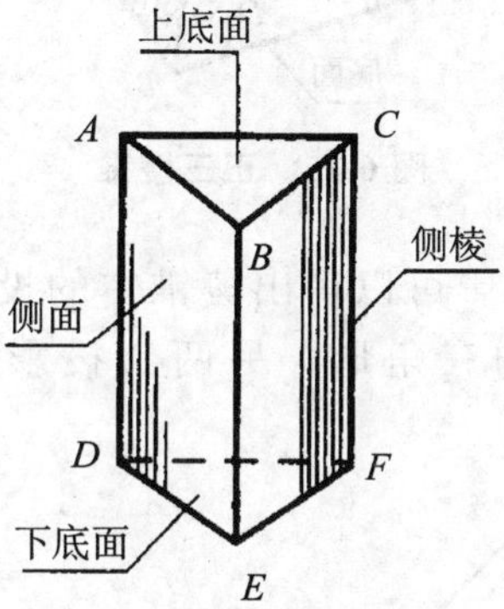

图 6-13　正三棱柱

作棱柱的投影时，首先应确定棱柱的摆放位置，如图 6-14（a）所示，三棱柱水平放置，如同双坡屋面建筑的坡屋顶。

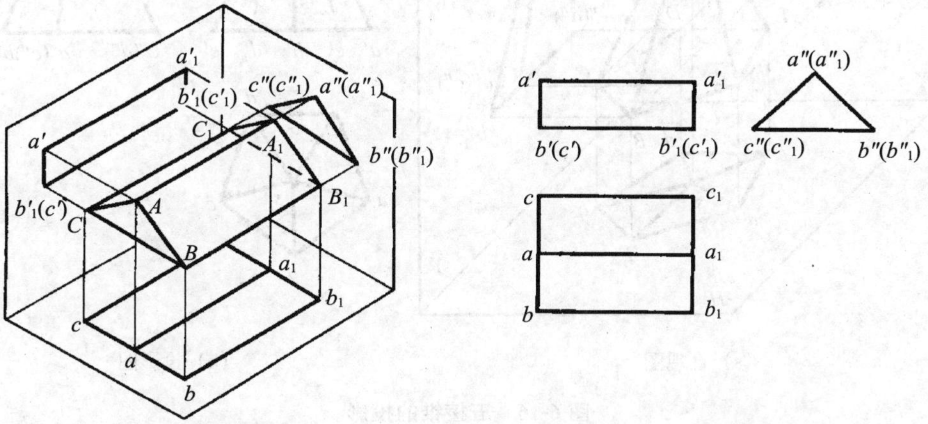

(a) 直观图　　　　(b) 投影图

图 6-14　三棱柱的投影

由图 6-14（b）可以得出正棱柱体的投影特点：一个投影为多边形，其余两个投影为一个或若干个矩形。

2. 棱锥体的投影

棱锥也有正棱锥和斜棱锥之分。正棱锥具有以下特点，见图 6-15。

（1）有一个等边多边形——底面。

（2）其余各面是有一个公共顶点的三角形。

（3）过顶点作棱锥底面的垂线是棱锥的高，垂足在底面的中心上。

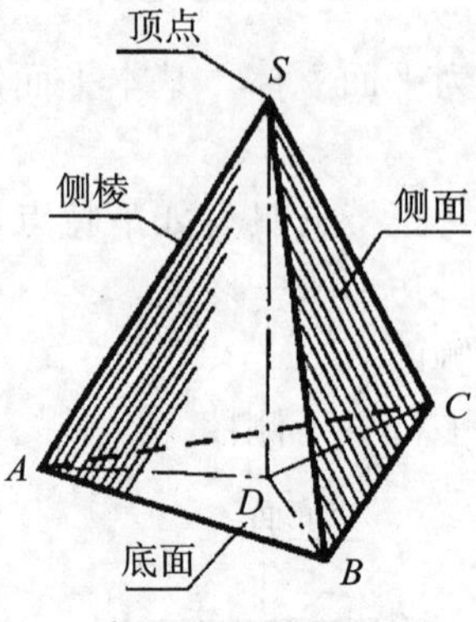

图 6-15　正三棱锥

由图 6-16 所示五棱锥及投影可以得出棱锥体的投影特点：一个投影为多边形，内有与多边形边数相同个数的三角形；另两个投影都是有公共顶点的若干个三角形。

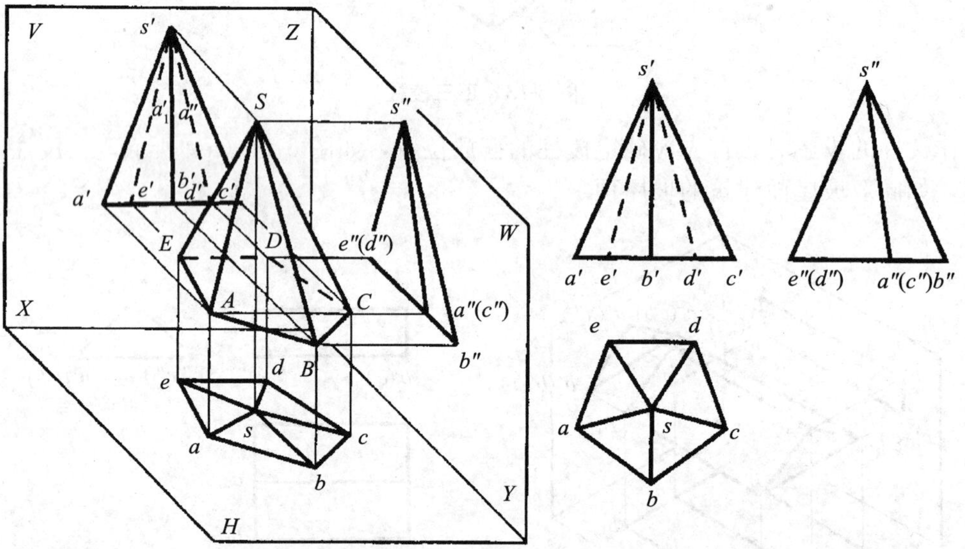

（a）直观图　　　　（b）投影图

图 6-16　五棱锥的投影

3. 棱台体的投影

将棱锥体用平行于底面的平面切割去上部，余下的部分称为棱台体。如图 6-17 所示，将四棱台置于三面投影体系中，投影图如图 6-17（c）所示。

由图 6-17 可以得出棱台的投影特点：一个投影中有两个相似的多边形，内有与多边形边数相同个数的梯形；另两个投影都为若干个梯形。

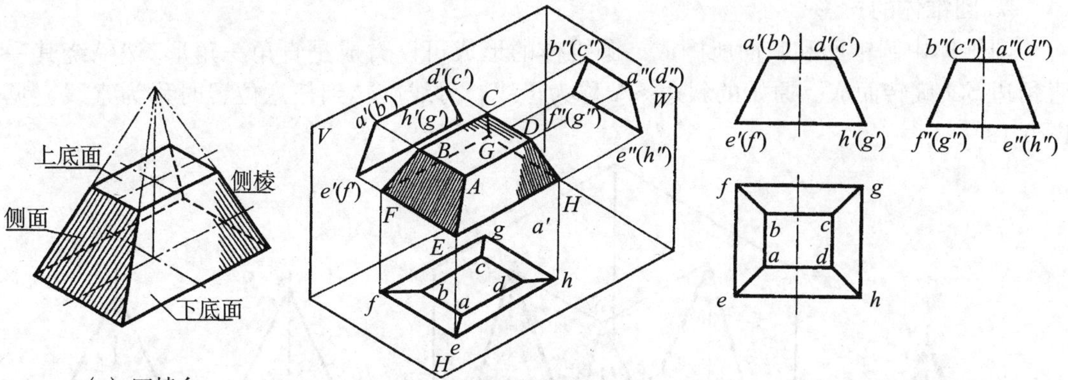

(a) 四棱台　(b) 直观图　(c) 投影图

图 6-17　四棱台的投影

四、曲面体的投影

曲面立体是由表面全是曲面或回转曲面与平面围成的立体，工程上应用较多的是回转体，如圆柱、圆锥和球体等。

1. 圆柱体的投影

圆柱体是由圆柱面和上下两底面围成，圆柱面可以看成一直线绕与之平行的另一直线（轴线）旋转而成的曲面，直线旋转到任意位置时称为素线，原始的这条直线称为母线，两底面为圆，且垂直于轴线。如图 6-18 所示为轴线垂直于 H 面的正圆柱，该正圆柱的 H 面投影为圆，V 面、W 面投影为大小相等的长方形。

具体分析，圆柱的上下底面平行于 H 面，其 H 面投影为圆且反映实形，V 面、W 面投影均为水平直线段，其长度等于圆的直径。圆柱面为曲面垂直于 H 面，故其 H 面投影积聚成圆周，V 面、W 面投影都是矩形。

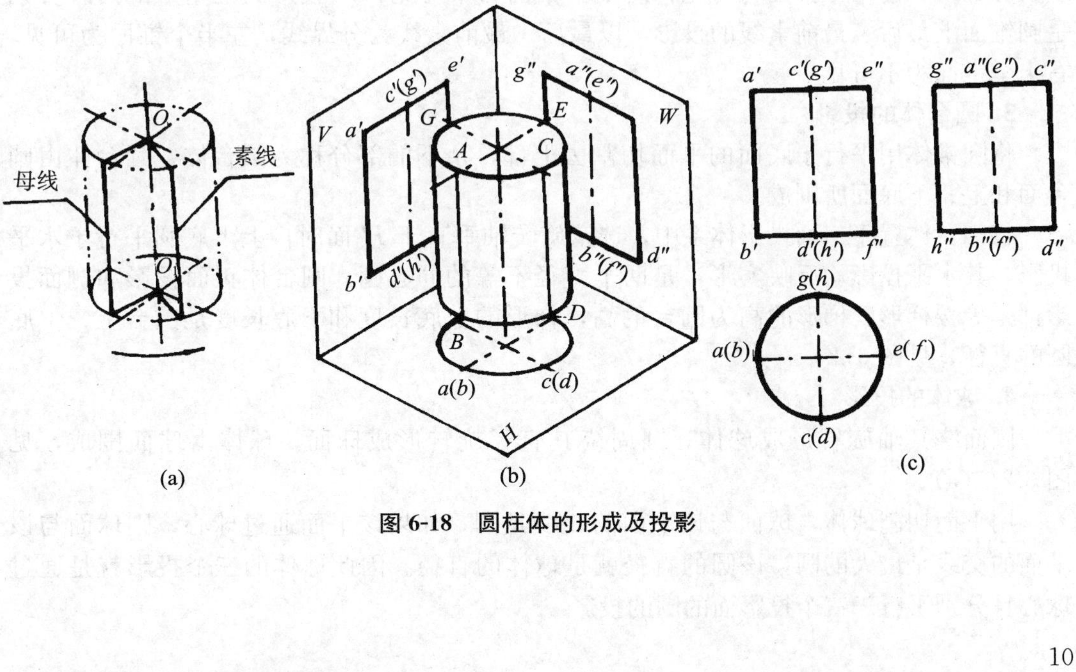

(a)　(b)　(c)

图 6-18　圆柱体的形成及投影

2. 圆锥体的投影

圆锥体由圆锥面和底面所围成。圆锥体的形成可以看成是直角三角形 SAO 绕其一直角边 SO 旋转而成。原始的斜边 SA 称为母线，母线旋转到任意位置时称为素线。见图 6-19（a）。

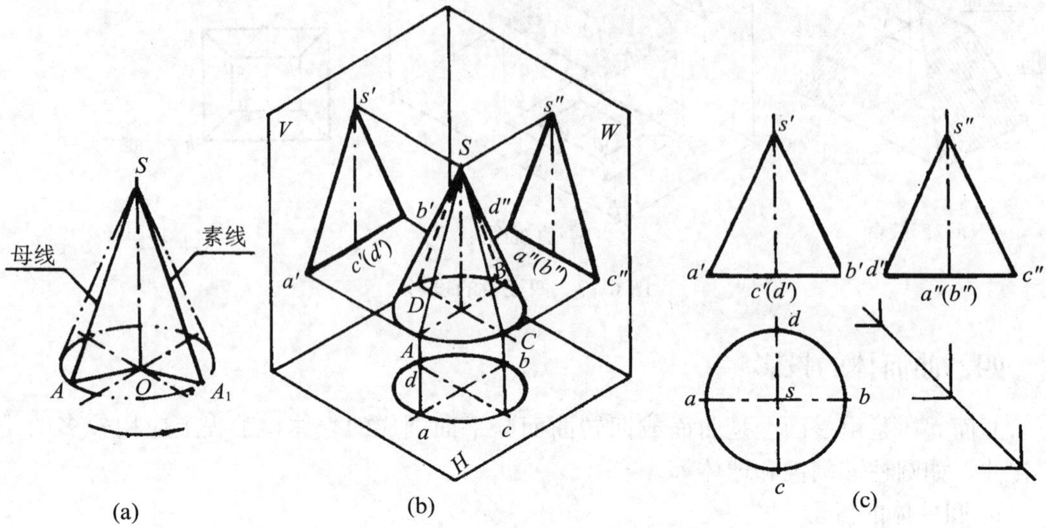

图 6-19　圆锥体的形成及投影

圆锥体的投影就是圆锥面和底圆的投影。当选定旋转轴垂直于 H 面时，底圆则平行于 H 面。圆锥体的 H 投影是个圆。它是圆锥面与底圆投影的重合，圆锥面为可见，底圆为不可见。

圆锥体的 V、W 投影均为等腰三角形，两个等腰三角形的底边，是底圆的积聚投影，V 投影的三角形的两腰分别是圆锥面上最左、最右素线的投影，以最左、最右素线为分界线，前半个锥面为可见，后半个锥面为不可见；W 投影的三角形的两腰分别是圆锥面上最后、最前素线的投影，以最后、最前素线为分界线，左半个锥面为可见，右半个锥面为不可见。

3. 圆台体的投影

将圆锥体用平行于底面的平面切割去上部，余下的部分称为圆台体，圆台体由圆台面和上、下底面所围成。

将圆台体置于三面投影体系中，选定旋转轴垂直于 H 面时，上下底圆平行于水平投影，其水平投影均反映实形，是两个直径不等的同心圆。圆台体正面投影和侧面投影都是等腰梯形。梯形的高为圆台的高，梯形的上底长度和下底长度是圆台上、下底圆的直径，见图 6-20。

4. 球体的投影

圆面绕其轴旋转形成球体。圆周绕其直径旋转形成球面。球体由球面围成，见图 6-21（a）。

用平面切割球体，球面与该平面的交线是圆，如果该平面通过球心，则球面与该平面的交线是最大的圆，该圆的直径就是球体的直径。因此球体的三个投影就是通过球心且分别平行于三个投影面的圆的投影。

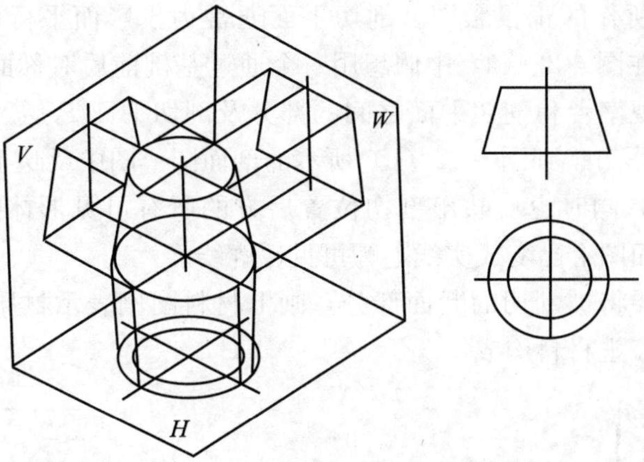

(a) (b)

图 6-20　圆台体的投影

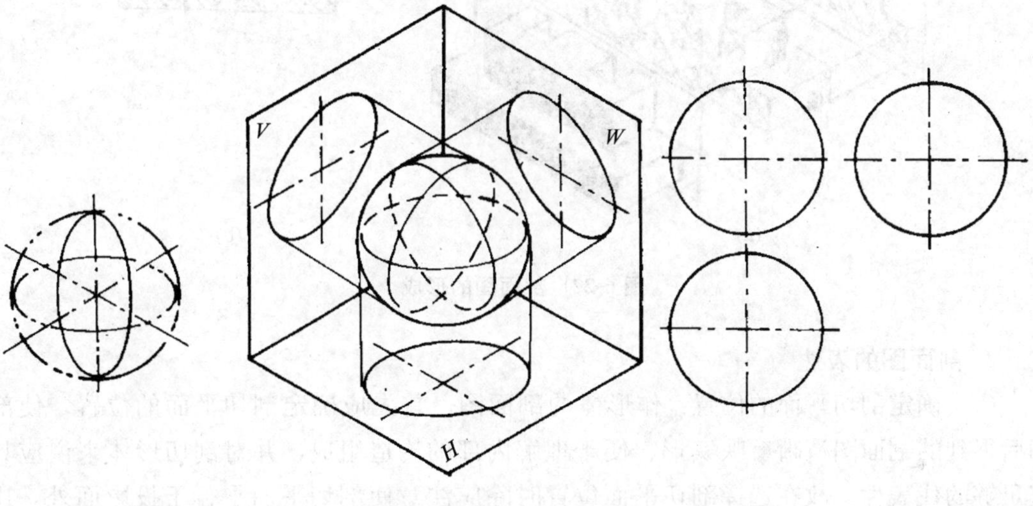

(a) (b) (c)

图 6-21　球体的形成及投影

球体的 H 投影是球面上最大的纬圆（上、下半球的分界线）的投影；球体的 V 投影是球面上最左、最右素线（前、后半球的分界线）的投影；球体的 W 投影是球面上最前、最后素线（左、右半球的分界线）的投影。

第三节　剖面图与断面图

一、剖面图的种类和画法

1. 剖面图的形成

剖面图是假想用一个剖切平面将形体剖切，移去介于观察者和剖切平面之间的部分，对剩余部分向投影面所作的正投影图。剖切平面通常为投影面平行面或垂直面，剖面图的形成见图 6-22。在图 6-22（a）中假想用一个通过基础前后对称面的正平面 P 将基础剖切开，移去介于观察者和剖切平面之间的部分及剖切平面 P 后，再将留下的后半部分基础向 V 面作投影，得到图 6-22（b）所示的剖面图。图中反映了剖切到的建筑形体的材料图例和构造，同时也反映出剖切位置后方的所有可见形体投影，显然，原来不可见的虚线，在剖面图上已变成实线，为可见轮廓线。

在剖面和断面图中，要将被剖切的断面部分，画上材料图例表示材质。如图 6-22（b）所示该基础是钢筋混凝土材料构成。

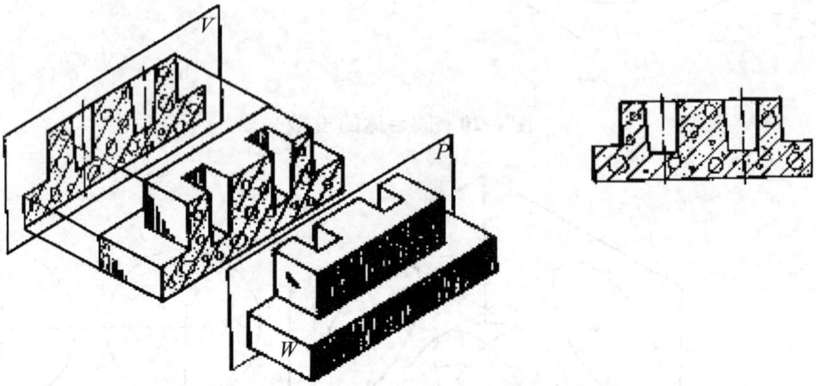

(a) (b)

图 6-22 剖面图的形成

2. 剖面图的表达

（1）确定剖切平面的位置：作形体的剖面图，首先应确定剖切平面的位置，使剖切后得到的剖面图清晰反映实形、便于理解内部的构造组成，并对剖切形体来说应具有足够的代表性。故在选择剖切平面位置时除应注意使剖切平面平行于投影面外，还需要使其经过形体有代表的位置，如孔、洞、槽位置（孔、洞、槽若有对称性则应经过其中心线）。

（2）剖面图及其数量：在剖面图中剖切到的轮廓用实线表示。剖面图的剖切是假想的，所以在画剖面图以外的投影图形时仍以完整形体画出。

确定剖面图数量的原则是以较少的剖面图来反映尽可能多的内容。选择时通常与形体的复杂程度有关。较简单的形体可只画一个，而较复杂的则应画多个剖面图，以能反映形体内外特征，便于识读理解为目的。

（3）剖面符号和画法：由于剖面图本身不能反映剖切平面的位置，就必须在其他投影图上标出剖切平面的位置及剖切形式。在建筑工程图中用剖切平面符号表示剖切平面的位置及其剖切开以后的投影方向。《房屋建筑制图统一标准》（GB 50001—2010）中规定剖切符号由剖切位置线及剖视方向线组成，均以粗实线绘制，见图 6-23。

1）剖切位置线是表示剖切平面的剖切位置的。剖切位置线用两段粗实线绘制，长度 6～10 mm。

2）剖视方向线是表示剖切形体后向哪个方向做的投影。剖视方向线用两段粗实线绘制，与剖切位置线垂直，长度宜为 4～6 mm。剖面剖切符号不宜与图面上图线相接触。

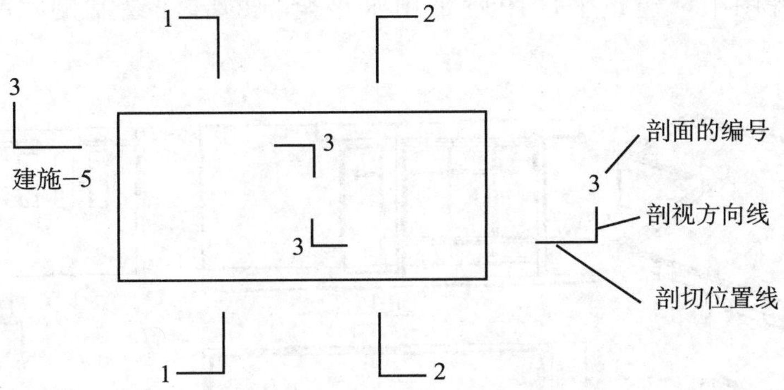

图 6-23　剖面图的剖切符号

3）剖面的剖切符号，用阿拉伯数字，按顺序由左至右、由下至上连续编排，编号应注写在剖视方向线的端部。且应将此编号标注在相应的剖面图的下方。

4）需要转折的剖切位置线，在转折处如与其他图线发生混淆，应在转角的外侧加注与该符号相同的编号。

5）剖面图如与被剖切图样不在同一张图纸内，可在剖切位置线的另一侧注明其所在图纸的图纸号，也可在图上集中说明。

6）通常对下列剖面图不标注剖面剖切符号：通过门、窗洞口位置剖切房屋，所绘制的建筑平面图；通过形体（或构件配件）对称平面、中心线等位置剖切形体，所绘制的剖面图。

（4）画材料图例：在剖切时，剖切平面将形体切开，从剖切开的截面上能反映形体所采用的材料。因此，在截面上应表示该形体所用的材料。《房屋建筑制图统一标准》（GB 50001—2010）中将常用建筑材料做了规定画法，见表 6-5。

3. 画剖面图应注意的问题

（1）为了使图形更加清晰，剖面图形中一般不画虚线。

（2）由于剖切是假想的，每次剖切都是在形体保持完整的基础上的剖切；其他投影图也按整体投影画出。

（3）如为注明形体的材料时，应在相应的位置画出同向、同间距并与水平线成 45°的细实线（也称剖面线）。画剖面线时，同一形体在各个剖面图中剖面线的倾斜方向和间距要一致。

4. 剖面图的种类与画法

由于形体的形状变化多样，对形体作剖面图时所剖切的位置、方向和范围也不同。常用的剖面图有：全剖面图、半剖面图、阶梯剖面图、展开剖面图、局部剖面图和分层剖面图六种。

（1）全剖面图：假想用一个剖切平面将形体完整地剖切开，得到的剖面图，称为全剖面图（简称全剖）。全剖面图一般常应用于不对称的形体，或虽然对称，但外形比较简单，或在另一投影中已将它的外形表达清楚的形体。

在建筑工程图中，建筑平面图就是用水平全剖的方法绘制的水平全剖图，见图 6-24。

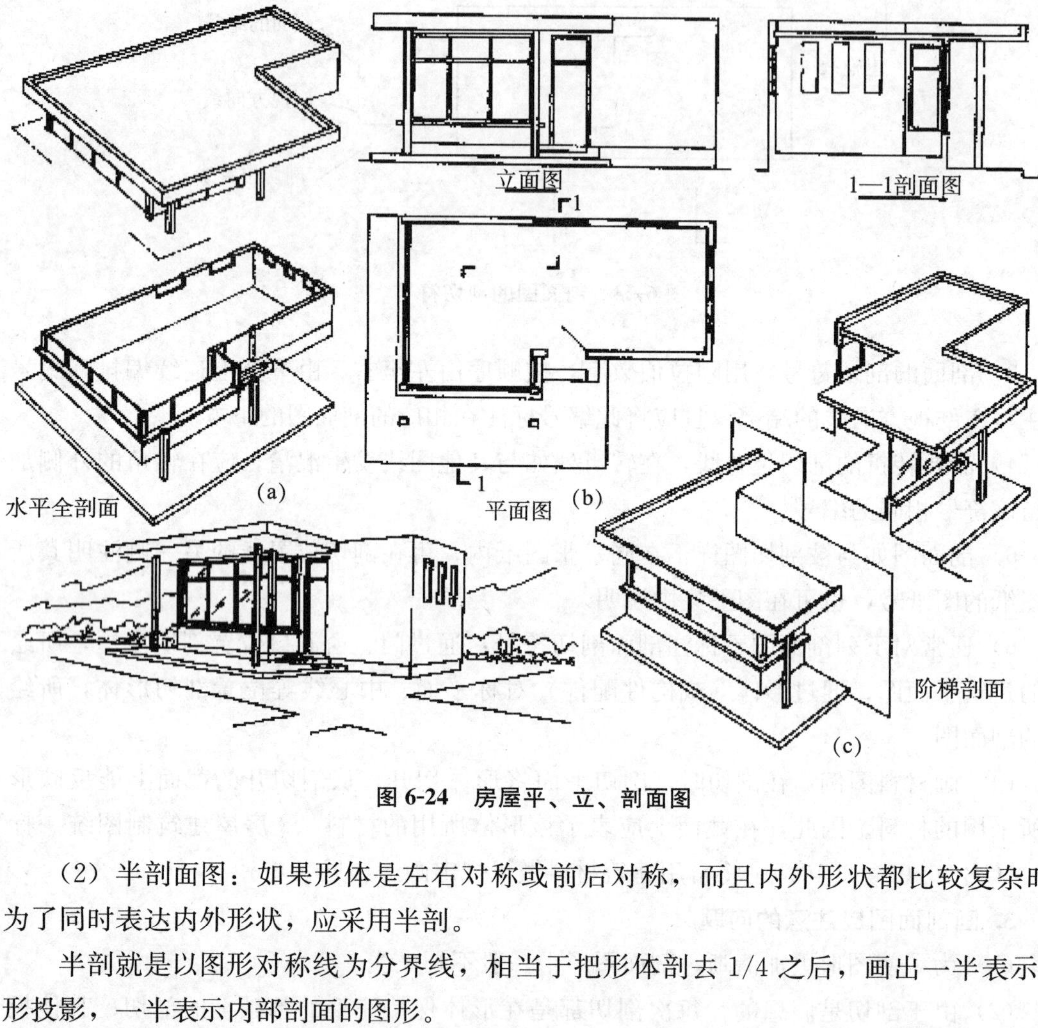

图 6-24　房屋平、立、剖面图

（2）半剖面图：如果形体是左右对称或前后对称，而且内外形状都比较复杂时，为了同时表达内外形状，应采用半剖。

半剖就是以图形对称线为分界线，相当于把形体剖去 1/4 之后，画出一半表示外形投影，一半表示内部剖面的图形。

一个杯形基础的半剖面图，在正面投影和侧面投影中，都采用了半剖面图的画法，以表示基础的外部形状和内部构造，见图 6-25。

画半剖面图时，应注意：

1）剖面图和半外形图应以对称面或对称线为界，对称面或对称线画成细的单点长画线。

2）半剖面图一般应画在水平对称轴线下侧或竖直对称轴线的右侧。

3）半剖面图一般不画剖切符号和编号，图名沿用原投影图的图名。

（3）阶梯剖面图：用两个或两个以上互相平行的剖切平面将形体剖开，得到的剖面图叫阶梯剖面图。阶梯剖面图用在一个剖切面不能将形体需要表示的内部全部剖切到的形体上。

图 6-24 所示的房屋，如果只用一个平行侧面投影面的剖切面，就不能同时剖开前墙的窗和后墙的窗，这时可将剖切面转一个直角弯，形成两个平行的剖切面（见图 6-24（c）），使一个剖切平面剖切前墙的窗，另一个剖切面剖切后墙的窗，这就把该剖的内部构造都表示出来了。

（4）展开剖面图：当形体有不规则的转折，或有孔洞槽而采用以上三种剖切方法都不能解决时，可以用两个相交剖切平面将形体剖切开，所得到的剖面图，经旋转展开，平行于某个投影面后再进行正投影称为展开剖面图。

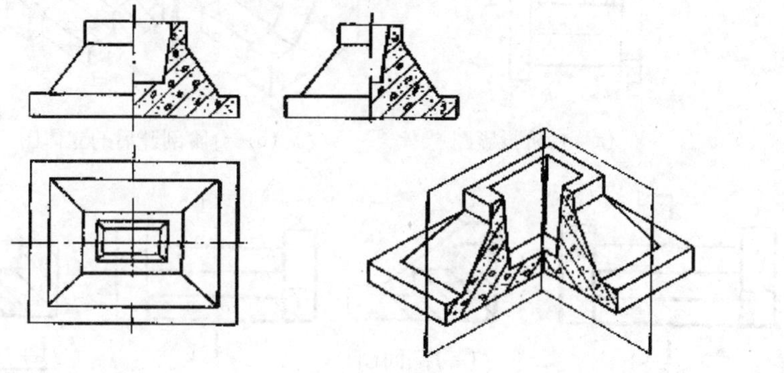

(a) (b)

图 6-25　杯形基础的半剖图

（5）局部剖面图：当形体仅需要部分采用剖面图就可以表示内部构造时，可采用将该部分剖开形成局部剖面的形式，称为局部剖面图。

（6）分层剖面图：对一些具有分层构造的工程形体，可按实际情况用分层剖开的方法得到其剖面图，称为分层剖面图。

二、断面图的种类及画法

1. 断面图的形成

对于某些单一杆件或需要表示构件某一部位的截面形状时，可以只画出形体与剖切平面相交的那部分图形。即假想用剖切平面将形体剖切后，仅画出剖切平面与形体接触的部分的正投影称为断面图，简称断面。断面图有移出断面图、重合断面图、中断断面三种形式。

2. 断面图与剖面图的区别

（1）断面图只画形体被剖切后剖切平面与形体接触到的那部分，而剖面图则要画出被剖切后剩余部分的投影，即剖面图不仅要画出剖切平面与形体接触的部分，而且还要画出剖切平面后面没有被切到但可以看得见的部分，见图 6-26（c）（断面是剖面的一部分，剖面中包括断面）。

（2）断面图和剖面图的剖切符号不同，断面图的剖切符号只画剖切位置线，长度为 6～10 mm 的粗实线，不画剖视方向线。而标注断面方向的一侧即为投影方向一侧。图 6-26（d）的编号“1”写在剖切位置线的右侧，表示剖开后自左向右投影。

（3）剖面图是用来表达形体内部形状和结构的；而断面图则是用来表达形体中某断面的形状和结构的。

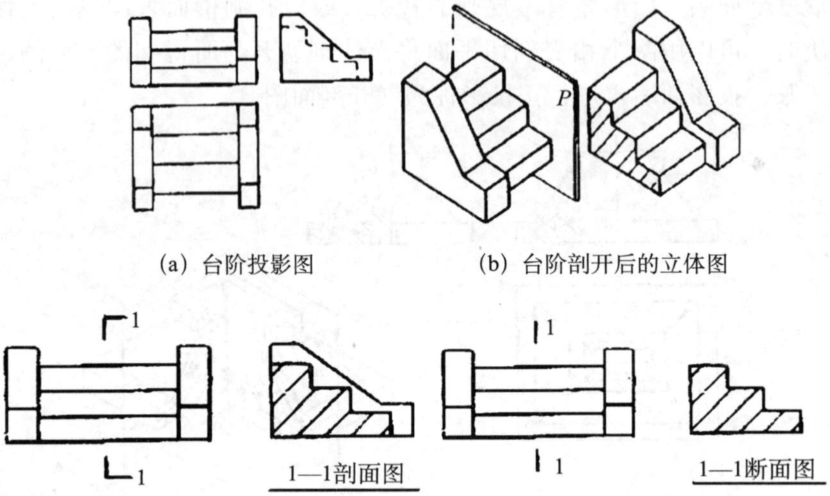

(a) 台阶投影图　　(b) 台阶剖开后的立体图

(c) 台阶剖面图　　(d) 台阶断面图

图 6-26　台阶的全剖面图与断面图的图示方法

3. 断面图的种类和画法

根据断面图布置位置不同，可分为移出断面、重合断面和中断断面三种。

（1）移出断面：将形体某一部分剖切后所形成的断面移画于主投影图的一侧，称为移出断面。

移出断面图的轮廓要画成粗实线，轮廓线内画图例符号。移出断面图一般应标注剖切位置、投影方向和断面名称。

移出断面可画在剖切平面的延长线上或其他任何位置。当断面图形对称，则只需用细单点长画线表示剖切位置，不需进行其他标注，见图 6-27（a）。如断面图画在剖切平面的延长线上时，可标注断面名称，见图 6-27（b）。

移出断面图应在形体投影图的附近，以便识读。移出断面图也可以适当地放大比例，以利于标注尺寸和清晰地显示其内部构造。

（2）重合断面：将断面图直接画于投影图中，二者重合在一起，称为重合断面图。图 6-28 为一角钢的重合断面图。它是假想用一个垂直于角钢轴线的剖切平面剖切角钢，然后将断面向右旋转 90°，使它与正立面图重合后画出来的。

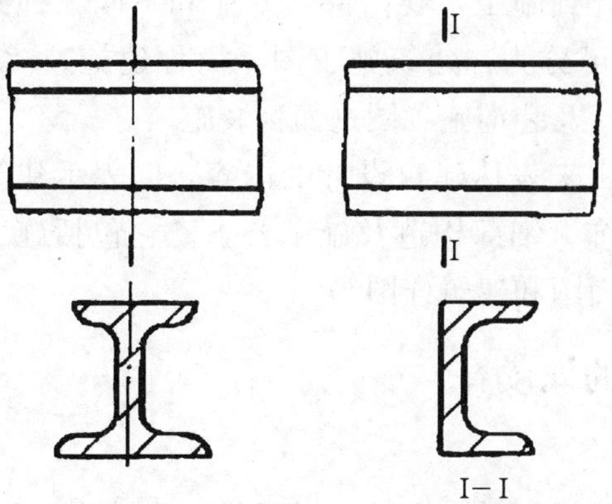

(a) 工字钢　　(b) 槽钢

图 6-27　工字钢、槽钢的移出断面

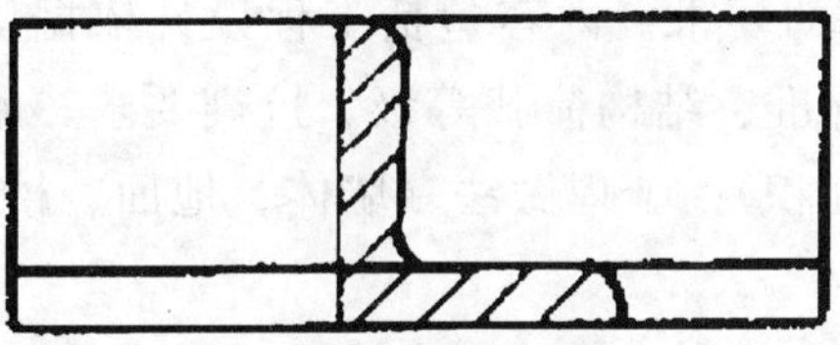

图 6-28　重合断面图

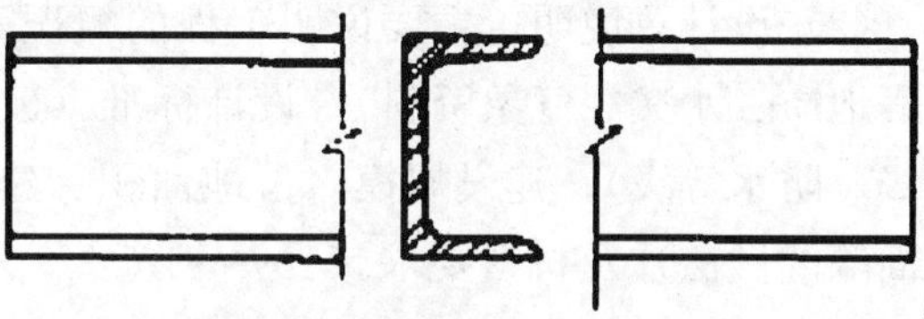

图 6-29　槽钢的中断断面

由于剖切平面剖切到哪里，重合断面就画在哪里，因而重合断面不需标注剖切符号和编号。为了避免重合断面与投影图轮廓线相混淆，当断面图的轮廓线是封闭的线框时，重合断面的轮廓线用细实线绘制，并画出相应的材料图例；当重合断面的轮廓线与投影图的轮廓线重合时，投影图的轮廓线仍完整画出，不应断开，见图 6-28。

（3）中断断面：对于单一的长向杆件，也可以在杆件投影图的某一处用折断线断开，然后将断面图画于其中，不画剖切符号，图 6-29 为槽钢杆件中断断面图。中断断面的轮廓线用粗实线，断开位置线可为波浪线、折断线等，但必须为细线，图名沿用原投影图的名称。

第四节　房屋建筑工程施工图

一、房屋建筑施工图的组成

房屋建筑工程图是用于指导施工的一套图样。是将一幢拟建房屋的外形轮廓、平面和内部布置、尺寸、结构、构造、装饰以及设备等的做法，用投影的方法并按照国家标准的规定，详细准确地表示出来的工程图样，是组织施工和编制预算、决算的依据。

建造一幢房屋从设计到施工，要由许多专业和不同工种共同配合来完成。按专业分工不同，房屋施工图可分为：建筑施工图（简称建施）、结构施工图（简称结施）、设备施工图（简称设施）及装饰施工图（简称装施）。

建筑施工图：主要用来表达建筑设计的内容，即表示建筑物的总体布局、外部造型、内部布置、内外装饰、细部构造及施工要求。它包括施工图首页、总平面图、建筑平面图、立面图、剖面图和建筑详图等。

二、建筑施工图的识读

1. 施工图首页

施工图首页一般由图样目录、设计总说明、工程做法表及门窗表组成。

(1) 图样目录：图样目录放在一套图样的最前面，说明本工程的图样类别、图号编排，图样名称和备注等，以方便图样的查阅。

(2) 设计总说明：主要说明工程的概况和总的要求。内容包括工程设计依据（如工程地质、水文、气象资料）；设计标准（建筑标准、结构荷载等级、抗震要求、耐火等级、防水等级）；建设规模（占地面积、建筑面积）；工程做法（墙体、地面、楼面、屋面等的做法）及材料要求。

(3) 工程做法表：工程做法表是以表格的形式对建筑物各部位构造、做法、层次、选材、尺寸、施工要求等的详细说明。

(4) 门窗表：门窗表反映门窗的类型、编号、数量、尺寸规格、所在标准图集等相应内容、以备工程施工、结算所需。

2. 建筑总平面图

(1) 建筑总平面图的形成和用途：建筑总平面图是将拟建工程附近一定范围内的建筑物、构筑物及其自然状况，用水平投影方法和相应的图例画出的图样。主要是表示新建房屋的位置、朝向，与原有建筑物的关系，周围道路、绿化布置及地形地貌等内容。是新建房屋施工定位、土方施工，绘制水、暖、电等管线总平面图和施工总平面图的依据。

总平面的比例一般为 1∶500、1∶1 000、1∶2 000 等。

(2) 总平面图的图示内容：

1) 拟建建筑的定位。

2) 拟建建筑、原有建筑物位置和形状。

3) 附近的地形情况。

4) 道路。

5) 风向频率玫瑰图。

6) 绿化规划。

7) 喷泉、凉亭、雕塑等装饰景观的布置情况。

(3) 建筑总平面图图例符号：要能熟练识读建筑总平面图，必须熟悉常用的建筑总平面图图例符号，常用建筑总平面图图例符号见表 6-6。

表 6-6　总平面图常用图例

序号	名称	图例	备注	序号	名称	图例	备注
1	新建建筑物	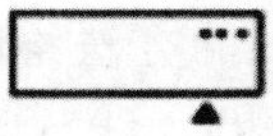	①需要时，可用▲表示出入口，可在图形内右上角用点数或数字表示层数；②建筑物外形（一般以±0.00高度处的外墙定位轴线或外墙面线为准）用粗实线表示，需要时，地面以上建筑用中粗实线表示，地面以下建筑用细虚线表示	9	原有道路		
2	原有建筑物	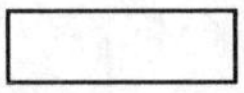	用细实线表示	10	计划扩建的道路		
3	计划扩建的预留地或建筑物	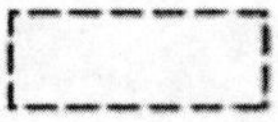	用中粗虚线表示	11	拆除的道路	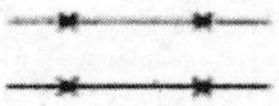	
4	拆除的建筑物		用细实线表示	12	人行道	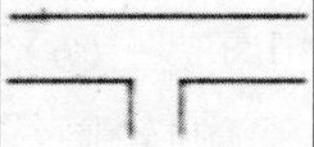	
5	围墙及大门	 	上图为实体性质的围墙，下图为通透性质的围墙，若仅表示围墙时不画大门	13	坐标	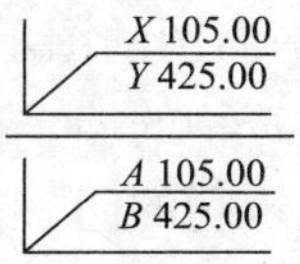	上图表示测量坐标下图表示建筑坐标
6	室内标高	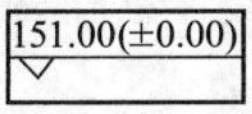		14	常绿针叶树		
7	室外标高	●143.00 ▲143.00	室外标高也可采用等高线表示	15	落叶针叶树	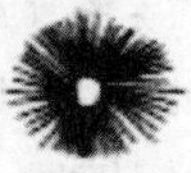	
8	新建的通路	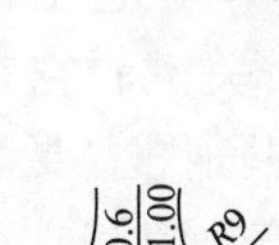	“R9”表示道路转弯半径为 9 m，“150.00”为路面中心控制点标高，“0.6”表示 0.6%的纵向坡度，“101.00”表示变坡点间的距离	16	常绿阔叶乔木		
				17	花卉		
				18	草坪	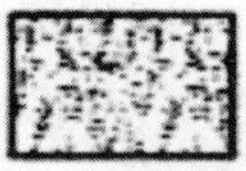	
				19	花篱		
				20	绿篱		
				21	植草砖铺地		

3. 建筑平面图

（1）建筑平面图的形成和用途：建筑平面图，简称平面图，是用一个假想的水平剖切平面将房屋沿略高于窗台位置剖切房屋后，对剖切平面以下部分所作的水平面投影图。平面图通常用1∶50、1∶100、1∶200的比例绘制，它反映出房屋的平面形状、大小和房间的布置、墙（或柱）的位置、厚度、材料、门窗的位置、大小、开启方向等情况，作为施工时放线、砌墙、安装门窗、室内外装修及编制预算等的重要依据。

（2）建筑平面图的图示方法：当建筑物各层的房间布置不同时应分别画出各层平面图；若建筑物的各层布置相同，则可以用两个或三个平面图表达，即只画底层平面图和楼层平面图（或顶层平面图）。此时楼层平面图代表了中间各层相同的平面，故称标准层平面图。

因建筑平面图是水平剖面图，故在绘制时，应按剖面图的方法绘制，被剖切到的墙、柱轮廓用粗实线（b）表示，门的开启方向线可用中粗实线（0.5b）或细实线（0.25b）表示，窗的轮廓线以及其他可见轮廓和尺寸线等用细实线（0.25b）表示。

（3）建筑平面图的图示内容：

1）表示建筑物的墙、柱位置并对其轴线编号。

2）表示建筑物的门、窗位置及编号。

3）注明各房间名称及室内外楼地面标高。

4）表示楼梯的位置及楼梯上、下行方向及级数、楼梯平台标高。

5）表示阳台、台阶、雨水管、散水、明沟、花池等的位置及尺寸。

6）表示室内设备（如卫生器具、水池等）的形状、位置。

7）画出剖面图的剖切符号及编号。

8）标注墙厚、墙段、门、窗、房屋开间、进深等各项尺寸。

9）标注详图索引符号。

10）画出指北针。

11）屋顶平面图一般标明：屋顶形状、屋面排水方向（用箭头表示）及坡度、分水线、女儿墙及屋脊线、落水口、屋顶檐沟、檐口、出屋顶水箱间、屋面检查人孔、雨水管、消防梯、其他构筑物的位置及详图索引符号等。

（4）建筑平面图的图例符号：阅读建筑平面图应熟悉常用图例符号，读者可参见《房屋建筑制图统一标准》（GB/T 50001—2010）。

4. 建筑立面图

（1）建筑立面图的形成与作用：建筑立面图，简称立面图，它是在与房屋立面平行的投影面上所作的房屋正投影图。一座建筑物是否美观，关键看它在主要立面上的艺术处理，包括造型与装修是否优美等。在设计阶段中，立面图主要是用来研究这种艺术处理的。在施工中，它反映房屋的长度、高度、层数等外貌和立面装修做法。用于指导房屋外部装修施工和计算有关预算工程量。

（2）建筑立面图的图示方法：为使建筑立面图主次分明、图面美观，通常将建筑物不同部位采用粗细的线型来表示。最外轮廓线画粗实线（b）表示，室外地坪线用加粗实线（1.4b）表示，所有突出部位如阳台、雨篷、线脚、门窗洞等中实线（0.5b）表示，其余部分用细实线（0.25b）表示。

（3）立面图的命名方式有三种：

1）用房屋的朝向命名，如南立面图、北立面图等。

2）根据主要出入口命名，如正立面图、背立面图、侧立面图。

3）用立面图上首尾轴线命名，如①～⑧轴立面图和⑧～①立面图。

立面图的比例一般与平面图相同。

（4）建筑立面图的图示内容：

1）室外地坪线及房屋的勒脚、台阶、花池、门窗、雨篷、阳台、室外楼梯、墙、柱、檐口、屋顶、雨水管等内容。

2）尺寸标注。用标高标注出各主要部位的相对高度，如室外地坪、窗台、阳台、雨篷、女儿墙、屋顶水箱间及楼梯间屋顶等的标高。同时用尺寸标注的方法标注立面图上的细部尺寸，层高及总高。

3）建筑物两端的定位轴线及其编号。

4）外墙面装修。有的用文字说明，有的用详图索引符号表示。

5. 建筑剖面图

（1）建筑剖面图的形成与作用：

1）建筑剖面图，简称剖面图，它是假想用一铅垂剖切面将房屋剖切开后移去靠近观察者的部分，作出剩下部分的投影图。

2）剖面图用于表示房屋内部的结构或构造方式，如屋面（楼、地面）形式、分层情况、材料、做法、高度尺寸及各部位的联系等。它与平、立面图互相配合用于计算工程量，指导各层楼板和屋面施工、门窗安装和内部装修等。

剖面图的数量是根据房屋的复杂情况和施工实际需要决定的；剖切面的位置要选择在房屋内部构造比较复杂、有代表性的部位，如门窗洞口和楼梯间等位置，并应通过门窗洞口。剖面图的图名符号应与底层平面图上剖切符号相对应。

（2）建筑剖面图的图示内容：

1）必要的定位轴线及轴线编号。

2）剖切到的屋面、楼面、墙体、梁等的轮廓及材料做法。

3）建筑物内部分层情况以及竖向、水平方向的分隔。

4）即使没被剖切到，但在剖视方向可以看到建筑物构配件。

5）屋顶的形式及排水坡度。

6）标高及必须标注的局部尺寸。

7）必要的文字注释。

6. 建筑详图

对房屋的细部或构配件用较大比例将其形状、大小、材料和做法，按正投影的画法详细地标示出来的图样称建筑详图。

常用详图基本上可以分为三类，即节点详图、房间详图和构配件详图。

（1）节点详图。

节点详图用索引和详图表达某一节点部位的构造做法、尺寸、材料、施工要求等。最常见的节点详图是墙身剖面节点详图。墙身剖面的节点详图，其节点分别表示屋面与隔热层、天沟、窗顶、窗台，楼面与墙体，地面与墙体，防潮层、散水等处之间构造的情况。

在墙身剖面详图上，应根据各构件分别画出所用材料图例。并在屋面、楼面和墙面画出抹灰线，表示粉刷层的厚度。对于屋面和楼地面的构造做法，一般用文字加以说明，被说明的地方均用引出线引出。凡引用标准图的部位，如勒脚、散水和窗台等其他构配件，均可标注有关的标准图集的索引编号，而在详图上只画出其简略的投影或图例来表示，并合理标注各部位的定形、定位尺寸，这是保证正确施工的主要依据。

（2）房间详图。

房间详图是将某一房间用更大的比例绘制出来的图样，如楼梯详图，单元详图，厨厕详图。如楼梯详图，楼梯是多层楼房上下交通的主要设施，它除应满足人流通行及疏散外，还应有足够的坚固耐久性，楼梯由梯段（包括踏步和斜梁）、平台（包括平台梁和平台板）、栏杆（或栏板）等组成。楼梯详图主要表示楼梯的类型、结构形式、各部位尺寸及做法，是楼梯施工的主要依据。

楼梯详图一般包括：楼梯平面图、剖面图、踏步及栏杆等节点详图。并尽可能把它们画在同一张图纸内。楼梯详图一般用 1∶50 或 1∶60 的比例画出，节点详图一般采用 1∶20 或 1∶10 的比例画出。

（3）构配件详图。

构配件图是表达某一构配件的形式、构造、尺寸、材料、做法的图样，如门窗详图、雨篷详图、阳台详图，通常采用国家或某地区编制的建筑构造和构配件的标准图集。

第七章　建筑材料

第一节　建筑材料的性质

一、建筑材料的分类

按建筑材料的基本成分可分为无机材料、有机材料和复合材料。具体分类见表 7-1。

表 7-1　常用建筑材料按基本成分的分类

<table>
<tr><td rowspan="7">无机材料</td><td rowspan="2">金属材料</td><td>黑色金属</td><td colspan="2">钢、铁</td></tr>
<tr><td>有色金属</td><td colspan="2">铜、铝及其合金</td></tr>
<tr><td rowspan="5">非金属材料</td><td>天然石材</td><td colspan="2">花岗岩、石灰岩等</td></tr>
<tr><td>烧土及熔融制品</td><td colspan="2">烧结砖、烧结瓦、陶瓷、玻璃等</td></tr>
<tr><td rowspan="2">胶凝材料</td><td>气硬性胶凝材料</td><td>石灰、石膏、水玻璃等</td></tr>
<tr><td>水硬性胶凝材料</td><td>各种水泥</td></tr>
<tr><td>无机人造石材</td><td colspan="2">混凝土、砂浆、硅酸盐建筑制品等</td></tr>
<tr><td colspan="2">有机材料</td><td colspan="3">木材、沥青、合成高分子材料、橡胶等</td></tr>
<tr><td colspan="2">复合材料</td><td colspan="3">金属—非金属材料、非金属—金属材料、有机—无机材料、无机—有机材料</td></tr>
</table>

二、材料的物理性质

1. 表示材料物理状态特征的性质

（1）密度：材料在绝对密实状态下（不包括孔隙在内）单位体积的质量。

（2）体积密度：材料在自然状态下（包括孔隙在内）单位体积的质量。

（3）堆积密度：散粒材料在规定装填条件下单位体积的质量。材料的堆积体积包括所有颗粒的体积以及颗粒之间的孔隙体积。

（4）表观密度：材料的质量与表观体积之比。表观体积是实体积加闭口孔隙体积，此体积即材料排开水的体积。

（5）孔隙率：材料中孔隙体积与材料在自然状态下的体积之比的百分率。

(6) 开口孔隙率：材料中能被水饱和（被水所充满）的孔隙体积与材料在自然状态下的体积之比的百分率。

(7) 闭口孔隙率：材料中闭口孔隙的体积与材料在自然状态下的体积之比的百分率。即闭口孔隙率＝孔隙率－开口孔隙率。

(8) 密实度：材料体积内被固体物质充实的程度，也就是固体体积占总体积的比例。孔隙率＋密实度＝1。

(9) 孔隙率：散粒材料在自然堆积状态下，其中的孔隙体积与散粒材料在自然状态下的体积之比的百分率。

2. 与水有关的材料性质

(1) 亲水性：材料容易被水润湿的性质，其润湿角 $\theta<90°$，见图 7-1。常见亲水性材料有木材、砖、混凝土等。

(2) 憎水性：材料不容易被水润湿的性质，其润湿角 $\theta>90°$，见图 7-1。钢材、玻璃、塑料、沥青等为憎水性材料。

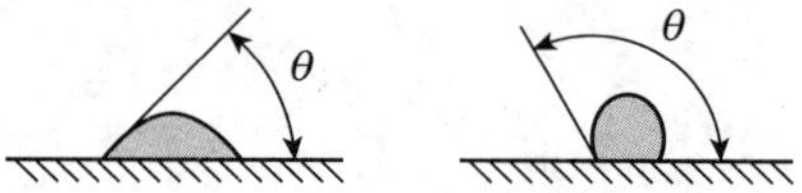

图 7-1　材料的润湿角

(3) 吸水性：材料在水中吸收水分的性质，用吸水率表示。吸水率有两种表示方法：质量吸水率与体积吸水率。质量吸水率是材料在浸水饱和状态下所吸收的水分的质量与材料在绝对干燥状态下的质量之比。体积吸水率是材料在浸水饱和状态下所吸收的水分的体积与材料在自然状态下的体积之比。

(4) 吸湿性：材料在空气中吸收水分的性质，用含水率表示。含水率是材料在自然状态下所含的水的质量与材料干重之比。

(5) 耐水性：材料长期在饱和水的作用下不破坏，而且强度也不显著降低的性质，用软化系数表示。软化系数是材料在吸水饱和状态下的抗压强度与干燥状态下的抗压强度的比值。将软化系数大于 0.85 的材料看作耐水材料。

3. 热工性质

(1) 导热性与导热系数：热量从材料温度高的一侧传递至温度低的一侧，材料这种传导热量的性质称为材料的导热性。导热性的大小用导热系数表示。导热系数小，材料的保温隔热性能好。材料的孔隙率较大，则其导热系数较小；有粗大贯通孔隙的材料，由于对流作用，导热系数会增大；材料受潮或受冻后，其导热系数会大大提高。

(2) 热容与比热容：材料在温度升高时吸收热量，冷却时放出热量的性质称为热容。热容的大小用比热容来表示。材料的比热容是指 1 kg 的材料在温度每改变 1 K 时所吸收或放出的热量。比热容大的材料能缓和室内的温度波动。

三、材料的力学性质

1. 强度

材料抵抗在应力作用下破坏的性能称为强度。根据外力作用方式的不同，材料强度有抗压、抗拉、抗剪、抗折（抗弯）强度等。脆性材料主要根据其抗压强度大小来划分强度等级，塑性和韧性材料主要根据其抗拉强度大小来划分强度等级。比强度是材料的强度与其表观密度的比值，是衡量材料轻质高强性能的重要指标。比强度越大，则材料轻质高强性能越好。

2. 弹性与塑性

材料在外力作用下产生变形，当外力消除后，能够完全恢复原来形状的性质称为弹性。这种能完全恢复的变形称为弹性变形。材料在弹性变形范围内，其应力与应变的比值称为弹性模量，即 $E=\sigma/\varepsilon$。E 是衡量材料抵抗变形能力的一个指标，E 越大，则材料越不易变形。

材料在外力作用下产生变形，当外力撤销后，仍保持变形后的形状和尺寸，且不产生裂缝的性质称为塑性，这种变形称为塑性变形。

3. 脆性与韧性

材料在外力作用下，当外力达到一定程度时，材料突然破坏而无明显的塑性变形的性质，称为脆性。大部分无机非金属材料均属于脆性材料，如混凝土、砖、石等。

材料在冲击或动力荷载的作用下，能吸收较大能量并产生较大变形而不破坏的性质，称为韧性。建筑钢材、木材、橡胶等属于韧性材料。

四、材料的耐久性

材料的耐久性是指材料在长期使用过程中，能抵抗周围各种介质的侵蚀而不被破坏，能保持原有性能不变的性质。

1. 抗冻性

材料在水饱和的状态下，经受多次冻融不破坏，强度也不显著降低的性质称为材料的抗冻性。材料的抗冻性通常用抗冻等级表示。将吸水饱和的材料试件按规定的方法进行冻融，质量损失、强度降低不超过规定时的最多冻融循环次数，即材料的抗冻等级。如 F50、F100、F200 等。

2. 抗渗性

抗渗性是材料抵抗压力水渗透的性质。工程材料的抗渗性用抗渗等级 PN 表示，其中 N 表示试件所能承受的最大水压的 10 倍。混凝土的抗渗等级划分为 P4、P6、P8、P10、P12 五个等级，相应表示能抵抗 0.4MPa、0.6MPa、0.8MPa、1.0MPa 及 1.2MPa 的最大水压力而不渗水。

3. 抗化学腐蚀性

材料在周围环境中化学物质的水溶液及它们的气体作用下，抵抗腐蚀的能力。腐蚀的原因是材料中某些成分被水溶蚀或与化学物质反应生成有害物质，导致材料结构破坏。

4. 大气稳定性

材料在热、空气、阳光等自然因素长期作用下，性能不显著降低的性质。

第二节　常用建筑原材料

一、砖和砌块

1. 砖

建筑中常用砖的种类、规格、技术要求、应用等见表 7-2。

表 7-2　砖的种类、规格、技术要求、应用

种类	概念	规格	强度等级	应用
烧结普通砖	以黏土、页岩、煤矸石或粉煤灰为主要原料，经焙烧而成的普通实心砖	240mm×115mm×53mm	MU30、MU25、MU20、MU15、MU10	墙体材料，还可用于砌筑柱、拱、烟囱、基础
烧结多孔砖	大面（240mm×115mm）有孔洞的砖，孔洞率≥15%	M 型：190mm×190mm×90mm P 型：240mm×115mm×90mm	MU30、MU25、MU20、MU15、MU10	建筑物的承重部位
烧结空心砖	顶面有孔洞的砖，孔洞率在 30%以上	长、宽、高符合（mm）：390、290、240、190、180（175）、140、115、90	MU10、MU7.5、MU5、MU3.5、MU2.5	建筑物的非承重部位
蒸压灰砂砖	以石灰和砂为主要原料，经坯料制备、压制成型，再经蒸压养护而成的实心砖	240mm×115mm×53mm	MU25、MU20、MU15、MU10	15 级、20 级、25 级可用于基础及其他部位，10 级可用于防潮层以上的建筑部位，长期在高于 200℃ 温度下，受急冷、急热或有酸性腐蚀的环境禁止使用蒸压灰砂砖
蒸压（养）粉煤灰砖（粉煤灰砖）	以粉煤灰和石灰为主要原料，掺加适量石膏和骨料坯料制备、加压成型、再经常压或高压蒸汽养护而成的实心砖	240mm×115mm×53mm	MU20、MU15、MU10、MU7.5	可用于基础、墙体，但用于基础或容易受冻融和干湿交替作用的部位必须使用优等砖和一等砖；应避免用于长期受热高于 200℃，受急冷急热交替作用或有酸性介质侵蚀的建筑部位

以上各种砖均分为优等品（A）、一等品（B）和合格品（C）三个质量等级。砖的抗风化性能是指能抵抗干湿变化、温度变化、冻融变化等气候作用的性能；泛霜是黏土原料中的可溶性盐类随着砖内水分蒸发而在砖表面产生的盐析现象，一般在砖表面形成絮团状斑点的白色粉末；石灰爆裂是指砖内过烧生石灰吸收外界水分消化并产生体积膨胀导致砖发生膨胀性破坏。

2. 砌块

砌块系列中主规格的长度、宽度或高度有一项或一项以上分别大于 365 mm、240 mm或 115 mm，高度一般不大于长度或宽度的 6 倍，长度一般不超过高度的 3 倍。

（1）蒸压加气混凝土砌块。是以钙质材料和硅质材料及加气剂等，经配料、搅拌、浇注、发气、切割和蒸压养护而成的多孔轻质块体材料。分为优等品（A）、合格品（B）两个质量等级；按抗压强度分为 A1.0、A2.0、A2.5、A3.5、A5.0、A7.5、A10 七个级别；按干密度分为 B03、B04、B05、B06、B07、B08 六个级别。

（2）粉煤灰砌块。是以粉煤灰、石灰、石膏和骨料等为原料，经配料、加水搅拌、振动成型、蒸汽养护而制成的密实砌块。其主规格尺寸有 880 mm×380 mm×240 mm 和 880 mm×420 mm×240 mm 两种。按抗压强度分为 MU10 和 MU13 两个强度等级；按外观质量、尺寸偏差和干缩性能分为一等品（B）和合格品（C）两个质量等级。可用于墙体和基础。

（3）混凝土小型空心砌块。是以普通混凝土拌合物为原料，经成型、养护而成的空心块体墙材。承重砌块的主规格为 390 mm×190 mm×190 mm，非承重砌块的主规格为 390 mm×90 mm×190 mm 及 190 mm×90 mm×190 mm。根据外观质量可分为优等品（A）、一等品（B）和合格品（C）。

二、水泥

通用水泥包括目前建筑工程中常用的六大品种水泥，即硅酸盐水泥、普通硅酸盐水泥、矿渣硅酸盐水泥、火山灰质硅酸盐水泥、粉煤灰硅酸盐水泥及复合硅酸盐水泥。水泥中常用的活性混合材料有粒化高炉矿渣、火山灰质混合材料和粉煤灰；非活性混合材料有慢冷矿渣、磨细石英砂、石灰石及黏土等。通用水泥的代号、强度、性质及应用见表 7-3。

表 7-3　通用硅酸盐水泥的强度、性质及应用

项目	硅酸盐水泥	普通硅酸盐水泥	矿渣硅酸盐水泥	火山灰质硅酸盐水泥	粉煤灰硅酸盐水泥	复合硅酸盐水泥
代号	P. Ⅰ P. Ⅱ	P. O	P. S	P. P	P. F	P. C
强度等级	42.5、42.5R、 52.5、52.5R、 62.5、62.5R	42.5、42.5R 52.5、52.5R	32.5、32.5R、42.5、42.5R、52.5、52.5R			

<table>
<tr><th>项目</th><th>硅酸盐水泥</th><th>普通
硅酸盐水泥</th><th>矿渣
硅酸盐水泥</th><th>火山灰质
硅酸盐水泥</th><th>粉煤灰
硅酸盐水泥</th><th>复合
硅酸盐水泥</th></tr>
<tr><td rowspan="3">特性</td><td rowspan="3">①早期、后期强度高；
②耐腐蚀性差；
③水化热大；
④抗碳化性好；
⑤抗冻性好；
⑥耐磨性好；
⑦耐热性差</td><td rowspan="3">①早期强度稍低，后期强度高；
②耐腐蚀性稍好；
③水化热略小；
④抗碳化性好；
⑤抗冻性较好；
⑥耐磨性较好；
⑦耐热性稍好；
⑧抗渗性好</td><td colspan="3">早期强度低，后期强度高</td><td>早期强度较高</td></tr>
<tr><td colspan="4">①对温度敏感，适合高温养护；②耐腐蚀性好；③水化热小；④抗冻性较差；⑤抗碳化性较差</td></tr>
<tr><td>①泌水性大、抗渗性差；
②耐热性较好；
③干缩较大</td><td>①保水性好、抗渗性好；
②干缩大；
③耐磨性差</td><td>①泌水性大、抗渗性差；
②干缩小、抗裂性好；
③耐磨性差</td><td>干缩较大</td></tr>
<tr><td rowspan="2">适用范围</td><td rowspan="2">快硬早强的工程、配制高强度等级混凝土</td><td rowspan="2">①制造地上、地下及水中的混凝土与钢筋混凝土结构，包括受冻融循环的结构及早期强度要求较高的工程；
②配制建筑砂浆</td><td colspan="4">①大体积工程石；②蒸汽养护的构件；③有抗硫酸盐侵蚀的工程；④普通气候环境中的混凝土及钢筋混凝土工程；⑤配制建筑砂浆</td></tr>
<tr><td>配制耐热混凝土</td><td>有抗渗要求的混凝土</td><td>抗裂性较高的工程</td><td>—</td></tr>
<tr><td rowspan="2">不适用工程</td><td colspan="2" rowspan="2">①大体积混凝土工程；
②受化学及海水侵蚀的工程；
③有流动水及压力水作用的工程</td><td colspan="4">①早期强度要求较高的混凝土工程；
②严寒地区并在水位升降范围内的混凝土工程；
③抗碳化性要求高的混凝土工程</td></tr>
<tr><td>抗渗性要求高的混凝土工程</td><td>干燥环境中的混凝土工程，有耐磨要求的混凝土</td><td>干燥环境中的混凝土工程，有耐磨要求的混凝土，有抗渗要求的混凝土</td><td>—</td></tr>
</table>

国家标准《通用硅酸盐水泥》（GB175—2007）规定：硅酸盐水泥的初凝时间不得早于 45 min，终凝时间不得迟于 390 min。普通硅酸盐水泥、矿渣水泥、粉煤灰水泥、火山灰水泥、复合水泥的初凝时间不得早于 45 min，终凝时间不得迟于 600 min。水泥检验结果不符合以下任何一项技术要求的为不合格品：化学指标（不溶物、烧失量、三氧化硫、氧化镁、氯离子）、凝结时间、安定性、强度。

三、石灰

1. 石灰的成分

将石灰石、白垩等以碳酸钙为主要成分的原料在高温下煅烧，即得生石灰，主要成分为氧化钙（CaO），次要成分氧化镁（MgO）。反应式为：

$$CaCO_3 \xrightarrow{900℃} CaO + CO_2 \uparrow$$

根据 MgO 含量的多少，生石灰分为钙质石灰（MgO 含量≤5%）和镁质石灰（MgO 含量>5%）。

2. 石灰的熟化

块状生石灰加水后崩解成高度分散的消石灰细粒，并放出大量的热。这个过程称为生石灰的熟化。其反应式如下：

$$CaO + H_2O \longrightarrow Ca(OH)_2 + 64.8\,kJ$$

石灰熟化过程的特点是放热量大、体积增大。

为避免过火石灰在使用以后，因吸收空气中的水蒸气而逐步熟化膨胀，使已硬化的砂浆或制品产生隆起、开裂等破坏现象，在使用以前必须使过火石灰熟化或将过火石灰去除。常采用的方法是在熟化过程中，利用筛网除掉较大尺寸过火石灰颗粒，而较小的过火石灰颗粒在储灰坑中至少存放两周以上，使其充分熟化，此即所谓的“陈伏”。陈伏时为防止石灰炭化，石灰膏的表面须保存有一层水。

3. 石灰的特性与应用

（1）保水性与可塑性好。在水泥砂浆中掺入一定量的石灰膏，可使砂浆的可塑性显著提高。

（2）凝结硬化慢、强度低。

（3）耐水性差。石灰不宜用于潮湿环境及易受水浸湿泡的部位。

（4）干燥收缩大。常在石灰中掺入砂、麻刀、纸筋等到材料，以减少收缩并增加抗拉强度。

（5）吸湿性强。储存生石灰时注意防止受潮。

石灰可用来拌制灰土或三合土，广泛用作建筑物的基础、路面或地面的垫层；配制水泥石灰混合砂浆、石灰砂浆等；石灰还可用来生产硅酸盐制品，用作墙体材料。

四、砂、石

1. 建筑用砂、石的品种

粒径小于 4.75 mm 的骨料称为细骨料，俗称砂。粒径大于 4.75 mm 的骨料称为粗骨料，俗称石。骨料的种类有：

- 骨料
  - 细骨料（砂）
    - 天然砂——河砂、海砂、山砂、湖砂
    - 人工砂
  - 粗骨料（石）
    - 卵石——河卵石、海卵石、山卵石
    - 碎石——粉碎的各种岩石

2. 建筑用砂、石的质量要求

（1）砂的质量要求。

1）砂的颗粒级配与粗细程度。颗粒级配是不同粒径骨料搭配的状况。粗细程度是不同粒径的骨料混合物的平均粗细程度。级配良好且颗粒较大时，则使空隙及总表面积均较小，不仅水泥浆用量较少，且可提高混凝土的密实性及强度。

砂的粗细和级配通常用筛分析法来测定。用级配区表示颗粒级配，用细度模数表示粗细。该法是用一套孔径为 4.75 mm、2.36 mm、1.18 mm、0.6 mm、0.3 mm、0.15 mm 的方孔筛，将抽样后经筛分的 500 g 干砂，由粗到细依次过筛，然后称量各筛筛余的质量，计算出各筛上的“分计筛余百分率”和“累计筛余百分率”，任意一组累计筛余表示一个级配。

细度模数 Mx 越大，表示砂越粗。Mx 在 3.7～3.1 为粗砂，Mx 在 3.0～2.3 为中砂，Mx 在 2.2～1.6 为细砂。普通混凝土用砂的细度模数范围在 3.7～1.6，以中砂为宜。细度模数相同的砂，级配可以很不相同。所以配制混凝土时必须同时考虑砂的颗粒级配和细度模数。

2）有害杂质。砂中常含泥块、土粉、有机物、碎云母片、硫化物、硫酸盐等有害杂质，必须严格限制其含量以保证混凝土质量。

3）坚固性。骨料在自然风化和其他外界物理及化学因素作用下抵抗破裂的能力。天然砂用硫酸钠溶液法进行试验，砂样经 5 次循环后其质量损失应符合国家标准规定。人工砂用压碎指标法进行试验。

4）表观密度、堆密度、空隙率。表观密度大于 2 500 kg/m^3；松散堆密度大于 1 350 kg/m^3；空隙率小于 47%。

5）碱骨料反应。经碱骨料反应试验后，由砂制备的试件无裂缝、酥裂、胶体外溢等现象，在规定的试验龄期膨胀率应小于 0.10%。

（2）石的质量要求。

1）颗粒级配。分为连续级配和间断级配两种。连续级配在工程中应用较多，间断级配能降低骨料的空隙率，可节省水泥，但易使混凝土拌合物产生离析，故应用较少。

2）骨料形状和表面特征。卵石配制混凝土流动性好，水泥用量较少，但黏结力差，强度低。碎石黏结力强，混凝土强度高，但水泥用量较大，和易性差。粗骨料中不宜含有过多的针状（长度大于平均粒径的 2.4 倍）和片状颗粒（厚度小于平均粒径的 0.4 倍）。

3）坚固性。用硫酸钠溶液法进行试验，经 5 次循环后，其质量损失应符合国家标准规定。

4）强度。用抗压强度和压碎指标值两种方法表示。

5）表观密度、堆密度、空隙率。表观密度大于 2 500 kg/m^3；松散堆密度大于 1 350 kg/m^3；空隙率小于 47%。

五、钢材

1. 常用建筑钢材种类和应用

（1）按化学成分分类。

1）碳素钢：以铁碳合金为主体，含碳量低于 2.11%，除含有极少量的硅、锰和微量的硫、磷外，不含有别的合金元素。根据含碳量的高低，碳素钢可分为低碳钢（碳含量低于 0.25%）、中碳钢（碳含量介于 0.25%～0.60%）和高碳钢（碳含量高于 0.60%）。

2）合金钢：在碳素钢中加入一定量的合金元素，以改善钢的某些性能。根据合金元素含量的高低，合金钢可分为低合金钢（合金含量低于 5.0%）、中合金钢（合金含量介于 5%～10%）和高合金钢（合金含量高于 10%）。

(2) 按杂质含量分类。

根据硫和磷杂质含量的高低分为优质钢（硫和磷含量不高于0.035%）、高级优质钢（硫和磷含量不高于0.030%）和特级优质钢（硫含量不大于0.020%，磷含量不大于0.025%）。

(3) 按脱氧程度分类。

1）沸腾钢（F）：脱氧不完全的钢。抗蚀性、冲击韧性和可焊性较差，尤其是低温时冲击韧性降低更显著。

2）镇静钢（Z）：脱氧充分的钢。其化学成分均匀，力学性能稳定，焊接性能和塑性较好，抗蚀性较强，多用于承受冲击荷载及其他重要的结构上。

3）特殊镇静钢（TZ）：脱氧程度比镇静钢更充分，其性能与质量比镇静钢更好。

(4) 应用。

1）碳素结构钢：分为Q195、Q215、Q235、Q275四种牌号，其中Q235在建筑工程中应用最广泛。牌号由代表钢材屈服强度的字母“Q”、屈服强度数值、质量等级符号（A、B、C、D）和脱氧程度符号四个部分按顺序组成。当为镇静钢或特殊镇静钢时，“Z”与“TZ”可省略。例如：Q235-AF，表示屈服强度为不小于235MPa，质量等级为A级的沸腾碳素结构钢。

2）低合金结构钢：可以减轻结构自重，加大结构跨度，节约钢材，经久耐用，特别适合于高层建筑或大跨度结构。低合金钢共分20个钢号。牌号由代表钢材屈服强度的字母“Q”、屈服强度数值、质量等级符号（A、B、C、D、E）三个部分按顺序组成。例如：Q295A，表示屈服强度为不小于295MPa，质量等级为A级的低合金结构钢。

3）热轧钢筋：根据表面特征分为光圆钢筋和带肋钢筋，按屈服强度、抗拉强度等力学性能分为Ⅰ～Ⅳ级。Ⅰ级钢筋为低碳光圆钢筋，代号为HPB300，主要用作非预应力混凝土的受力筋或构造筋。热轧带肋钢筋分为HRB335、HRB400、HRB500三个牌号，均为低合金钢。Ⅱ级、Ⅲ级钢筋强度较高，塑性和可焊性也好，用于大中型钢筋混凝土结构的受力筋。Ⅳ级钢筋虽然强度高，但塑性及可焊性较差，可用作预应力结构。

2. 钢材的力学和工艺性能

(1) 钢材的力学性能。

1）抗拉性能。低碳钢受拉直至破坏经历了弹性阶段、屈服阶段、强化阶段和颈缩阶段，见图7-2。

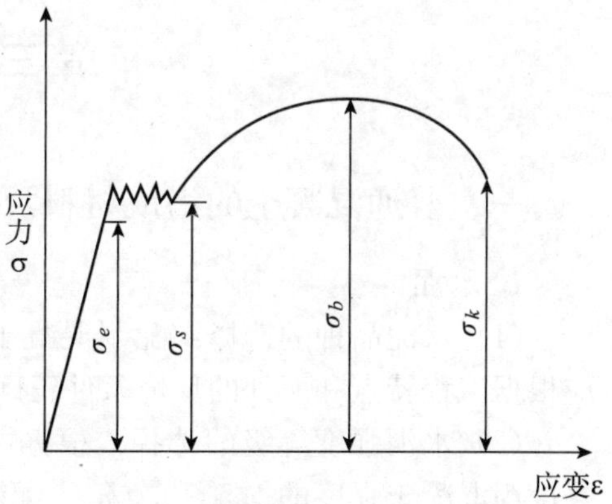

图7-2 低碳钢应力-应变曲线

图中σ_e称为弹性极限或比例极限；σ_s称为屈服点（或称屈服强度），是结构设计时确定钢材容许应力的主要依据；σ_b称为抗拉强度或强度极限，是钢材所能承受的最大拉应力。屈服强度与抗拉强度之比（σ_s/σ_b）称为屈强比，是评价钢材受力特征的一个参数，其值越小，可靠性越大、安全性越高，但利用率低、浪费钢材。钢材的屈强比一般为

0.60～0.75。

通过拉伸试验，可测得表示钢材塑性变形能力的两个指标：伸长率和断面收缩率。伸长率的计算见式（1）。

$$\delta=\frac{l_1-l_0}{l_0}\times100\% \tag{1}$$

式中，δ——试件的伸长率；

l_0——试件的原标距长度；

l_1——试件拉断后标距部分长度。

伸长率越大，钢材塑性变形能力越大。颈缩处的变形最大，离颈缩部位越远其变形越小。以 δ_5 和 δ_{10} 分别表示 $l_0=5d_0$ 和 $l_0=10d_0$ 时的伸长率，对于同一种钢材，其 $\delta_5>\delta_{10}$。

断面收缩率的计算见式（2）。

$$\Psi=\frac{A_0-A}{A}\times100\% \tag{2}$$

式中，Ψ——断面收缩率；

A_0、A——颈缩处断裂前、后的断面积。

断面收缩越大，钢材塑性变形能力越大。

2）冲击韧性。冲击韧性是钢材抵抗冲击荷载的能力。试验时，以摆锤冲击试件刻槽的背面，将其打断，试件单位截面积上所消耗的功即为钢材的冲击韧度指标，用 α_k 表示（J/cm^2）。其值越大，表明钢材的冲击韧性越好。

（2）钢材的工艺性能。

1）冷弯性能：指钢材在常温下承受弯曲变形的能力。弯曲角度越大，弯心直径与试件直径（或厚度）的比值越小，说明试件受弯程度越高。按规定条件进行冷弯时，试件受弯处不发生裂缝、断裂或起层，即认为冷弯性能合格。

2）焊接性能：钢材的可焊性能主要受其化学成分及含量的影响。当碳含量超过0.3%后，钢的可焊性变差。硫能使焊缝处产生热裂纹并硬脆，这种现象称为热脆性。采取焊前预热和焊后热处理的方法，可使可焊性较差的钢材的焊接质量得以提高。

第三节　混凝土

一、普通混凝土的组成材料及质量要求

1. 水泥

（1）水泥品种的选择：配制混凝土用的水泥应符合现行国家标准的有关规定，并应根据工程特点和所处的环境条件正确地选用水泥的品种。

（2）水泥强度等级的选择。根据混凝土的强度要求确定，一般（C30 以下）水泥强度为混凝土强度的 1.5～2.0 倍，配制高强度等级混凝土（C30 及以上），水泥强度可为混凝土强度的 0.9～1.5 倍。

2. 粗、细骨料

粗骨料的最大粒径，不得大于结构截面最小尺寸的1/4，并不得大于钢筋最小净距的3/4；对混凝土实心板，最大粒径不得大于板厚的1/2，并不得超过50mm。混凝土对粗细骨料的其他要求见建筑用砂石的质量要求。

3. 混凝土拌和及养护用水

凡能饮用的自来水及清洁的天然水都能用来养护和拌制混凝土。污水、酸性水、含硫酸盐超过1%的水均不得使用。海水一般不用来拌制混凝土。

4. 外加剂

在混凝土拌合物中，掺入能改善混凝土性质的材料，称为外加剂。外加剂的掺入量一般不大于水泥质量的5%。常用外加剂有：

(1) 减水剂。在配合比不变的条件下，可提高混凝土流动性，且不降低强度；在保持流动性和强度不变的条件下，可减少水泥用量；在保持流动性和水泥用量不变的条件下，强度提高。

(2) 早强剂。能提高混凝土的早期强度，并对后期强度无影响。适用于蒸汽养护混凝土及有早强要求的混凝土工程。

(3) 引气剂。能提高混凝土拌合物的流动性，提高混凝土的抗渗性和抗冻性。适用于抗冻、抗渗、抗腐蚀混凝土、泌水严重的混凝土、贫混凝土、有饰面要求的混凝土等。

(4) 缓凝剂。能延长混凝土凝结时间。用于大体积混凝土、碾压混凝土、炎热气候施工的混凝土、需较长时间停放或长距离运输的混凝土等。

(5) 泵送剂。能改善拌合物的泵送性能。适用于泵送混凝土、大体积混凝土、高层建筑和超高层建筑用混凝土、滑模施工、水下灌注桩混凝土。

二、混凝土的技术性质

1. 混凝土拌合物的和易性

(1) 和易性的概念：和易性是指混凝土是否易于施工操作和均匀密实的性能。包括流动性、黏聚性和保水性。

1) 流动性：指混凝土能够均匀密实地填满模板的性能。流动性反映混凝土拌合物的稀稠程度。

2) 黏聚性：指混凝土拌合物在施工过程中其组成材料之间有一定的黏聚力，不致产生分层和离析的现象，使混凝土保持整体均匀的性能。

3) 保水性：拌合物具有一定保水能力，施工中不易产生严重泌水的性能。

(2) 和易性的测定：

1) 流动性通常用坍落度法测定：将混凝土拌合物按规定方法装入坍落筒内，然后将筒垂直提起，由于自重会产生坍落现象，坍落的高度称为坍落度。坍落度越大，说明流动性越好。

2) 黏聚性的检查方法，用捣棒在已坍落的拌合物一侧轻敲，如果轻敲后拌合物保持整体，渐渐下沉，表明黏聚性好；如果拌合物突然倒塌，部分离析，表明黏聚性差。

3) 保水性的检查方法，当坍落筒提起后如有较多稀浆从底部析出而拌合物因失浆骨料外露，说明保水性差；如无浆或有少量的稀浆析出，拌合物含浆饱满，则保水性好。

（3）影响和易性的因素：

1）用水量：增加用水量虽然可以提高流动性，但用水量过大，又使拌合物的黏聚性和保水性变差，影响混凝土的强度和耐久性。因此，必须在保持水胶比（水与胶凝材料的质量比）不变的条件下，在增加用水量的同时，增加胶凝材料的用量。

2）水胶比：水胶比决定着水泥浆的稀稠。为获得密实的混凝土，所用的水胶比不宜过小；为保证拌合物有良好的黏聚性和保水性，所用的水胶比又不能过大。水胶比应以满足强度和耐久性要求为度。

3）砂率：砂率是指混凝土中砂的用量占砂、石总量的质量百分率。合理砂率就是保持混凝土拌合物有良好黏聚性和保水性的最小砂率。

4）其他影响因素：水泥品种、骨料条件、时间和温度、外加剂等。

（4）坍落度的选择：在满足施工要求的前提下，尽可能采用较小的坍落度。

2. 混凝土强度

（1）混凝土的抗压强度和强度等级：以边长为 150 mm 的立方体试块，在标准养护条件（温度为 20℃±2℃，相对湿度 90%以上或不流动的 $Ca(OH)_2$ 饱和溶液中）下养护 28 d，测得的抗压强度值，称为立方抗压强度 f_{cu}。用非标准尺寸的试件进行试验，其结果应乘以折算系数，换算成标准立方体强度：边长 200 mm 的试件，折算系数为 1.05；边长 100 mm 的试件，折算系数取 0.95。

混凝土的强度等级是按立方体抗压强度标准值 $f_{cu,k}$ 划分的。立方体抗压强度标准值是立方抗压强度总体分布中的一个值，强度低于该值的百分率不超过 5%，即有 95%的保证率。按照《混凝土结构设计规范》（GB 50010—2010）规定，普通混凝土划分为 14 个等级，即 C15、C20、C25、C30、C35、C40、C45、C50、C55、C60、C65、C70、C75、C80。

（2）影响混凝土强度的因素：

1）胶凝材料强度和水胶比：胶凝材料强度越高，水泥石强度越高，黏结力越强，混凝土强度越高。在胶凝材料强度相同的情况下，混凝土强度则随水胶比的增大有规律的降低。

2）龄期：混凝土在正常情况下，强度随着龄期的增加而增长，最初的 7～14d 内较快，以后增长逐渐缓慢，28d 后强度增长更慢，但可持续几十年。

3）养护温度和湿度：混凝土浇捣后，必须保持适当的温度和足够的湿度，使水泥充分水化，以保证混凝土强度的不断发展。一般规定，在自然养护时，对硅酸盐水泥、普通水泥、矿渣水泥配制的混凝土，浇水保湿养护日期不少于 7d；火山灰水泥、粉煤灰水泥、掺有缓凝型外加剂或有抗渗性要求的混凝土，则不得少于 14d。

4）施工质量：施工质量是影响混凝土强度的基本因素。若发生计量不准，搅拌不均匀，运输方式不当造成离析，振捣不密实等现象时，均会降低混凝土强度。因此必须严把施工质量关。

（3）提高混凝土强度的措施：

1）采用高强度等级水泥。

2）采用干硬性混凝土拌合物。

3）采用湿热处理：分为蒸汽养护和蒸压养护。蒸汽养护是在温度低于100℃的常压蒸汽中进行。一般混凝土经16～20h的蒸汽养护后，强度可达正常养护条件下28d强度的70％～80％。蒸压养护是在175℃的温度、8个大气压的蒸压釜内进行。在高温高压的条件下，提高混凝土强度。

4）改进施工工艺：加强搅拌和振捣，采用混凝土拌和用水磁化、混凝土裹石搅拌法等新技术。

5）加入外加剂：如加入减水剂和早强剂等，可提高混凝土强度。

3. 普通混凝土的变形性质

混凝土在硬化后和使用过程中，受各种因素影响而产生变形，主要有化学收缩、干湿变形、温度变形和荷载作用下的变形等，这些都是使混凝土产生裂缝的重要原因，直接影响混凝土的强度和耐久性。

（1）化学收缩：混凝土在硬化过程中，水泥水化后的体积小于水化前的体积，致使混凝土产生收缩，这种收缩叫化学收缩。

（2）干湿变形：当混凝土在水中硬化时，会引起微小膨胀，当在干燥空气中硬化时，会引起干缩。干缩变形对混凝土危害较大，它可使混凝土表面开裂，使混凝土的耐久性严重降低。

影响干湿变形的因素主要有：用水量（水灰比一定的条件下，用水量越多，干缩越大）、水灰比（水灰比大，干缩大）、水泥品种及细度（火山灰干缩大、粉煤灰干缩小；水泥细，干缩大）、养护条件（采用湿热处理，可减小干缩）。

（3）温度变形：温度下降1℃，每米胀缩0.01 mm。温度变形对大体积混凝土极为不利。在混凝土硬化初期，放出较多的水化热，当混凝土较厚时，散热缓慢，致使内外温差较大，因而变形较大。

（4）荷载作用下的变形。混凝土的变形分为弹性变形和塑性变形。

徐变：混凝土在持续荷载作用下，随时间增长的变形称为徐变。徐变变形初期增长较快，然后逐渐减慢，一般持续2～3年才逐渐趋于稳定。徐变的作用：徐变可消除钢筋混凝土内的应力集中，使应力较均匀地重新分布，对大体积混凝土能消除一部分由于温度变形所产生的破坏应力。但在预应力混凝土结构中，徐变将使混凝土的预加应力受到损失。

影响徐变的因素：水灰比较大时，徐变较大；水灰比相同，用水量较大时，徐变较大；骨料级配好，最大粒径较大，弹性模量较大时，混凝土徐变较小；当混凝土在较早龄期受荷时，产生的徐变较大。

4. 普通混凝土的耐久性

抗渗性、抗冻性、抗侵蚀性、抗炭化性以及防止碱—骨料反应等，统称为混凝土的耐久性。

提高耐久性的主要措施：①选用适当品种的水泥；②严格控制水灰比并保证足够的水泥用量；③选用质量好的砂、石，严格控制骨料中的泥及有害杂质的含量，采用级配好的骨料；④适当掺用减水剂和引气剂；⑤在混凝土施工中，应搅拌均匀，振捣密实，加强养护等，以增强混凝土的密实性。

第四节　砂浆

一、砌筑砂浆的原材料及质量要求

1. 胶凝材料

用于砌筑砂浆的胶凝材料有水泥、石灰及黏土等。普通水泥、矿渣水泥、火山灰水泥等常用品种的水泥都可用来配制砂浆。要根据砂浆的用途不同，合理地选择水泥品种。通常对建筑砂浆的强度要求并不很高，所以尽量选用中低标号的水泥，水泥标号过高，将使水泥用量不足而导致保水性不良。石灰膏和熟石灰不仅是作为胶凝材料，更主要的是使砂浆具有良好的保水性。

2. 细骨料

细骨料以选用洁净的中砂为宜。由于砂浆层较薄，对砂的最大粒径应有所限制。用于毛石砌体的砂浆，砂的最大粒径应小于砂浆厚度的1/4～1/5；对砖砌体，砂的粒径一般不大于2.5 mm；作为勾缝和抹面用的砂浆，则应采用细砂。砂中的黏土杂质含量对砂浆的稠度、强度和收缩性影响很大。M5以上的砂浆，砂中黏土杂质含量不得超过5％；M5以下的砂浆，其黏土杂质不得超过10％；M1以下砂浆，其黏土杂质含量不得超过15％～20％。

3. 塑化剂

为了改善砂浆的和易性，可在水泥砂浆中掺入适量的石灰膏、黏土质、粉煤灰或松香皂（微沫剂）等塑化剂。

4. 水

拌制砂浆要求使用不含有害杂质的洁净水，凡可饮用的水，均可拌制砂浆。不得使用污水拌制砂浆。

二、砌筑砂浆的技术性质

1. 新拌砂浆的和易性

砂浆的和易性是指砂浆是否容易在砖石等表面铺成均匀、连续的薄层，且与基层紧密黏结的性质。包括流动性和保水性两方面含义。

（1）流动性。又称稠度，是指砂浆在重力或外力作用下流动变形的能力。以沉入度表示，用砂浆稠度仪测定。

影响砂浆流动性的因素，主要有胶凝材料的种类和用量，用水量以及细骨料的种类、颗粒形状、粗细程度与级配，掺入的混合材料及外加剂的品种、用量。

（2）保水性。是指砂浆能够保持水分的能力。用分层度表示。分层度表示砂浆静置30 min前后的沉入度的差值。砂浆的分层度不宜大于30 mm，但也不能为零。分层度大于30 mm时，易产生离析，不便于施工；分层度接近于零时，砂浆凝结慢，容易产生干缩裂缝。

影响砂浆保水性的主要因素是胶凝材料种类和用量，砂的品种、细度和用水量。在砂浆中掺入石灰膏、粉煤灰等粉状混合材料，可提高砂浆的保水性。

2. 硬化砂浆的强度

砂浆的抗压强度是以边长为 70.7 mm 的立方体试件（6 块为一组）在标准条件(温度 20℃±3℃，水泥砂浆、微沫砂浆的湿度为 90%以上，水泥石灰砂浆的湿度为 60%～80%）下养护至 28 d 测定的，按极限抗压强度划分为 M2.5、M5、M7.5、M10、M15 五个强度等级。一般情况下，多层建筑物墙体选用 M5～M10 的砌筑砂浆。

影响砂浆强度的因素有：当原材料的质量一定时，砂浆的强度主要取决于水泥强度和水泥用量。此外，砂浆强度还受砂、外加剂，掺入的混合材料以及砌筑和养护条件有关。砂中泥及其他杂质含量多时，砂浆强度也受影响。

第八章　施工工艺与方法

第一节　砌体工程

砌体工程是指以砖石块体或各种类型砌体和砂浆砌筑而成的结构。因其就地取材方便，保温、隔热、隔声、耐火等良好性能，且可节约钢筋与水泥，不需要大型施工机械，施工组织简单等优点，至今在建筑工程中应用仍然非常广泛，但它的施工仍以手工操作为主，劳动强度大，生产效率低，因而采用新型墙体材料代替普通黏土砖，改善砌体施工工艺已经成为砌体结构工程改革的重要发展方向。

一、脚手架常见类型和应用

脚手架是为建筑施工需要而搭设的临时结构架。它是建筑施工中广泛应用的临时设施。主要用作操作平台、施工作业、安全防护和短距离运输并堆放施工用材料与机具。随着建筑工程技术的不断发展，产生了多种材料、多种类型的脚手架。

1. 脚手架分类

（1）按用途分：结构脚手架、装修脚手架、支撑架、防护架等。

（2）按搭设位置分：外脚手架、里脚手架。

（3）按支撑方式分：落地式、悬挑式、吊挂式、附着升降式等。

（4）按构架方式分：扣件式、碗扣式、门式、插接式、台架式等。

（5）按设置形式分：单排脚手架、双排脚手架、满堂脚手架。

2. 扣件式钢管脚手架应用

扣件式钢管脚手架是多立柱杆式外脚手架中的一种，也是目前运用最普通的形式。其特点是：杆配件数量少、装拆方便、搭设灵活、能适应建筑物平立面变化，且能搭设高度较大，坚固耐用。

扣件式钢管脚手架分为双排和单排两种。单排式则沿墙外侧仅设置一排立杆，其小横杆一端与大横杆连接，另一端支撑在墙上，适用于荷载较小，搭设高度小于等于24 m，且墙体有一定强度及稳定性的多层房屋；双排式沿外墙侧设两排立杆，小横杆两端支撑在内外两排立柱上。多高层建筑均可采用双排式，当搭设高度在25～50 m时，应对脚手架所采用的杆件间距进行核算，并从构造上对脚手架整体稳定进行加强；

当搭设高度超过 50 m 时，需要进行专项设计。

（1）扣件式钢管脚手架组成：扣件式钢管脚手架主要由钢管杆件、扣件、底座、脚手板、连墙件、安全网等构成。钢管杆件主要有立杆、大横杆、小横杆、斜杆、抛撑等，通常采用 $\phi 48 \times 3.5$ 的焊接钢管或无缝钢管，也可采用 $\phi 51 \times 3.0$ 的焊接钢管。扣件的基本形式有直角扣件、回转扣件、对接扣件三种。直角扣件主要用于两根垂直相交的钢管连接；回转扣件主要用于两根任意相交钢管的连接；对接扣件主要用于钢管的对接接长连接。

（2）扣件式钢管脚手架搭设。

脚手架搭设必须满足以下基本要求：

1）满足施工使用的要求。

2）有足够的强度、刚度与稳定性；

3）搭拆简单，搬运方便，能多次周转使用。

在设计与搭设脚手架过程中，脚手架构造要求是保证脚手架受力与正常工作的重要技术措施，也是必须满足的技术要求。

施工荷载作用于脚手架的传力路线一般为：荷载→脚手板→小横杆→大横杆→立柱→基础。故在搭设及拆除脚手架时，均应按以上传力线路逐层逐步进行，并应符合以下要求：

1）搭设脚手架之前，应当编制脚手架施工方案并进行安全技术交底。对搭设材料进行检查验收，不合格产品不得使用。

2）用于搭设脚手架的地基或地面应当坚实。

3）每根立杆底部应设置底座或垫板。立杆应竖向通长设置。立杆上的对接扣件应交错布置；两根相邻立杆的接头不应设置在同步内。

4）纵向水平杆长度不宜小于 3 跨，两根相邻纵向水平杆的接头不应设置在同步、同跨内，两个相邻接头应错开的距离不小于 500 mm，且接头中心距立柱轴线的距离应小于其跨度的 1/3。

5）作业层上应满铺脚手板。自顶层作业层的脚手板往下计，宜每隔 12 m 满铺一层脚手板。脚手板应采用三支点承重，当长度小于 2 m 时，可两支点承重，但应两端固定。

6）为了保证脚手架结构的整体稳定，必须采用连墙件与主体结构作可靠连接，且连墙件数量与间距符合下表要求：

连墙件布置最大间距

脚手架的高度		竖向间距（h）	水平间距（L）
双排	≤50 m	3h	3L
	＞50 m	2h	3L
单排	≤24 m	3h	3L

7）脚手架一次搭设高度不应超过相邻连墙件以上两步。每搭完一步脚手架后，校正步距、纵距、横距及立杆的垂直度。开始搭设立杆时，应每隔 6 跨设置一根抛撑，直至连墙件安装稳定后，方可根据情况拆除；当搭至有连墙件的构造点时，在搭设完该处的立杆、纵向水平杆、横向水平杆后，应立即设置连墙件。

8）高层建筑的外脚手架外侧应自下而上满挂密目安全立网。每一作业层的脚手板下应沿水平方向平挂安全网，其余每隔4～6层加设一道水平安全网，水平安全网为麻绳或尼龙绳编织而成，能承受不小于1.6kN的冲击荷载。

9）在6级及以上大风及雨雾天气应当停止脚手架的搭拆作业。

（3）扣件式钢管脚手架拆除：拆除脚手架时，应当划出工作区，并作出明显警戒标志。拆除工作应有统一指挥，以防止构件坠落伤及人员。拆除顺序为由上而下逐层进行，严禁上下同时作业；连墙件必须随脚手架逐层拆除，严禁先将连墙件整层或数层拆除后再拆脚手架；分段拆除高差不应大于2步，如高差大于2步，应增设连墙件加固。

二、砖砌体砌筑工艺

1. 砌筑材料要求

砖砌体所用材料主要有砖材、水泥、砂、石灰膏、外加剂等。

常温下砌砖，对于普通黏土砖的含水率宜为10%～15%，灰砂砖与粉煤灰砖含水率控制在8%～12%为宜，一般砌筑砖砌体时，砖应提前1～2 d浇水湿润，避免砖吸收砂浆中过多水分而影响黏结力。砌筑砂浆有水泥砂浆、石灰砂浆和混合砂浆。砂浆种类及其等级的确定应根据设计要求。水泥砂浆一般用于基础砌筑，上部墙柱通常用混合砂浆进行砌筑，而石灰砂浆则适用于干燥环境下及强度要求不高的砌体中。实际施工中，水泥砂浆和水泥混合砂浆拌和后应当于2 h和3 h用完，严禁采用隔夜砂浆。砂浆的强度，用边长7.07 cm的正立方体试块不少于3组，经28 d标准养护，测得的立方体抗压强度值来评定。

2. 砖砌体施工

（1）砌筑要求：砖砌体必须有良好的砌筑质量，以使砌体具有较好的整体性、稳定性和受力性能。一般要求横平竖直、上下错缝、内外搭接、砂浆饱满，同时组砌要有规律，少砍砖，以提高砌筑效率，节约材料。

（2）组砌形式：普通砖墙组砌形式主要有五种：一顺一丁、三顺一丁、梅花丁、两平一侧和全顺式。其中基础部位应采用一顺一丁式，三顺一丁式和梅花丁式主要用于一砖墙的砌筑，两平一侧式主要用于3/4砖墙的砌筑，而全顺式只能用于砌筑半砖墙。

（3）砌筑方法：砖砌体的砌筑方法有“三一”砌砖法、挤浆法、刮浆法和满口灰法。通常宜采用“三一”砌筑法，即一铲灰、一块砖、一揉压的砌筑方法，这种砌法的优点是：灰缝容易饱满，黏结性好，墙面整洁，故实心砖砌体宜采用“三一”砌砖法。当采用铺浆法砌筑时，铺浆长度不得超过750 mm，施工期间气温超过30℃时，铺浆长度不得超过500 mm。挤浆法即用灰勺、大铲或铺灰器在墙顶上铺一段砂浆，然后双手拿砖或单手拿砖，用砖挤入砂浆中一定厚度之后把砖放平，达到下齐边、上齐线、横平竖直的要求。这种砌法的优点：可以连续挤砌几块砖，减少烦琐的动作；平推平挤可使灰缝饱满；效率高；保证砌筑质量。

（4）施工要点：

1）砖墙的水平灰缝厚度和竖缝宽度一般为10 mm，但不小于8 mm，也不大于

12 mm。

2）水平灰缝的砂浆饱满度不低于80%。

3）施工时需在砖墙中留置的临时洞口，其侧边离交接处的墙面不应小于500 mm，洞口净宽度不应超过1 m。

4）不得在下列墙体或部位中留设脚手眼：

①半砖墙和砖柱。

②过梁上与过梁成角的三角形范围及过梁净跨度1/2的高度范围内。

③宽度小于1 m的窗间墙。

④梁或梁垫下及其左右各500 mm的范围内。

⑤砖砌体的门窗洞口两侧200 mm和转角处500 mm的范围内。

5）砖墙的转角处和交接处应同时砌筑。不能同时砌筑处，应砌成斜槎，斜槎长度不应小于高度的2/3。

6）相邻工作段砌筑高度差不超过一层楼，也不大于4 m。

7）砌砖每天高度不超过1.8 m（雨天1.4 m）。

（5）构造柱设置：为了加强结构整体性或满足局部受压的要求，通常在房屋四角及受力较大部位设置构造柱，尤其在抗震地区，均需要严格按相关规范要求设置构造柱，与砖砌体共同形成组合墙。通常情况下，砖墙与钢筋混凝土构造柱相接处应砌成马牙槎。每个马牙槎沿高度方向的尺寸不宜超过300 mm（或5皮砖高度）。每个楼层面开始马牙槎应先退后进。构造柱应沿墙高每隔500 mm设2 ϕ6钢筋连接，每边伸入墙内不少于1 m。构造柱竖向受力钢筋与基础圈梁的锚固长度不应小于35倍竖向受力钢筋直径。竖向受力钢筋接长可采用绑扎搭接，搭接长度一般为35倍钢筋直径；接头区段内箍筋间距不应大于200 mm。构造柱施工顺序为先绑扎钢筋，而后砌砖墙，最后支模浇筑混凝土。

3. 砌体结构施工工艺流程

砖砌体的施工过程有抄平、放线、摆砖、立皮数杆、挂线、砌砖、勾缝等工序。

（1）抄平

砌墙前应在基础防潮层或楼面上定出各层标高，并用M7.5水泥砂浆或C10细石混凝土找平，使各段砖墙底部标高符合设计要求。

（2）放线

根据龙门板上给定的轴线及图纸上标注的墙体尺寸，在基础顶面上用墨线弹出墙的轴线和墙的宽度线，并定出门洞口位置线。

（3）摆砖

摆砖是指在放线的基面上按选定的组砌方式用干砖试摆。摆砖的目的是为了核对所放的墨线在门窗洞口、附墙垛等处是否符合砖的模数，以尽可能减少砍砖。并使灰缝均匀，组砌得当。一般在房屋外纵墙方向摆顺砖，山墙方向摆丁砖。

（4）立皮数杆

立皮数杆是指在其上画有每皮砖和砖缝厚度以及门窗洞口、过梁、楼板、梁底、预埋件等标高位置的一种木制标杆。砌筑时用来控制墙体竖向尺才及各部位构件的竖向标高，并保证灰缝厚度的均匀。立皮数杆一般设置在房屋的四大角及纵横墙的交接处，当墙面过长时，应当每隔 10～15 m 设置一根。

（5）挂线

为保证砌体垂直平整，砌筑时必须挂线，一般二四墙可单面挂线，三七墙及以上的墙则应双面挂线。

（6）铺灰砌砖

砌砖的操作方法很多，常用的是“三一”砌砖法和挤浆法。砌砖时，先挂上通线，按所排的干砖位置把第一皮砖砌好，然后盘角。盘角又称立头角，指在砌墙时先砌墙角，然后从墙角处拉准线，再按准线砌中间的墙。砌筑过程中应三皮一吊、五皮一靠，保证墙面垂直平整。

（7）勾缝、清理

清水墙砌完后，要进行墙面修正及勾缝。墙面勾缝应横平竖直，深浅一致，搭接平整，不得有丢缝、开裂和粘结不牢等现象。砖墙勾缝宜采用凹缝或平缝，凹缝深度一般为 4～5 mm。勾缝完毕后，应进行墙面、柱面和落地灰的清理。

第二节　钢筋混凝土工程

随着我国国民经济的迅速发展，土建施工中多高层建筑越来越多，其中大多数均采用现浇钢筋混凝土工程，此种方法虽然模板材料消耗多、现场运输量大，劳动强度也高，但由于其结构整体性和抗震性能均较好，故工程应用中较为普遍。混凝土结构工程由钢筋工程、模板工程、混凝土工程组成。现浇钢筋混凝土结构施工时，需要模板、钢筋、混凝土多工种相互配合，故施工前应当做好充分准备工作，合理组织，加强管理，以加快施工进度、保证施工质量。

一、模板工程基本施工方法

模板是使混凝土结构和构件按所要求的几何尺寸和形状成型的模型板。工程应用中对于模板总的要求是保证工程结构各部分形状尺寸和相互位置的正确性，具有足够的承载能力、刚度和稳定性，构造简单，装拆方便，接缝不得漏浆。模板工程量大，材料及劳动力消耗多，因此，正确选择模板形式、材料及合理组织施工对加快施工进度与降低工程造价均具有重要作用。

1. 模板类型

建筑工程实际施工中，常用的有木模板、定型组合钢模板、大模板，另外在高层建筑施工中还有滑升模板、爬升模板等新工艺。模板系统包括模板和支架系统两大部分。接触混凝土并控制预定尺寸，形状、位置的构造部分称为模板，支持和固定模板的杆件、桁架、连结件、金属附件、工作便桥等构成支承系统，对于滑动模板，自升模板则增设提升动力以及提升架、平台等设施。

定形组合钢模板是建筑工程中常用的模板类型，可用于各类建筑物的基础、柱、梁、板施工所用的模板，也可拼成大模板、滑模、台模等。安装效率高、组装灵活、通用性强、装拆方便、且周转次数可达50次以上。定形组合钢模板由钢模板、连结件、支承件组成。

（1）钢模板主要有平面模板、阴角模板、阳角模板、连接角模，它们均符合模数要求，实际配板设计中，对于不足模数的空缺可用专用模板或少量木模进行嵌补。

（2）连结件主要包括U形卡、L形插销、钩头螺栓、紧固螺栓、对拉螺栓和扣件等。

（3）支承件主要包括柱箍、钢楞、支架、梁卡具、斜撑、钢桁架等。

2. 模板构造与施工

建筑工程中现浇混凝土的基本构件主要有基础、墙、柱、梁、板，以下主要介绍这些基本构件的模板构造与安装施工。

（1）基础模板的安装。基础模板的特点是高度不大但体积较大，当土质良好时，可以不用侧模板而采用原槽浇筑混凝土，其他情况一般均需要支模后浇筑混凝土。对于阶梯基础模板，每一台阶由四块侧板拼钉形成方框后加以固定，上一台阶方框模板则通过轿杠支撑在下层台阶上。对于杯口基础，还需要在杯口位置装设杯芯模。

（2）墙柱模板的安装。柱模板的特点是断面尺寸不大而比较高。因此支模时主要解决垂直度、侧向稳定及抵抗混凝土侧压力问题。柱模板的底部应当开设垃圾清理孔，沿高度每隔2 m开设浇筑口，柱模外侧用柱箍及对拉螺栓进行固定，各柱模之间用水平撑或剪刀撑相互牵搭牢固，以保证整体稳定。墙模板的特点是宽高尺寸较大，但厚度较小，由两块尺寸较大的侧模组成，施工时通常采用对拉螺栓进行固定。

（3）梁模板的安装。梁模板主要特点是跨度相对较大。梁模板安装时，应在梁模下方地面上铺垫板，并按梁模长度等分顶撑间距，立中间部分的顶撑。顶撑底应打入木楔。安放侧板时，两头要钉牢在衬口挡上，并在侧板底外侧铺上夹木，用夹木将两侧夹紧，并钉牢在顶撑帽木上，随即把斜撑钉牢。次梁模板安装时，要待主梁模板安装完毕并校正后才能进行，其底板及侧板两头是钉牢在主梁模板缺口处的衬口挡上。次梁模板的两侧板外侧要按搁栅底标高钉上托木。梁模板安装时应校对正确，拉中线进行检查，复校各梁模中心位置是否对正，待平板模板安装后，检查并调整标高，将木楔钉牢在垫板上，各顶撑之间要设水平撑或剪刀撑，以保持顶撑的稳固可靠。当梁的跨度在4.0 m或4.0 m以上时，在梁模的跨中要起拱，起拱高度为梁板跨度的0.1%～0.3%。

（4）楼板模板安装。楼板模板的特点是面积大而厚度小。楼板模板安装时，先在梁模板的两侧板分别弹水平线，水平线标高应为平板底标高减去平板模板厚度及搁栅高度，然后按水平线钉上托木，托木上口与水平线相齐，再把靠梁模旁的搁栅行摆上，分搁栅间距，摆中间部分的搁栅，最后在搁栅上铺钉平板模板。为了方便拆除换板，只在模板端部或接头处钉牢，中间尽量少钉。如用定形胶合板则铺在搁栅上即可。如中间设有牵杆撑及牵杆时，应在搁栅摆放前先将牵杆撑立起，将牵杠铺平。

（5）楼梯模板安装。楼梯模板由水平平台板及斜向踏步板模板组成。模板安装及支撑设置均较复杂，施工中应设置各种支撑保证模板系统整体稳定性。模板施工还应注意，楼梯段净空高度不得小于2.2 m，平台梁下净空高度不得小于2 m。

3. 模板拆除

模板拆除日期取决于混凝土的强度、模板的用途、结构的性质及混凝土硬化时的气温。及时拆模，可提高模板的周转，为后续工作创造条件。如过早拆模，因混凝土未达到一定强度，使得构件产生过大变形甚至造成重大质量事故。模板拆除原则是后支先拆，先支后拆，谁支谁拆；先拆非承重部分，后拆除承重部分；重大复杂模板应事先制定拆模方案。模板拆除过程中必须符合以下规定：对于非承重模板（如侧板），应在混凝土强度能保证其表面及棱角不因拆除模板而受损坏时，方可拆除。对于承重模板应在与结构同条件养护的试块达到规定的强度，方可拆除。对于悬挑构件及结构跨度大于 8 m 的梁板均应达到混凝土设计强度的 100％后方可拆除承重底模。

二、钢筋工程基本施工方法

1. 钢筋的种类

钢筋工程构成钢筋混凝土结构的骨架，通过与混凝土的有效粘结而结合成整体共同受力。工程中所用钢筋分为普通钢筋和预应力钢筋。其中普通钢筋是指：现行国家标准《钢筋混凝土用钢　第 1 部分：热轧光圆钢筋》（GB 1499.1）的光圆钢筋、《钢筋混凝土用钢　第 2 部分：热轧带肋钢筋》（GB 1499.2）中的各种热轧带肋钢筋及现行国家标准《钢筋混凝土用余热处理钢筋》（GB 13014）中的 KL400 带肋钢筋。按照生产工艺不同可分为热轧钢筋、冷拉钢筋、余热处理钢筋、钢丝、钢绞线、冷轧扭钢筋。

建筑工程中主要采用热轧钢筋作为普通受力钢筋。而预应力筋则宜采用钢丝、钢绞线和精轧螺纹钢筋。热轧钢筋主要有以下几种类型，详见下表：

热轧钢筋的力学性能指标

种类	公称直径 d/mm	屈服强度/（N/mm^2）
HPB300	6～22	300
HRB335	6～50	335
HRB400、RRB400	6～50	400
HRB500	6～50	500

钢筋接直径可分为两类：直径小于等于 12 mm 的卷成圆盘，称为轻筋，直径大于 12 mm 的做成 6～12 m 长直条筋，称为重筋。运至工地的钢筋应有出厂证明和试验报告单，并按照不同等级分批接牌号、直径、长度挂牌标明，分别存放。

2. 钢筋配料加工

1）钢筋配料是钢筋工程施工中重要的一环，应由识图能力强、熟悉钢筋加工工艺的人员完成。钢筋加工前，应根据设计图纸及《混凝土结构工程施工质量验收规范》（GB 50204—2002）（2011 年版）中对混凝土保护层、钢筋弯曲和弯钩等规定，按照结构施工图计算构件各钢筋的直线下料长度、根数及质量，然后编制钢筋配料单，作为钢筋备料加工的依据。目前结构施工图中关于钢筋的表示一般均采用国家标准图集 11G101—1（混凝土结构施工图平面整体表示方法制图规则和构造详图）的要求进行设计表达，因此，钢筋配料应当完全符合该图集中构造要求。

2）钢筋加工包括冷拉、冷拔、除锈、调直、切断、弯曲、焊接等。钢筋冷拉即在常温下对钢筋进行强力拉伸，使拉应力超过钢筋的屈服极限后产生塑性变形，以达到调直钢筋，提高强度与节约钢筋的目的。钢筋可利用冷拉原理调直之外，粗钢筋还可采用锤直和拔直的方法，直径 4～14 mm 的钢筋可采用调直机进行。钢筋切断可采用钢筋切断机和手动切断器。经过各种加工成型后的钢筋允许偏差应满足以下要求：受力钢筋顺长度方向全长的净尺寸偏差不应超过±10 mm；弯起筋的弯折位置偏差不应超过±20 mm。

3. 钢筋连接

钢筋连接有三种常见方法：人工绑扎连接、焊接连接和机械连接。不论是哪种连接方法，接头连接部分应该能够很好地传递和受力内力，并不至于在接头部分发生削弱，就此而言，焊接与机械连接比绑扎连接更易于保证质量。焊接是目前实际工程应用最广的连接方法，对于竖向构件的连接主要采用电渣压力焊，对于钢筋网片与钢筋骨架的交叉连接主要采用电阻点焊，对于纵向钢筋或钢板的连接主要采用电弧焊或闪光对焊。机械连接主要适用于大直径钢筋的现场连接。人工绑扎连接主要应用于受力相对较小部位的钢筋连接，且其受拉钢筋和受压钢筋接头的搭接长度及接头位置必须符合《混凝土结构工程施工质量验收规范》（GB 50204—2002）（2011 年版）的相关规定。机械连接常采用套筒连接。即将需连接的变形钢筋插入特制钢套筒内，利用挤压机进行径向或轴向挤压，使套筒紧紧咬住变形钢筋，它适用于大直径带肋钢筋连接。

4. 钢筋代换

实际工程中经常有需要钢筋代换的情形，在征得设计单位的同意并办理设计变更文件后，可根据库存条件进行钢筋代换。钢筋代换可按等强度或等面积的原则进行。对于不同级别间的钢筋代换采用等强度代换，即代换后的钢筋总抗拉能力不小于原设计图中钢筋的抗力；对于相同级别的钢筋间代换可按等面积原则进行代换，即代换后的钢筋总截面积不小于原设计图中钢筋总截面积。不论采用哪种代换方式，代换后的钢筋均应当满足构造方面要求（如钢筋间距、最少直径、最少根数、锚固长度、对称性等）、裂缝宽度与挠度限值要求及设计中提出的其他要求。

5. 钢筋安装

钢筋绑扎、安装前，应先熟悉图纸和相关图集与规范。核对钢筋配料单和钢筋加工牌，研究与有关工种的配合，确定施工方法。钢筋安装或现场绑扎应与模板安装相配合，位置准确、安装牢固、保证混凝土浇筑过程中不产生位移和变形。钢筋工程属于隐蔽工程，在浇筑混凝土前应对钢筋及预埋件进行验收，并按规定记好隐蔽工程记录，以便查验。验收检查内容主要包括：钢筋的钢号、直径、根数、间距是否正确，特别是要注意检查负筋的位置；检查钢筋接头的位置及搭接、锚固长度是否符合规定；检查混凝上保护层是否符合要求等。

三、普通混凝土工程基本施工方法

混凝土工程包括混凝土配料、搅拌、运输、浇筑、振捣、养护等众多施工过程，各过程之间既相互联系又相互影响，故施工中应当按有关规定控制好每个环节。随着科学技术的发展，新施工机械与施工工艺的应用，以及各类混凝土外加剂的出现，大大改善了混凝土工程的施工面貌。

1. 混凝土制备

混凝土制备应采用符合质量要求的原材料，按规定的配合比配料，混合料应拌和均匀，以保证结构设计所规定的混凝土强度等级，满足设计提出的特殊要求，并节约水泥，减轻劳动强度。

（1）搅拌机选择：混凝土搅拌机按其搅拌原理分为自落式和强制式两类。自落式搅拌机在搅拌筒内壁装有叶片，搅拌筒旋转过程中，叶片将物料提升一定高度后自由落下，从而均匀拌和混合物。这种重力拌和的方法适用于拌制塑性或半干硬性混凝土。强制式搅拌机则在轴上装有叶片，通过叶片强制搅拌搅拌筒中物料，使物料沿环向、径向和竖向运动，从而均匀拌和混合物。此法作用强烈、搅拌均匀、生产效率高、搅拌时间短，适用于拌制干硬性混凝土和轻骨料混凝土。混凝土搅拌机以其出料容量（m^3）×1000 标定规格，现行混凝土搅拌机的系列为：50、150、250、350、500、750、1000、1500 和 3000。选择搅拌机时，要根据工程量大小、混凝土的坍落度、骨料尺寸等而定，既要满足技术上的要求，又要考虑经济效果和节约能源。

（2）搅拌制度的确定：即确定搅拌时间、投料顺序和进料容量。从搅拌开始到出料所经历的时间过短，拌和不均匀，影响混凝土的强度和和易性；过长，影响机械效率，而且也会使混凝土和易性变差或产生分层离析现象；搅拌时间与搅拌机类型、鼓筒尺寸、骨料品种、粒径、混凝土坍落度等有关。故混凝土搅拌时间不宜太长或太短，每盘混凝土约为 60～150s。混凝土搅拌投料顺序有一次投料法、二次投料法、水泥裹砂法（SEC 法）等。水泥裹砂法因改变投料和搅拌次序，使水泥与砂石的接触面增大，水泥的潜力得以充分发挥，故其强度可进一步提高。

2. 混凝土运输

混凝土运输工作分为地面运输、垂直运输和楼面运输。高层建筑施工中，常采用塔式起重机（回转自升式或内爬式起重机）＋施工电梯＋混凝土输送泵的模式。泵送混凝土是一种有效的混凝土运输方法，它水平及垂直运输距离大，运输速度快，如上海环球金融中心工程，一台国产超高压泵机成功将混凝土泵送到 492 m 的施工高度。

混凝土拌合物运输的总要求有：运输过程中，应保持混凝土的均匀性，避免产生分层离析现象，混凝土运至浇筑地点后，应符合规定的坍落度要求；混凝土应以最少的中转次数和最短的时间运至浇筑地点；运输工作应保证混凝土的浇筑工作连续进行。

3. 混凝土浇筑

混凝土浇筑要保证混凝土的均匀性和密实性，不产生分层离析现象，保证结构的整体性、尺寸准确和钢筋、预埋件的位置正确，拆模后混凝土表面要平整、光洁。另外，混凝土浇筑前应检查模板、支架、钢筋和预埋件的正确性，并做好隐蔽工程记录与验收工作。

（1）施工缝留置：混凝土结构大多数要求整体浇筑，如因技术或组织上的原因不能连续浇筑时，可在结构承受剪力较小且方便施工的部位留设施工缝。柱子可留在基础顶面或梁下、无梁楼盖柱帽下；梁板式楼盖宜顺次梁方向浇筑混凝土，施工缝留在次梁跨度中间 1/3 长度范围内；对于梁板整体浇筑的大截面梁，也可在板底 20～30 mm处留设施工缝；墙可留在门洞口过梁跨中 1/3 范围内。在施工缝处继续烧筑混凝土时，应除掉水泥浮浆和松动石子，并用水冲洗干净，待已浇筑的混凝土的强度不低于1.2 MPa时才允许继续浇筑，在结合面应先铺抹一层水泥浆或与混凝土砂浆成分相同的砂浆。如遇大体积混凝土、超长结构混凝土浇筑，应当按设计要求留设后浇带、膨胀加强带等专门措施，以防止结构开裂。

（2）浇筑方法：混凝土浇筑之前应做好必要的准备与检查工作。浇筑柱时，施工段内每排柱子应由外向内对称浇筑，避免一端向另一端推进，以防整体倾斜。竖向构件浇筑高度超过 2 m 时，应用溜槽或串筒，以防混凝土分层离析。对于大体积混凝土结构浇筑，可采用全面分层、分段分层，或斜面分层的浇筑方案，以防温度裂缝出现。

（3）振捣成型：因混凝土密实度对混凝土强度、防水、抗冻、耐久性均影响较大，故混凝土浇筑过程中必须进行振动捣实。对于地面或楼板常采用平板振动器，梁、柱、基础、厚板一般采用插入式振动器。

4. 混凝土养护

混凝土养护方法分自然养护和人工养护。自然养护主要以洒水覆盖为主，一般情况下不少于 7 d，有抗渗要求时不少于 14 d。对于一般塑性混凝土，应在浇筑后 12 h 内立即加以覆盖和洒水润湿，炎热的夏天养护时间可缩短至 2～3h。而对于干硬性混凝土应在浇筑后 1～2h 内即可养护，使混凝土保持湿润状态。当平均气温低于 5℃时，不得进行洒水养护。混凝土还可采用喷涂薄膜养生液养护、蒸汽养护等方法进行。混凝土必须养护至其强度达 1.2 N/mm^2 以上，始准在其上行人或安装模板及支架。拆模后如发现有缺陷，应当及时修补，对面积小，数量不多的蜂窝或露石的混凝土，先用钢丝刷或压力水洗刷基层，然后用 1∶2～1∶2.5 的水泥砂浆抹平，对较大面积的蜂窝、露石、露肋应按其全部深度凿去薄弱的混凝土层，然后用钢丝刷或压力水冲刷，再用比原混凝土强度等级高一个级别的细骨料混凝土填塞，并仔细捣实。

5. 混凝土结构施工工艺流程

混凝土结构施工工艺流程一般为：基础施工→墙或柱施工→梁板楼盖施工→楼梯施工。实际施工中，应当根据图纸要求，制定合理的施工方案，选用合适的施工方法，以达保证质量、加快施工进度、降低成本的目的。尤其是钢筋施工时，应当严格按照结构施工图与钢筋混凝土平法图集 11G101—1 的要求进行施工。

（1）基础施工。

钢筋混凝土结构中，根据设计不同，常见的有墙下条形基础、柱下独立基础、整体筏板基础等浅基础，也有各类桩基础、墩基础、地下连续墙等深基础。基础类型不同，其施工工艺及要求也完全不同。另外，基础施工中，通常有大体积混凝土施工情况，施工时应当采取有效措施，防止混凝土出现温度裂缝。

（2）墙柱施工。

墙与柱施工应当先绑扎钢筋，然后支设模板，最后浇筑混凝土。混凝土浇筑前，或新浇混凝土与下层混凝土结合处，应在底面上均匀浇筑 50 mm 厚与混凝土配合比相同的水泥砂浆。墙与柱混凝土应分层浇筑振捣，每层浇筑厚度控制在 500 mm 左右，混凝土下料点应分散布置循环推进，连续进行，振动棒不得触动钢筋和预埋件。墙体洞口部位，为防止出现漏振，须在洞口两侧同时振捣，下灰高度也要大体一致。柱高在 3 m之内，可在柱顶直接下灰浇筑，柱子混凝土应一次浇筑完毕，如需留施工缝时应留在主梁下面。浇筑完毕后，应随时将伸出的搭接钢筋整理到位。在每一施工段中的柱或墙应连续浇筑到顶，每排柱子由外向内对称顺序地进行浇筑，以防柱子模板连续受侧推力而倾斜。

(3) 梁板施工。

肋形楼板的梁板应同时浇筑，浇筑方法应由一端开始用“赶浆法”推进，即先浇筑梁，根据梁高分层浇筑成阶段形，当达到楼板板底位置时再与板的混凝土一起浇筑，随着阶段形不断延伸，梁板混凝土连续向前进行。当梁的高度大于 1 m 时，梁板可分别浇筑，施工缝可留在板底以下 20～30 mm 外。梁柱节点钢筋较密时，浇筑此处混凝土时宜用小粒径石子同强度等级的混凝土浇筑，并用小直径振动棒振捣。楼板浇筑的虚铺厚度应略大于板厚，用平板振动器垂直浇筑方向来回振捣。注意不断用移动标志以控制混凝土板厚度。振捣完毕，用刮尺或拖板抹平表面。

(4) 楼梯施工。

楼梯段混凝土自下而上浇筑。先振实底板混凝土，达到踏步位置与踏步混凝土一起浇筑，不断连续向上推进，并随时用抹子将踏步上表面抹平。楼梯混凝土宜连续浇筑完成，否则施工缝应留设于楼梯平台板跨中或楼梯段 1/3 范围内。

第三节 钢结构

钢结构是用钢板、型钢、薄壁型钢等，通过焊接、铆接或螺栓连接而制造的结构，是主要的建筑结构之一。钢结构的发展有赖于钢铁产量的提高，使钢筋结构在我国的采用受到客观条件的限制，主要在一些大跨结构及工业建筑中使用相对较多，但因其具有自重轻、制作安装工业化程度高、可焊性好等优点，这种结构形式必将使用越来越广泛。

一、钢结构的加工和连接方法

(一) 钢结构的加工

钢结构构件的制作加工必须以施工详图为依据，而施工详图是在原设计图的基础上结合现场施工条件，考虑加工工艺，如公差配合、加工余量、焊接控制等因素后，绘制的专门用以加工制作的最后施工图。因此，钢结构加工之前，必须对设计图进行认真审查，做好技术交底。

钢结构制作的工序较多，对加工顺序要周密安排，避免或减少工作倒流，以减少往返运输和周转时间。钢结构制作的工序一般包括放样、号料、切割下料、坡口加工、开孔、焊接、摩擦面处理、防腐涂饰、编号、组装等多道工序。

1. 放样

放样是钢结构制作工艺中的第一道工序，只有放样尺寸准确，才能避免以后各道加工工序的累计误差，保证产品质量。放样以 1∶1 的比例在放样台上利用几何作图方法弹出大样，经检查无误后制作样板或样杆，以作为下料、弯制、铣、刨、制孔等加工的依据。

2. 号料

号料也称画线，即利用样板样杆或根据图纸在板料及型钢上画好孔的位置和零件形状的加工界线，可采用集中号料法、套料法、统计计算法、余料统一号料法。

3. 切割下料

切割下料即将放样和号料的零件形状从原材料上进行下料分离。可采用气割、机械切割、等离子切割。

4. 坡口加工

采用对接焊缝的板件常需要开成各种形式坡口，焊缝金属填充在坡口内，坡口形式有I形、V形、U形、K形、X形等。焊接之前，需要按照图纸要求对各种形式与尺寸的坡口进行加工。

5. 开孔

开孔即在钢结构构件上开孔，包括铆钉孔、普通螺栓连接孔、高强螺栓孔、地脚螺栓孔等。开孔的质量在很大程度上影响产品的精度，特别是对于柱及梁的工程现场连接部位的孔群的尺寸和精度直接影响钢结构的安装精度。开孔方法通常有冲孔和钻孔两种，近年来出现的数控钻孔技术无须在工件上画线，打样冲眼，整个过程自动进行，高速数控定位，钻头行程数字控制，钻孔效率高，精度高。

6. 焊接

焊接是钢结构构件加工中极为重要的施工工序，焊接之前，应充分做好准备工作，确定正确的焊接顺序，选择合适的焊接方法，控制焊接变形，以保证焊接质量。

(1) 焊接准备工作：首先应将焊接工具设备配备齐全，电源线路是否安全可靠，然后检验焊条、垫板和引弧板是否符合设计要求的规格，对坡口进行清理，去除锈迹、油污等。

(2) 焊接的主要缺陷：国家标准将焊缝缺陷分为六类：裂纹、孔穴、固体夹杂、未熔合和未焊透、形状缺陷和上述以外的其他缺陷。钢结构构件在焊接加工中，应尽可能地防止以上缺陷，以保证连接件质量。

(3) 焊缝质量检验：焊接质量检验包括外观检查、无损探伤和机械性能试验三方面。三者互相补充，以无损探伤为主。

7. 摩擦面处理

钢结构制作和安装应按《钢结构工程质量验收规范》(GB 50205—2001) 附录B的有关规定，分别进行高强螺栓连接摩擦面的抗滑系数试验与复验，现场处理的构件应单独进行摩擦面的抗滑系数试验，其结果应符合设计要求。摩擦面处理可采用喷砂、喷丸、酸洗打磨等方法。

8. 除锈、涂饰

为了减轻并防止钢结构的腐蚀，目前国内外主要采用涂饰方法进行防腐。从钢结构的零部件到结构整体的防腐和涂膜质量，主要取决于基层的除锈质量。

(1) 除锈工艺：钢结构的除锈是构件在施工、涂料之前的一道关键工序，除锈干净可提高防锈涂料的附着力，确保防腐质量，可采用酸洗、喷射或抛射除锈的方法。金属表面经除锈处理后，应及时施涂防锈涂料，一般应在 6 h 内施涂完毕。

(2) 涂饰工艺：根据涂料的性质和结构形状等特点，一般可采用刷涂法和喷涂法进行施工，刷涂法适用于油性基料的涂料，喷涂法适用于快干性或挥发性强的涂料。施涂作业宜在晴天和通风良好的环境下进行，环境温度宜为 15～30℃，涂刷顺序一般为先上后下，先内后外，涂层厚度均匀一致，以不漏涂、不流坠为准。

9. 组装、编号

组装就是按照施工图要求，把已经加工完成的各零件和半成品构件装配成独立的成品。构件涂装后应按设计图纸进行编号，编号的位置应符合便于堆放、便于方案、便于检查的原则进行，对于大型或重要构件还应标注重量、重心、吊装位置和定位标记等记号。

（二）钢结构的连接

钢结构的连接方法关系结构的传力和使用要求，同时还对结构的构造和加工方法、工程造价等有着直接影响。另外连接在整个钢结构的制造和安装作业中通常占的工作量最大，且多数工序的机械化程度不高，需要大量的人工操作。因此，应对钢结构的连接方法合理进行选择，既要做到传力明确、简捷，强度可靠，以保证结构安全，同时又须构造简单，施工方便，节约材料，降低造价。

钢结构的连接方法通常有焊接连接、螺栓连接、铆钉连接三种。螺栓连接又分普通螺栓连接和高强度螺栓连接。普通螺栓连接使用最早，约从 18 世纪中叶开始，19 世纪 20 年代开始采用铆钉连接，后来高强度螺栓连接又得到了发展。自 19 世纪下半叶出现焊缝连接后，焊接技术得到飞速发展，并不断改进与提高，目前是钢结构连接的主要方法。

1. 焊接连接

钢结构中的焊接连接方法有电弧焊、电渣焊、电阻焊、等离子焊、激光焊、气焊等。电弧焊又分手工焊、自动焊和半自动焊。实际工程中主要采用电弧焊，它是通过电弧产生的热量使焊条和焊件局部熔化，经冷却凝结成焊缝，从而将焊件连接成为一体的方法。

焊接连接作为目前最主要的连接方法，具有以下优点：不削弱构件截面，节约钢材，构造简单，制造方便，连接刚度大，密封性能好，在一定条件下易于采用自动化作业，生产效率高。但是焊接也有以下缺点：焊缝附近热影响区材质容易变脆，焊接产生残余应力和残余变形，对结构的承载力、刚度和使用性能有一定影响，焊接结构由于刚度大，局部裂纹一经发生很容易扩展到整体，尤其是在低温下易发生脆断，施焊时可能产生缺陷，使疲劳强度降低。因此，除了少数直接承受动力荷载部位容易产生疲劳破坏而受到限制外，其他部位均可普遍采用。

焊接连接按焊缝形式不同，可分为对接焊缝和角焊缝两种。对接焊缝也称坡口焊缝，构造简单，传力直接简捷；但在施焊之前，焊件边缘需根据不同厚度进行加工，做成各种坡口形式，以保证焊透。角焊缝用于不在同一平面内两个焊件的相连，如两块钢板搭接，焊缝堆成接近三角形截面，贴附于被连接焊件的交搭边缘处或端头。搭接的贴角焊缝平行于作用力方向的称为侧面角焊缝，垂直于作用力方向的称为正面角焊缝。焊缝的形式有对接、搭接、T 形连接和角形连接。不同连接形式可用不同形式的焊缝，以确保焊缝连接的传力可靠。

2. 螺栓连接

螺栓连接是通过螺栓这种紧固件把连接件连接成为一体，可分为普通螺栓连接和高强度螺栓连接两种。螺栓连接施工工艺简单、安装方便，特别适用于需要装拆结构和临时性连接。但连接之前需要在板件上开孔和拼装时对孔，增加制造工作量，且对制造的精度要求较高。另外，螺栓孔还使构件截面削弱，且被连接件常需相互搭接或增设辅助连接板，因而构造较繁且多费钢材。

（1）普通螺栓连接：根据螺栓的加工精度，普通螺栓又分为A、B、C三级。A、B级螺栓（精制螺栓）加工精度高，与孔壁接触紧密，其连接变形小，受力性能好，可用于承受较大剪力和拉力的连接。但制造和安装较费工，成本高，故在钢结构中较少采用。C级螺栓（粗制螺栓）加工粗糙，尺寸不够准确，在传递剪力时，连接变形大，但传递拉力的性能尚好，操作无须特殊设备，成本低。常用于承受拉力的螺栓连接和承受静力荷载或间接承受动力荷载结构中的次要受剪连接。螺栓的排列应简单、统一而紧凑，满足受力要求，构造合理又便于安装。排列方式有并列和错列两种排列。

（2）高强度螺栓连接：高强度螺栓连接按设计和受力要求可分为摩擦型和承压型两种。摩擦型连接在承受剪切时，以外剪力达到板件间可能发生的最大摩阻力为极限状态；当超过时板件间发生相对滑移，即认为连接已失效而破坏。承压型连接在受剪时，则允许摩擦力被克服并发生板件间相对滑移，然后外力可以继续增加，并以此后发生的螺杆剪切或孔壁承压的最终破坏为极限状态。高强度螺栓连接的螺栓排列，也有一定的构造规定。

3. 铆钉连接

铆钉是由顶锻性能好的铆钉钢制成。铆钉连接的施工程序，是先在被连接的构件上，制成比钉径大1.0～1.5 mm的孔。然后将一端有半圆钉头的铆钉加热后塞入孔内，再用铆钉枪或铆钉机进行铆合，使铆钉填满钉孔，并打成另一铆钉头。铆钉在铆合后冷却收缩，对被连接的板束产生夹紧力，这有利于传力。铆钉连接的韧性和塑性都比较好。但铆接比栓接费工，比焊接费料，目前只用于承受较大的动力荷载的大跨度钢结构。一般情况下在工厂几乎为焊接所代替，在工地几乎为高强度螺栓连接所代替。

二、钢结构安装工艺流程

（一）钢结构厂房安装工艺流程

就位准备→柱吊装→吊车梁吊装→就位临时固定→柱间支撑吊装→屋架吊装→支撑吊装→檩条安装→屋面板安装。

1. 柱的吊装

柱的吊装方法，按柱起吊后柱身是否垂直，分为直吊法和斜吊法；按柱在吊升过程中柱身运动的特点，分为旋转法和滑行法。

（1）柱的绑扎：柱常用的绑扎方法有一点绑扎斜吊法和一点绑扎直吊法。直吊法与斜吊法相比有如下缺点：需将柱子翻身；起重吊钩一般需超过柱顶，因而需较长的起重杆。优点则为：柱翻身后刚度大，抗弯能力强，不易产生裂纹；起吊后柱身与杯底垂直，容易对线就位。因此，当起重机吊杆长度受到限制，而柱子不翻身起吊不会产生裂纹时，可用斜吊法，否则宜用直吊法。

(2) 起吊：柱子的吊装方法，根据柱子重量、长度、起重机性能和现场施工条件而定。重型柱子有时可采用两台起重机抬吊，采用单机吊装时，有单机吊装旋转法和单机吊装滑行法。

①单机吊装旋转法：旋转法即起重机一边升钩，一边旋转，柱子绕柱脚旋转，而逐渐吊起的方法。旋转法吊装柱时，柱的平面布置要做到：绑扎点，柱脚中心与柱基础杯口中心三点同弧，在以吊柱时起重半径 R 为半径的圆弧上，柱脚靠近基础。

②单机吊装滑行法：采用滑行法吊装柱时，柱的平面布置要做到：绑扎点，基础杯口中心两点同弧，在以起重半径 R 为半径的圆弧上，绑扎点靠近基础杯口。

滑行法吊装柱特点：在滑行过程中，柱受振动，但对起重机的机动性要求较低(起重机只升钩，起重臂不旋转)，当采用独脚拔杆、人字拔杆吊装柱时，常采用此法。

(3) 柱的校正与临时固定：柱的校正应先校正偏差大的，后校正偏差小的；柱子在两个方向的垂直度都校正好后，应再复查平面位置；在阳光照射下校正柱子垂直度时，还要考虑到温差的影响。

(4) 柱子的最后固定：柱子采用浇灌细豆石混凝土的方法最后固定，灌混凝土之前，应先灌一层稀砂浆使其填满空隙，然后灌细豆石混凝土，但要分两次进行，第一次灌至楔子底，待混凝土强度达到 25%后，拔去楔子，再灌满混凝土。

2. 吊车梁吊装

由于吊车梁的高度小，长度小，一般采用平吊法。吊车梁吊起后应基本保持水平，因此其绑扎点应对称地设在梁的两侧，吊钩应对准梁的重心。吊车梁吊装后，需校正标高、平面位置和垂直度。吊车梁校正之后，立即按设计图纸用电焊作最后固定，并在吊车梁与柱的孔隙处，浇筑细石混凝土。

3. 屋架的吊装

(1) 扶直与就位：屋架扶直时，由于起重机与屋架的相对位置不同，可分为正向扶直和反向扶直。屋架扶直时，应注意以下几点：

①扶直屋架时，起重机的吊钩应对准屋架中心，吊索应左右对称，吊索与水平面的夹角不小于 45°，为使各吊索受力均匀，吊索可用滑轮串通。在屋架接近扶直时，吊钩应对准下弦中点，防止屋架摆动。

②当屋架数榀在一起叠浇时，为防止屋架在扶直过程中突然下滑造成损伤，应在屋架两端搭设枕木垛，其高度与被扶直屋架的底面齐平。

③叠浇的屋架之间若黏结严重时，可采用凿、撬棒、倒链等工具，进行消除黏结后再行扶直。

④如扶直屋架时采用的绑扎点或绑扎方法与设计规定不同，应按实际采用的绑扎方法验算屋架扶直应力，若承载力不足，在浇筑屋架时应补加钢筋或采取其他加强措施。

(2) 绑扎、吊升、对位和临时固定：第一榀屋架的临时固定必须十分可靠，因为这时它只是单片结构，而且第二榀屋架的临时固定，还要以第一榀屋架作支撑。第二榀屋架的临时固定，是用工具式支撑撑牢在第一榀屋架上。

（3）校正与最后固定：屋架的竖向偏差可用垂球或经纬仪检查。屋架校至垂直后，立即用电焊固定。焊接时，先焊接屋架两端成对角线的两侧边，再焊另外两边，避免两端同侧施焊而影响屋架的垂直度。

4. 天窗架与屋面板的吊装

天窗架一般采用四点绑扎，校正和临时固定可用缆风绳、木撑或临时固定器。屋面板上都有预埋吊环，为发挥起重机效率，可采用一机多吊。屋面板的安装应自两边檐口左右对称地逐块安上屋脊，屋面板就位后，应当立即与屋架上弦焊牢，每块屋面板可焊接三点，最后一块只能焊接两点。

（二）多层钢框架结构吊装

1. 安装前准备工作

多层钢框架结构吊装之前，应做好以下准备工作：检查并标注定位轴线及标高位置，检查钢柱基础，包括基础中心线、标高、地角螺栓等，确定流水方向，划分施工段，安排钢构件在现场的堆放位置，选择合适的起重机械，选择吊装方法。

2. 安装工艺

安装工艺流程：钢柱吊装→钢梁吊装→檩条、支撑系统安装→屋面板安装→墙面板安装→门窗安装→验收。

（1）钢柱的吊装与校正：钢柱吊装可选用双机抬吊或单机抬吊两种方法，吊装就位后应当对垂直度、轴线、牛腿面标高进行初验后，并对柱间间距进行校正，最后将柱底灌浆密实。

（2）钢梁吊装与校正：钢梁吊装前，应于柱子牛腿处检查标高和柱子间距，并应在梁上装好扶手绳，以便待主梁吊装就位后，将扶手绳与钢柱系牢，以保证施工人员的安全。钢梁一般可在翼缘处开孔为吊点，其位置取决于钢梁的跨度。为了减少高空作业，保证质量，并加快吊装进度，也可将梁柱在地面组装成排架后进行整体吊装。

（3）构件连接：钢柱间的连接常采用坡口焊连接，主梁与钢柱的连接一般上下翼缘用坡口焊接，而腹板用高强螺栓连接，次梁与主梁的连接基本上是在腹板处用高强螺栓连接，少量再在上下翼缘用坡口焊接。当采用高强螺栓连接时，两个连接构件的紧固顺序是，先主要构件，后次要构件。对于同一节柱上各梁柱节点的紧固顺序则为，先上部的梁柱节点，再柱下部的梁柱节点，最后为中部的梁柱节点。工字形构件紧固连接中，应当先上翼缘，后下翼缘，最后连接腹板。

第九章　施工项目管理

第一节　施工项目管理的内容与组织

一、建设项目的基本建设程序

1. 前期工作阶段

（1）项目建议书：项目建议书是要求建设某一具体项目的建议文件，是基本建设程序中最初阶段的工作，是投资决策前对拟建项目的轮廓设想。项目建议书的主要作用是为了推荐一个拟进行建设的项目的初步说明，论述它建设的必要性、条件的可行性和获得的可能性，供基本建设管理部门选择并确定是否进行下一步工作。

项目建议书报经有审批权限的部门批准后，可以进行可行性研究工作，但并不表明项目非上不可，项目建议书不是项目的最终决策。

（2）可行性研究：项目建议书一经批准，即可着手进行可行性研究。可行性研究是指在项目决策前，通过对项目有关的工程、技术、经济等各方面条件和情况进行调查、研究、分析，对各种可能的建设方案和技术方案进行比较论证，并对项目建成后的经济效益进行预测和评价的一种科学分析方法，由此考察项目技术上的先进性和适用性，经济上的营利性和合理性，建设的可能性和可行性。可行性研究是项目前期工作的最重要的内容，它从项目建设和生产经营的全过程考察分析项目的可行性，其目的是回答项目是否有必要建设，是否可能建设和如何进行建设的问题，其结论为投资者的最终决策提供直接的依据。因此，凡大中型项目以及国家有要求的项目，都要进行可行性研究，其他项目有条件的也要进行可行性研究。

（3）设计工作：一般建设项目（包括工业、民用建筑、城市基础设施、水利工程、道路工程等），设计过程划分为初步设计和施工图设计两个阶段。对技术复杂而又缺乏经验的项目，可根据不同行业的特点和需要，增加技术设计阶段。

1）初步设计（基础设计）：初步设计的内容依项目的类型不同而有所变化，一般来说，它是项目的宏观设计，即项目的总体设计、布局设计，主要的工艺流程、设备的选型和安装设计，土建工程量及费用的估算等。初步设计文件应当满足编制施工招标文件、主要设备材料订货和编制施工图设计文件的需要，是下一阶段施工图设计的基础。

2）施工图设计（详细设计）：施工图设计的主要内容是根据批准的初步设计，绘制出正确、完整和尽可能详细的建筑、安装图纸。施工图设计完成后，必须由施工图设计审查单位审查并加盖审查专用章后使用。审查单位必须是取得审查资格，且具有审查权限要求的设计咨询单位。经审查的施工图设计还必须经有权审批的部门进行审批。

2. 建设实施阶段

（1）施工准备：

1）建设开工前的准备：主要内容包括：征地、拆迁和场地平整；完成施工用水、电、路等工程；组织设备、材料订货；准备必要的施工图纸；组织招标投标（包括监理、施工、设备采购、设备安装等方面的招标投标）并择优选择施工单位，签订施工合同。

2）项目开工审批：建设单位在工程建设项目可行性研究报告批准，建设资金已经落实，各项准备工作就绪后，应当向当地建设行政主管部门或项目主管部门及其授权机构申请项目开工审批。

（2）建设实施：

1）项目开工建设时间：开工许可审批之后即进入项目建设施工阶段。开工之日按统计部门规定是指建设项目设计文件中规定的任何一项永久性工程（无论生产性或非生产性）第一次正式破土开槽开始施工的日期。公路、水库等需要进行大量土、石方工程的，以开始进行土方、石方工程作为正式开工日期。

2）年度基本建设投资额：国家基本建设计划使用的投资额指标，是以货币形式表现的基本建设工作，是反映一定时期内基本建设规模的综合性指标。年度基本建设投资额是建设项目当年实际完成的工作量，包括用当年资金完成的工作量和动用库存的材料、设备等内部资源完成的工作量；而财务拨款是当年基本建设项目实际货币支出。投资额是以构成工程实体为准，财务拨款是以资金拨付为准。

3）生产或使用准备：生产准备是生产性施工项目投产前所要进行的一项重要工作。它是基本建设程序中的重要环节，是衔接基本建设和生产的桥梁，是建设阶段转入生产经营的必要条件。使用准备是非生产性施工项目正式投入运营使用所要进行的工作。

3. 竣工验收阶段

（1）竣工验收的范围：根据国家规定，所有建设项目按照上级批准的设计文件所规定的内容和施工图纸的要求全部建成，工业项目经负荷试运转和试生产考核能够生产合格产品，非工业项目符合设计要求，能够正常使用，都要及时组织验收。

（2）竣工验收的依据：按国家现行规定，竣工验收的依据是经过上级审批机关批准的可行性研究报告、初步设计或扩大初步设计（技术设计）、施工图纸和说明、设备技术说明书、招标投标文件和工程承包合同、施工过程中的设计修改签证、现行的施工技术验收标准及规范以及主管部门有关审批、修改、调整文件等。

（3）竣工验收的准备：主要有三方面的工作：一是整理技术资料。各有关单位（包括设计、施工单位）应将技术资料进行系统整理，由建设单位分类立卷，交生产单位或使用单位统一保管。技术资料主要包括土建方面、安装方面、各种有关的文件、合同和试生产的情况报告等。二是绘制竣工图纸。竣工图必须准确、完整、符合归档要求。三是编制竣工决算。建设单位必须及时清理所有财产、物资和未花完或应收回的资金，编制工程竣工决算，分析预（概）算执行情况，考核投资效益，报规定的财政部门审查。

（4）竣工验收的程序和组织：按国家现行规定，建设项目的验收根据项目的规模大小和复杂程度可分为初步验收和竣工验收两个阶段进行。规模较大、较复杂的建设项目应先进行初验，然后进行全部建设项目的竣工验收。规模较小、较简单的项目，可以一次进行全部项目的竣工验收。

建设项目全部完成，经过各单项工程的验收，符合设计要求，并具备竣工图表、竣工决算、工程总结等必要文件资料，由项目主管部门或建设单位向负责验收的单位提出竣工验收申请报告。竣工验收的组织要根据建设项目的重要性、规模大小和隶属关系而定，大中型和限额以上基本建设和技术改造项目，由国家发展和改革委员会或由国家发展和改革委员会委托项目主管部门、地方政府部门组织验收，小型项目和限额以下基本建设和技术改造项目由项目主管部门和地方政府部门组织验收。竣工验收要根据工程的规模大小和复杂程度组成验收委员会或验收组。验收委员会或验收组负责审查工程建设的各个环节，听取各有关单位的工作总结汇报，审阅工程档案并实地查验建筑工程和设备安装，并对工程设计、施工和设备质量等方面作出全面评价。不合格的工程不予验收。对遗留问题提出具体解决意见，限期落实完成；最后经验收委员会或验收组一致通过，形成验收鉴定意见书。验收鉴定意见书由验收会议的组织单位印发各有关单位执行。

生产性项目的验收根据行业不同有不同的规定。工业、农业、林业、水利及其他特殊行业，要按照国家相关的法律、法规及规定执行。

4. 后评价阶段

建设项目后评价是工程项目竣工投产、生产运营一段时间后，再对项目的立项决策、设计施工、竣工投产、生产运营等全过程进行系统评价的一种技术经济活动。通过建设项目后评价以达到肯定成绩，总结经验，研究问题，吸取教训，提出建议，改进工作，不断提高项目决策水平和投资效果的目的。

二、施工项目基本施工程序

施工程序是指工程项目整个施工阶段所必须遵循的顺序，它是经多年施工实践而发现的客观规律。一般是从接受施工任务直到交工验收所包括的主要阶段的先后次序。通常可分为五个阶段：确定施工任务阶段、施工规划阶段、施工准备阶段、组织施工阶段和竣工验收阶段。其先后顺序和内容如下：

1. 落实施工任务，签订施工合同

建筑施工企业承接施工任务的方式主要有三种：

一是国家或上级主管单位统一安排，直接下达的任务；

二是建筑施工企业自己主动对外接受的任务或是建设单位主动委托的任务；

三是参加社会公开的投标而中标得到的任务。

国家直接下达任务的方式已逐渐减少，在市场经济条件下，建筑施工企业和建设单位自行承接和委托的方式较多；实行招标投际的方式发包和承包建筑施工任务，是建筑业和基本建设管理体制改革的一项重要措施。

无论哪种方式承接施工项目，施工单位均必须同建设单位签订施工合同。签订了施工合同的施工项目，才算落实了的施工任务。当然签订合同的施工项目，必须是经建设单位主管部门正式批准的，有计划任务书、初步设计和总概算，已列入年度基本建设计划，落实了投资的。否则不能签订施工合同。

施工合同是建设单位与施工单位根据《合同法》以及有关规定而签订的具有法律效力的文件，双方必须严格履行合同，任何一方不履行合同，给对方造成的经济损失，都要负法律责任和进行赔偿。

2. 统筹安排、做好施工规划

施工企业与建设单位签订施工合同后，施工总承包单位在调查分析资料的基础上，拟订施工规划，编制施工组织总设计，部署施工力量，安排施工总进度，确定主要工程施工方案，规划整个施工现场，统筹安排，做好全面施工规划。经批准后，便组织施工先遣人员进入现场，与建设单位密切配合，做好施工规划中确定的各项全局性施工准备工作，为建设项目全面正式开工创造条件。

3. 做好施工准备工作，提出开工报告

施工准备工作是建筑施工顺利进行的根本保证。施工准备工作主要有：技术准备、物资准备、劳动组织准备、施工现场准备和施工场外准备。当一个施工项目进行了图纸会审，编制和批准了单位工程施工组织设计、施工图预算和施工预算；组织好材料、半成品和构配件的生产和加工运输，组织施工机具进场，搭设了临时建筑物，建立了现场管理机构。调遣施工队伍，拆迁原有建筑物，搞好“三通一平”，进行了场区测量和建筑物定位放线等准备工作。这时，施工单位即可向主管部门提出开工报告。

4. 组织全面施工

组织拟建工程的全面施工是建筑施工全过程中最重要的阶段。它必须在开工报告批准后，才能开始。它是把设计者的意图，建设单位的期望变成确实的建筑产品的加工制作过程；必须严格按照设计图纸的要求，采用施工组织规定的方法和措施，完成全部的分部分项工程施工任务。这个过程决定了施工工期、产品的质量和成本以及建筑施工企业的经济效率。因此，在施工中要跟踪检查，进行进度、质量、成本和安全控制，保证达到预期的目的。

施工过程中，往往有多单位、多专业进行共同协作，要加强现场指挥、调度、进行多方面的平衡和协调工作。在有限的场地上投入大量的材料、构配件、机具和工人，应进行全面统筹安排，组织均衡连续地施工。

5. 竣工验收，交付使用

竣工验收、交付使用是建筑施工的一个阶段，同时也是建设项目建设程序的一个阶段。

三、施工项目管理的概念

施工项目管理是由施工企业运用系统的观点、理论和科学技术对施工项目进行的计划、组织、监督、控制、协调等全过程管理。

（1）施工项目的管理者是建筑施工企业。由业主或监理单位进行的工程项目管理中涉及的施工阶段管理仍属建设项目管理，不能算做施工项目管理。

（2）施工项目管理的对象是施工项目。施工项目管理的周期也就是施工项目的生产周期，包括工程投标、签订工程项目承包合同、施工准备、施工及交工验收等。

（3）施工项目管理的内容是在一个长时间进行的有序过程之中按阶段变化的。管理者必须做出设计、提出措施、进行有针对性的动态管理，并使资源优化组合，以提高施工效率和施工效益。

（4）施工管理要求强化组织协调工作。施工活动中往往涉及复杂的经济关系、技术关系、法律关系、行政关系和人际关系等关系。

施工项目管理的内容主要包括：编制"项目管理规划大纲和项目管理实施规划"、项目进度控制、项目质量控制、项目安全控制、项目成本控制、项目人力资源管理、项目材料管理、项目机械设备管理、项目技术管理、项目资金管理、项目合同管理、项目信息管理、项目现场管理、项目组织协调、项目竣工验收、项目考核评价和项目回访保修。

在施工项目管理的全过程中，为了取得各阶段目标和最终目标的实现，在进行各项活动中，必须加强管理工作。必须强调，施工项目管理的主体是以施工项目经理为首的项目经理部，即作业管理层，管理的客体是具体的施工对象、施工活动及相关生产要素。

1. 建立施工项目管理组织

（1）由企业采用适当的方式选聘称职的施工项目经理。

（2）根据施工项目组织原则，选用适当的组织形式，组建施工项目管理机构，明确责任、权限和义务。

（3）在遵守企业规章制度的前提下，根据施工项目管理的需要，制定施工项目管理制度。

2. 进行施工项目管理规划

施工项目管理规划是对施工项目管理目标、组织、内容、方法、步骤、重点进行预测和决策，做出具体安排的纲领性文件。施工项目管理规划的内容主要有：

（1）进行工程项目分解，形成施工对象分解体系，以便确定阶段控制目标，从局部到整体地进行施工活动和进行施工项目管理。

（2）建立施工项目管理工作体系，绘制施工项目管理工作体系图和施工项目管理工作信息流程图。

（3）编制施工管理规划，确定管理点，形成文件，以利执行。现阶段这个文件便以施工组织设计代替。

3. 进行施工项目的目标控制

施工项目的目标有阶段性目标和最终目标。实现各项目标是施工项目管理的目的所在。因此，应当坚持以控制论原理和理论为指导，进行全过程的科学控制。施工项目的控制目标分为：进度控制目标；质量控制目标；成本控制目标；安全控制目标；施工现场控制目标。

由于在施工项目目标的控制过程中，会不断受到各种客观因素的干扰，各种风险因素有随时发生的可能性，故应通过组织协调和风险管理，对施工项目目标进行动态控制。

4. 对施工项目的生产要素进行优化配置和动态管理

施工项目的生产要素是施工项目目标得以实现的保证，主要包括劳动力、材料、设备、资金和技术（5M）。生产要素管理的三项内容包括：

（1）分析各项生产要素的特点。

（2）按照一定原则、方法对施工项目生产要素进行优化配置，并对配置状况进行评价。

（3）对施工项目的各项生产要素进行动态管理。

5. 施工项目的合同管理

由于施工项目管理是在市场条件下进行的特殊交易活动的管理，这种交易活动从投标开始，并持续于项目管理的全过程，因此必须依法签订合同，进行履约经营。合同管理的好坏直接涉及项目管理及工程施工的技术经济效果和目标实现。因此，要从招投标开始，加强工程承包合同的签订、履行管理。合同管理是一项执法、守法活动，市场有国内市场和国际市场，因此合同管理势必涉及国内和国际上有关法规和合同文本、合同条件，在合同管理中应予高度重视。为了取得经济效益，还必须注意搞好索赔，讲究方法和技巧，提供充分的证据。

6. 施工项目的信息管理

现代化管理要依靠信息。施工项目管理是一项复杂的现代化的管理活动，更要依靠大量信息及对大量信息的管理。而信息管理又要依靠计算机进行辅助。所以，进行施工项目管理和施工项目目标控制。动态管理，必须依靠信息管理，并应用计算机进行辅助。需要特别注意信息的收集与储存，使本项目的经验和教训得到记录和保留，为以后的项目管理服务，认真记录总结，建立档案及保管制度是非常重要的。

四、施工项目管理的组织形式

（一）建设工程项目承包模式

工程项目的管理模式是指一个工程项目建设的基本组织模式以及在完成项目过程中各参与方所扮演的角色及合同关系，在某些情况下，还要规定项目完成后的运营方式。

1. 传统的项目承包模式

传统的“设计—招投标—建造”模式（即 DBB）是我国建筑工程领域基本的承包模式，只有一个阶段结束后，另一个阶段才能开始，并将设计、施工分别委托不同单位承担。我国自 1984 年学习鲁布革水电站引水系统工程项目管理经验以来，先后实施的“招标投标制”、“建设监理制”、“合同管理制”等均参照这种传统模式。

2. 工程总承包模式

工程总承包是指从事工程总承包的企业受业主委托，按照合同约定对工程项目的勘察、设计、采购、施工、试运行（竣工验收）等实行全过程或若干阶段的承包。工程总承包企业按照合同约定对工程项目的质量、工期、造价等向业主负责。工程总承包企业可依法将所承包工程中的部分工作发包给具有相应资质的分包企业，分包企业按照分包合同的约定对总承包企业负责。工程总承包的具体方式、工作内容和责任等，由业主与工程总承包企业在合同中约定。工程总承包主要有以下方式：

（1）设计—采购、施工（EPC）/交钥匙总承包。

EPC 总承包又称交钥匙总承包，指工程总承包企业按照合同约定，承担工程项目的设计、采购、施工、试运行服务等工作。并对承包工程的质量、安全、工期、造价全面负责，使业主获得一个现成的工程，由业主“转动钥匙”就可以运行。1999 年国际咨询工程师联合会（FIDIC）在对原有的合同文本进行全面修订的基础上，出版了《设计采购施工/交钥匙工程合同条件》。EPC 工程管理模式代表了现代西方工程项目管理的主流。EPC 模式的重要特点是充分发挥市场机制的作用，促使承包商、设计师、建筑师共同寻求最经济、最有效的方法实施工程项目。当然在项目竣工验收时，仍然要按合同的要求对工程项目及其中的设备进行相应的严格检查与验收。EPC 模式为我国现有的工程项目建设管理模式的改革提供了新的变革动力。通过 EPC 工程项目公司的总承包，可以比较容易地解决设计、采购、施工、试运转整个过程的不同环节中存在的突出矛盾，使工程项目实施获得优质、高效、低成本的效果。EPC 模式主要适用于化工、冶金、电站、铁路等大型基础设施工程，含有机电设备的采购和安装的工程项目等。

（2）设计—施工总承包（DB）。

设计—施工总承包是指工程总承包企业按照合同约定，承担工程项目设计和施工，并对承包工程的质量、安全、工期、造价全面负责。因设计由承包商负责，减少了索赔；施工经验能够融入设计过程中，有利于提高可建造性；对投资和完工日期有实质的保障。但是，如果业主提出变更，代价非常大。

（3）设计—管理总承包（DM）

设计—管理总承包模式通常是指由同一实体向业主提供设计，并进行施工管理服务的工程管理方式。

根据工程项目的不同规模、类型和业主要求，工程总承包还可采用设计—采购总承包（EP）、采购—施工总承包（PC）等方式。

3. 由专业化机构进行项目管理的模式

（1）项目管理服务（PM）模式。

项目管理服务是指从事工程项目管理的企业受业主委托，按照合同约定，代表业主对工程项目的组织实施进行全过程或若干阶段的管理和服务。

项目管理企业按照合同约定，在工程项目决策阶段，为业主编制可行性研究报告，进行可行性分析和项目策划；在工程项目的准备和实施阶段，为业主提供招标代理、设计管理、采购管理、施工管理和试运行（竣工验收）等服务，代表业主对工程项目进行质量、安全、进度、费用、合同、信息等管理和控制。项目管理企业不直接与该工程项目的总承包企业或勘察、设计、供货、施工等企业签订合同。项目管理企业一般应按照合同约定承担相应的管理责任。

对于业主而言，使用PM模式能够利用专业项目管理单位的管理经验，有可能缩短项目工期，总成本、进度和质量控制比传统的施工合同更有效。但是，增加了业主的额外费用；业主与设计单位之间通过项目管理单位进行沟通，不利于提高沟通质量；项目管理单位的职责不易明确。因而，主要用于大型项目或复杂项目，特别是业主的管理能力不强的情况。

(2) 项目管理承包（PMC）模式。

项目管理承包是指工程项目管理企业按照合同约定，除完成项目管理服务（PM）的全部工作内容外，还可以负责完成合同约定的工程初步设计（基础工程设计）等工作。项目管理承包企业一般应当按照合同约定承担一定的管理风险和经济责任。

采用PMC模式可充分发挥管理承包商在项目管理方面的专业技能，统一协调和管理项目的设计与施工，减少矛盾；管理承包商负责管理施工前阶段和施工阶段，有利于减少设计变更；可方便地采用阶段发包，有利于缩短工期；有利于激励其在项目管理中的积极性和主观能动性，充分发挥其专业特长。但是由于PMC模式下业主与施工承包商没有合同关系，因而控制施工难度较大；与传统模式相比，增加了一个管理层，也就增加了一笔管理费。

(3) 建筑工程管理模式（以下简称CM模式）。

建筑工程管理模式又称阶段发包方式或快速轨道方式，这种模式采用的是阶段性发包方式，与设计图纸全部完成之后才进行招标的传统的连续建设模式不同，其特点是：

由业主委托的CM方式项目负责人（以下简称CM经理）与设计单位、咨询工程师组成一个联合小组，共同负责组织和管理工程的规划、设计和施工。在项目的总体规划、布局和设计时，要考虑到控制项目的总投资，在主体设计方案确定后，完成一部分工程的设计，即对这一部分工程进行招标，发包给一家承包商施工，由业主直接与承包商签订施工承包合同。

（二）施工项目管理的组织形式

我国目前施工企业一般的组织机构基本形式主要有以下几种。

1. 直线式组织结构

直线式组织结构是典型的线性组织形式，它的本质是联系和命令的线性化，即上下机构之间的联系置于垂直的领导线上，而每一个下属机构只有一个上级领导，它只接受其唯一的直接上级部门下达的指令。即每一个工作部门，甚至每一个工作人员都只有一人对它（他）们发布命令，它（他）们都只有一个上级。管理信号（指令）沿着领导垂直线上下传递，呈金字塔形，类似于军队的组织形式。

这种组织结构具有结构简单、权力集中、职责分明、指令统一、指挥灵活及效率高等优点。其缺点是专业分工差，横向联系薄弱，信息交流困难，其决策、指挥、协调和控制基本属于个人管理。线性组织适合于规模小、技术简单、级别较低、协作关系少的工程项目。

2. 直线职能制组织结构

直线职能制组织系统吸收了直线制和职能制两种组织形式的优点，得到了广泛的采用。直线职能制组织结构的特点是公司负责人集权制领导，一方面通过职能部门对公司承揽的工程项目实行横向领导；另一方面又通过职能部门实行纵向（直线）领导。这种组织形式，在我国施工企业中运用较多。

直线职能制的优缺点分别如下：

（1）优点：专业人员分工明确，专业性强，集中了专业化程度高的技术专家为项目服务，具有权力集中、职责分明、指挥灵活及效率高等优点；分工协作好，能使项目获得部门内广泛的知识和技术支持，对创造性地解决项目的技术问题十分有利。

（2）缺点：项目摊子太大，消耗资源多，难以兼顾整体利益，可能出现部门之间的摩擦，对项目的总目标实现造成一定影响。

3. 矩阵式组织结构

矩阵式组织形式是在直线职能制垂直形态组织系统的基础上，再增加一种横向的领导系统。这是一种横纵两套系统交叉形成的复合结构组织。纵向是职能系统，横向是为完成某项专门任务而组成的项目系统。

（1）既发挥职能部门的纵向优势，又发挥项目组织的横向优势。项目经理将团队成员与项目组织的职能人员在横向上有效地组织在一起，为实现项目目标协同工作。

（2）专业职能部门是永久性的，项目组织是临时性的。职能部门负责人对参与项目组织的人员有组织调配、业务指导和管理考察的责任。

（3）每个成员接受原部门负责人和项目经理的双重领导，但部门的控制力大于项目的控制力，要求部门负责人在专业人员的调配中充分运筹，提高人才利用率。

（4）项目经理掌握用人决策权，他的工作受到多个职能部门支持，但要求在横向和纵向都有良好的信息沟通及良好的协调配合。

矩阵式组织结构适用于大型、复杂的工程项目，因为这种项目要求多部门、多技术、多工种配合实施，可以充分利用有限的人才对多个项目进行管理，特别有利于发挥稀有人才的作用。

4. 事业部式组织结构

随着现代工业的发展和企业规模的扩大，企业管理的职能朝着综合化和专业化两个方向展开。美国通用汽车公司总裁斯隆于1921年首创了事业部式组织形式。这种组织结构强调采取集中决策、分散经营管理的方式，即集权与分权两种趋势，所有权、经营权逐渐分开。

（1）特点：事业部对企业内来说是职能部门，对企业外而言可以是一个独立单位。它具有相对独立的自主权，有相对独立的利益，相对独立的市场，这三者是构成事业部的基本要素。事业部可以按地区设置，也可以按工程类型或经营内容设置。事业部能较迅速适应环境变化，提高企业的应变能力，调动部门的积极性。

（2）适用范围：事业部式项目组织适用于大型经营性企业的工程承包，特别是适用于远离公司本部的工程承包，即在一个地区内有长期市场或一个企业有多种专业化施工力量时采用。当一个地区只有一个项目，没有后续工程时，不宜设立地区事业部。在这些情况下，事业部与地区市场共存亡，地区没有项目时，该事业部应予撤销。

（三）工程项目组织机构形式的选择方法

如何确定工程项目组织机构类型，对项目实施效果影响很大，在确定最适宜的项目组织机构时，应综合将企业的素质、任务、条件、基础同工程项目的规模、性质、内容、要求的管理方式结合起来分析。一般情况下，可按下列参考方式选择项目组织机构形式。

(1) 大型综合型企业，管理水平高，人员素质好，业务综合性强，能承担大型工程项目的任务，适宜采用矩阵式、混合工作队式、事业部式的项目组织机构。

(2) 对于简单、小型项目，或承包内容专一的项目，应采用部门控制式项目组织机构。

(3) 在同一企业内可以根据项目情况采用几种组织形式，如将事业部式与矩阵式的项目组织结合使用，将混合工程队式项目组织与事业部式结合使用等。但不能同时采用矩阵式及混合工程队式，以免造成管理渠道和管理秩序的混乱。

第二节　施工项目管理目标控制

一、施工项目质量控制

（一）施工项目质量的影响因素

影响施工工程项目的因素主要包括五大方面，即建筑工程的4M1E。主要指人(Man)、材料（Material）、机械（Machine）、方法（Method）和环境（Environment）。在施工过程中，事前对这5方面的因素严加控制，是施工管理中的核心工作，是保证施工项目质量的关键。

1. 人的质量意识和质量能力

对工程质量的影响，人是质量活动的主体，对建设工程项目而言，人是泛指与工程有关的单位、组织和个人。

人的工作质量是工程项目质量的一个重要组成部分，只有首先提高工作质量，才能保证工程质量，而工作质量的高低，又取决于与工程建设有关的所有部门和人员。因此，每个工作岗位和每个人的工作都直接或间接地影响着工程项目的质量。提高工作质量的关键，在于控制人的素质，人的素质包括很多方面，主要有：思想觉悟、技术水平、文化修养、心理行为、质量意识、身体条件等。

2. 建筑材料、构配件及相关工程用品的质量因素

材料是指在工程项目建设中所使用的原材料、半成品、成品、构配件和生产用的机电设备等，它们是建筑生产的劳动对象。建筑质量的水平在很大程度上取决于材料工业的发展，原材料及建筑装饰材料及其制品的开发，导致人们对建筑消费需求日新月异的变化，因此正确合理地选择材料，控制材料构配件及工程用品的质量规格、性能、特性是否符合设计规定标准，直接关系到工程项目的质量形成。

材料质量是形成工程实体质量的基础，使用的材料质量不合格，工程质量也肯定不会符合标准要求。加强材料的质量控制，是保证和提高工程质量的重要保障，是控制工程质量影响因素的有效措施。

3. 机械对工程质量的影响

机械是指工程施工机械设备和检测施工质量所用的仪器设备。施工机械是实现工业化、加快施工进度的重要物质条件，是现代机械化施工中不可缺少的设施，它对工程质量有着直接影响。所以，在施工机械设备选型及性能参数确定时，都应考虑到它对保证工程质量的影响，特别要注意考虑它经济上的合理性、技术上的先进性和使用操作及维护上的方便性。

质量检验所用的仪器设备，是评价和鉴定工程质量的物质基础，它对工程质量评定的准确性和真实性，对确保工程质量有着重要作用。

4. 方法对工程质量的影响

方法（或工艺）是指对施工方案、施工工艺、施工组织设计、施工技术措施等的综合。施工方案的合理性、施工工艺的先进性、施工设计的科学性、技术措施的适用性，对工程质量均有重要影响。

施工方案包括工程技术方案和施工组织方案。前者指施工的技术、工艺、方法和机械、设备、模具等施工手段的配置，后者指施工程序、工艺顺序、施工流向、劳动组织之间的决定和安排。通常的施工顺序是先准备后施工、先场外后场内、先地下后地上、先深后浅、先主体后装修、先土建后安装等，都应在施工方案中明确，并编制相应的施工组织设计。这两种方案都会对工程质量的形成产生影响。

在施工工程实践中，往往由于施工方案考虑不周和施工工艺落后而拖延工程进度，影响工程质量，增加工程投资。为此，在制定施工方案和施工工艺时，必须结合工程的实际，从技术、组织、管理、措施、经济等方面进行全面分析、综合考虑，确保施工方案技术上可行，经济上合理，且有利于提高工程质量。

5. 工程项目的施工环境

影响工程质量的环境因素较多。有工程技术环境，包括地质、水文、气候等自然环境及施工现场的通风、照明、安全卫生防护设施等劳动作业环境；工程管理环境，也就是由工程承包、发包、合同结构所派生的多单位、多专业共同施工的管理关系，组织协调方式及现场施工质量控制系统等构成的管理环境，如质量保证体系、质量管理制度等；劳动环境，如劳动组合、作业场所、工作面等。环境因素对工程质量的影响，具有复杂而多变的特点，如气象条件就变化万千，温度、湿度、大风、暴雨、酷暑、严寒都直接影响工程质量。又如前一道工序就是后一道工序的环境，前一分项工程、分部工程就是后一分项工程、分部工程的环境。

因此，根据工程特点和具体条件，应对影响工程质量的环境因素，采取有效的措施严加控制。

（二）施工质量基本原理

1. 质量管理的 PDCA 循环

PDCA 循环是人们在管理实践中形成的基本理论方法。从实践论的角度看，管理就是确定任务目标，并按照 PDCA 循环原理来实现预期目标。由此可见，PDCA 是目标控制的基本方法。

计划 P　可以理解为质量计划阶段，明确目标并制订实现目标的行动方案。

在建设工程项目的实施中，“计划”是指各相关主体根据其任务目标和责任范围，确定质量控制的组织制度、工作程序、技术方法、业务流程、资源配置、检验试验要求、质量记录方式、不合格处理、管理措施等具体内容和做法的文件，“计划”还须对其实现预期目标的可行性、有效性、经济合理性进行分析论证，按照规定的程序与权限审批执行。

实施 D　包含两个环节，即计划行动方案的交底和按计划规定的方法与要求展开工程作业技术活动。计划交底目的在于使具体的作业者和管理者，明确计划的意图和要求，掌握标准，从而规范行为，全面地执行计划的行动方案，步调一致地去努力实现预期的目标。

检查 C　指对计划实施过程进行各种检查，包括作业者的自检，互检和专职管理者专检。各类检查都包含两大方面：一是检查是否严格执行了计划的行动方案，实际条件是否发生了变化，不执行计划的原因；二是检查计划执行的结果，即产出的质量是否达到标准的要求，对此进行确认和评价。

处置 A　对于质量检查所发现的质量问题或质量不合格的，及时进行原因分析，采取必要的措施，予以纠正，保持质量形成的受控状态。处置分纠偏和预防两个步骤。前者是采取应急措施，解决当前的质量问题，后者是信息反馈管理部门，反思问题症结或计划时的不周，为今后类似问题的质量预防提供借鉴。

2. 全面质量管理

全面质量管理（TQC）的基本原理就是强调在企业或组织的最高管理者质量方针的指引下，实现全面、全过程和全员参与的质量管理。

TQC 的主要特点是以顾客满意为宗旨，领导参与质量方针和目标的制定，提倡预防为主、科学管理、用数据说话等。建设工程质量管理同样应贯彻全面质量管理的思想和方法。

（1）全方位质量管理。

建设工程项目全方位的质量管理，指建设工程项目的各参与方所进行的工程项目质量管理，包括工程（产品）的质量和工作质量的全面管理。工作质量是产品质量的保证，工作质量直接关系产品的质量。业主、监理、勘察、设计、施工、材料供应等，任何一方任何环节的怠慢或质量责任不到位都会对工程质量产生影响。

（2）全过程质量管理。

根据工程质量的形成规律，从源头抓起，应用“过程方法”进行全程质量控制。主要的过程有：项目策划与决策过程、勘察设计过程、施工采购过程、施工组织与准备过程、施工生产的检验与试验过程、工程质量的评定过程、工程验收与交付过程、工程回访与维修服务过程等。

（3）全员参与质量管理。

按照全面质量管理的思想，组织内部的每个部门和工作岗位都承担相应的质量职能，组织的最高管理者确定了质量方针和目标，就应组织和动员全体员工参与到实施质量方针的系统活动中去，发挥自己的角色作用。开展全员参与质量管理的重要手段就是运用目标管理方法，将组织的质量总目标逐级进行分解，使之形成自上而下的质量目标分解体系和自下而上的质量目标保证体系。发挥组织系统内部每个工作岗位、部门或班组在实现质量总目标过程中的作用。

质量控制的基本原理就是运用全面质量管理的思想和动态控制的原理，进行工程质量的事前预控、事中控制和事后的纠偏控制。

（三）施工项目质量控制程序和方法

任何工程项目都是由分项工程、分部工程和单位工程所组成，而工程项目的建设，则是通过一道道工序来完成。所以，施工项目的质量管理是从工序质量到分项工程质量、分部工程质量、单位工程质量的系统控制过程。

1. 现场质量检查的内容

（1）开工前检查。目的是检查是否具备开工条件开工后能否连续正常施工，能否保证工程质量。

（2）工序交接检查。对重要的工序或对工程质量有重大影响的工序，在自检、互检基础上，还要组织专职人员进行工序检查。

（3）隐蔽工程检查。凡是隐蔽工程均应认证后方能掩盖。

（4）停工后复工的检查。因处理质量问题或某种原因停工后需要复工时，应经检查认可后方能复工。

（5）分项、分部工程完工后，应经检查认可、签署验收记录后，才许进行下一工程项目施工。

（6）成品保护检查。检查成品有无保护措施或保护措施是否可靠。

2. 现场质量检查的方法

（1）目测法。其手段可归纳为看、摸、敲、照四个字。

（2）实测法。就是通过实测数据与施工规范及质量标准所规定的允许偏差对照，来判断质量是否合格。实测检查法的手段，也可归纳为靠、吊、量、套四个字。

（3）试验。指必须通过试验手段，才能对质量进行判断的检查方法。如对水泥的试验，确定安定性和质量是否符合标准。对钢筋接头进行拉力试验，检查焊接的质量等。

（四）施工过程的作业质量控制

建筑工程项目施工是由一系列相互关联、相互制约的作业过程（工序）构成，因此施工质量控制，必须对全部作业过程，即各道工序的施工质量进行控制。首先是作业者的自控，在施工生产要素合格的条件下，作业者的能力及发挥的状况是决定作业质量的关键。其次，是来自作业者外部的各种作业质量的检查、验收和质量行为的监督，也是一种不可缺少的设防和把关的管理措施。

1. 施工作业的自控

施工承包方对工程的施工质量负责，在施工阶段是质量控制的主体，在施工过程中必须强调各道工序作业者的岗位责任。施工作业的自控过程是由施工作业组织的成员进行的，其基本的控制程序包括：作业技术交底、作业活动的实施和作业质量的自检自查、互检互查以及专职管理人员的质量检查等。

工序作业质量是直接形成工程质量的基础，前道工序质量验收合格后，才可进入下道工序。为达到工序质量管理和质量控制的目标，应采取预防为主、重点控制、坚持标准、记录完整等有效措施。

2. 施工作业的监控

由业主、监理、设计及政府的工程质量监督等部门，在施工阶段依据法律法规和工程施工合同，对施工单位的质量行为和质量状况实施监督控制。如发现工程施工不符合工程设计要求、施工技术标准和合同约定的，有权要求建筑施工企业改正。监理单位作为监控的主体之一，在施工作业实施过程中，应根据其监理规划与实施细则，采取现场旁站、巡视、平行检验等形式，对施工作业质量进行监督检查。

由于施工作业的自控主体和监控主体，在施工过程中相互依存、各负其责，共同推动施工质量控制过程的展开和最终实现工程项目质量的总目标。

二、施工项目现场安全控制

（一）施工项目现场安全控制的基本要求

项目经理、管理人员、作业人员必须具备相应的安全资格方可上岗。特种设备必须具有检定合格证。所有施工人员必须经过三级安全教育。特种作业人员必须持有特种作业操作证。对查出的安全隐患要做到“五定”：定整改责任人、定整改措施、定整改完成时间、定整改完成人、定整改验收人。必须把好安全生产“六关”：措施关、交底关、教育关、防护关、检查关、改进关。

（二）施工项目职业健康安全事故的分类

职业健康安全事故分两大类型，即职业伤害事故与职业病。职业伤害事故是指因生产过程及工作原因或与其相关的其他原因造成的伤亡事故。

1. 按照事故发生的原因分类

按照我国《企业职工伤亡事故分类》（GB 6441—1986）规定，职业伤害事故分为20类，其中与建筑业有关的有以下12类：

（1）物体打击：落物、滚石、锤击、碎裂、崩块、砸伤等造成的人身伤害，不包括因爆炸而引起的物体打击。

（2）车辆伤害：指被车辆挤、压、撞和车辆倾覆等造成的人身伤害。

（3）机械伤害：指被机械设备或工具绞、碾、碰、割、戳等造成的人身伤害，不包括车辆、起重设备引起的伤害。

（4）起重伤害：指从事各种起重作业时发生的机械伤害事故，不包括上下驾驶室时发生的坠落伤害和起重设备引起的触电及检修时制动失灵造成的伤害。

（5）触电：由于电流经过人体导致的生理伤害，包括雷击伤害。

（6）灼烫：指火焰引起的烧伤、高温物体引起的烫伤、强酸或强碱引起的灼伤、放射线引起的皮肤损伤，不包括电烧伤及火灾事故引起的烧伤。

（7）火灾：在火灾时造成的人体烧伤、窒息、中毒等。

（8）高处坠落：由于危险势能差引起的伤害，包括从架子、屋架上坠落以及平地坠入坑内等。

（9）坍塌：指建筑物、堆置物倒塌以及土石塌方等引起的事故伤害。

（10）火药爆炸：指在火药的生产、运输、储藏过程中发生的爆炸事故。

（11）中毒和窒息：指煤气、油气、沥青、化学、一氧化碳中毒等。

（12）其他伤害：包括扭伤、跌伤、冻伤、野兽咬伤等。

以上12类职业伤害事故中，在建设工程领域中最常见的是高处坠落、物体打击、机械伤害、触电、坍塌、中毒、火灾7类。

2. 按事故后果严重程度分类

依据2007年6月1日起实施的《生产安全事故报告和调查处理条例》规定，按生产安全事故造成的人员伤亡或者直接经济损失，事故分为：

（1）特别重大事故：是指造成30人以上死亡，或者100人以上重伤（包括急性工业中毒，下同），或者1亿元以上直接经济损失的事故。

（2）重大事故：是指造成10人以上30人以下死亡，或者50人以上100人以下重伤，或者5 000万元以上1亿元以下直接经济损失的事故。

（3）较大事故：是指造成3人以上10人以下死亡，或者10人以上50人以下重伤，或者1 000万元以上5 000万元以下直接经济损失的事故。

（4）一般事故：是指造成3人以下死亡，或者10人以下重伤，或者1 000万元以下直接经济损失的事故。

三、施工项目进度控制

（一）影响施工项目进度的因素

1. 工程建设相关单位的影响

影响工程项目施工进度的单位不只是施工承包单位。事实上，只要是与工程建设有关的单位（如政府有关部门、建设单位、设计单位、物资供应单位、资金贷款单位，以及运输、通信、供电等部门等），其工作进度的拖后必将对施工进度产生影响。因此，控制施工进度仅仅考虑施工承包单位是不够的，必须充分发挥监理的作用，协调各相关单位之间的进度关系。而对于那些无法进行协调控制的进度关系，在进度计划的安排中应留有足够的机动时间。

2. 物资供应进度的影响

施工过程中需要的材料、构配件、机具和设备等，如果不能按期运抵施工现场或者是运抵施工现场后发现其质量不符合有关标准的要求，都会对施工进度产生影响。因此，监理工程师应严格把关，采取有效措施控制好物资供应进度。

3. 资金的影响

工程施工的顺利进行必须有足够的资金作保障。一般来说，资金的影响主要来自建设单位或者是由于没有及时给足工程预付款，或者是由于拖欠了工程进度款，这些都会影响到承包单位流动资金的周转，进而影响施工进度。监理工程师应根据建设单位的资金供应能力，安排好施工进度计划，并督促建设单位及时拨付工程预付款和工程进度款，以免因资金供应不足拖延进度，导致工期索赔。

4. 设计变更的影响

在施工过程中出现设计变更是难免的，或者是由于原设计有问题需要修改，或者是由于建设单位提出了新的要求。监理工程师应加强图纸审查，严格控制随意变更，特别应对建设单位的变更要求进行制约。

5. 施工条件的影响

在施工过程中一旦遇到气候、水文、地质及周围环境等方面的不利因素，必然会影响到施工进度。此时，承包单位应利用自身的技术组织能力予以克服。监理工程师应积极疏通关系，协助承包单位解决那些自身不能解决的问题。

6. 各种风险因素的影响

风险因素包括政治、经济、技术及自然等方面的各种可预见或不可预见的因素。政治方面的有战争、内乱、罢工、拒付债务、制裁等；经济方面的有延迟付款、汇率浮动、换汇控制、通货膨胀、分包单位违约等；技术方面的有工程事故、试验失败、标准变化等；自然方面的有地震、洪水等。监理工程师必须对各种风险因素进行分析，提出控制风险、减少风险损失及对施工进度影响的措施，并对发生的风险事件给予恰当的处理。

7. 承包单位自身管理水平的影响

施工现场的情况千变万化，如果承包单位的施工方案不当，计划不周，管理不善，解决问题不及时等，都会影响工程项目的施工进度。承包单位应通过总结分析吸取教训，及时改进。而监理工程师应提供服务，协助承包单位解决问题，以确保施工进度控制目标的实现。

（二）施工项目进度控制原理

1. 动态控制原理

施工项目进度控制是一个不断进行的动态控制，也是一个循环进行的过程。它是从项目施工开始，实际进度出现了运动的轨迹，也就是计划进入执行的动态。实际进度按照计划进度进行时，两者相吻合；当实际进度与计划进度不一致时，便产生超前或落后的偏差。分析偏差的原因，采取相应的措施，调整原来计划，使两者在新的起点上重合，继续按其进行施工活动，并尽量发挥组织管理的作用，使实际工作按计划进行。但是在新的干扰因素作用下，又会产生新的偏差。如此周而复始，进行动态循环控制。

2. 系统原理

（1）施工项目计划系统：为了对施工项目实行进度计划控制，首先必须编制施工项目的各种进度计划。其中有总进度计划、单位工程进度计划、分部分项工程进度计划、季度和月作业计划，这些计划组成进度计划系统。计划的编制对象由大到小，计划的内容从粗到细。编制时从总体计划到局部计划，逐层进行控制目标分解，以保证计划控制目标落实。

（2）施工项目进度实施组织系统：施工项目实施全过程的各专业队伍都是遵照计划规定的目标去努力完成一个个任务的。项目经理和劳动调配、材料设备、采购运输等各职能部门都按照施工进度规定的要求进行严格管理、落实和完成各自的任务。

（3）施工项目进度控制组织系统：为了保证施工项目进度实施还有一个项目进度的检查控制系统。自公司、项目部，一直到作业班组都设立专门职能部门或人员负责统计整理实际施工进度的资料，与计划进度比较分析并进行调整。不同层次人员负有不同进度控制职责，分工协作，形成一个纵横连接的施工项目控制组织系统。

3. 信息反馈原理

信息反馈是施工项目进度控制的主要环节，施工的实际进度通过信息反馈给基层施工项目进度控制的工作人员，经过对其加工，将信息逐级向上反馈，直到主控制室，主控制室整理统计各方面的信息，经比较分析做出决策，调整进度计划，仍使其符合预定工期目标。

4. 封闭循环原理

项目的进度计划控制的全过程是计划、实施、检查、比较分析、确定调整措施、再计划。从编制项目施工进度计划开始，经过实施过程中的跟踪检查，收集有关实际进度的信息，比较和分析实际进度与施工计划进度之间的偏差，找出产生原因和解决办法，确定调整措施，再修改原进度计划，形成一个封闭的循环系统。

5. 网络计划技术原理

在施工项目进度的控制中利用网络计划技术原理编制进度计划，根据收集的实际进度信息，比较和分析进度计划，又利用网络计划的工期优化，工期与成本优化和资源优化的理论调整计划。网络计划技术原理是施工项目进度控制的完整的计划管理和分析计算理论基础。

（三）施工项目进度控制程序

（1）项目经理部要根据施工合同的要求确定施工进度目标，明确计划开工日期、计划总工期和计划竣工日期，确定项目分期分批的开竣工日期。

（2）编制施工进度计划，具体安排实现计划目标的工艺关系、组织关系、搭接关系、起止时间、劳动力计划、材料计划、机械计划及其他保证性计划。分包人负责根据项目施工进度计划编制分包工程施工进度计划。

（3）向监理工程师提出开工申请报告，按监理工程师开工令确定的日期开工。

（4）实施施工进度计划。项目经理应通过施工部署、组织协调、生产调度和指挥、改善施工程序和方法的决策等，应用技术、经济和管理手段实现有效的进度控制。项目经理部首先要建立进度实施、控制的科学组织系统和严密的工作制度，然后依据施工项目进度控制目标体系，对施工的全过程进行系统控制。正常情况下，进度实施系统应发挥监测、分析职能并循环运行，即随着施工活动的进行，信息管理系统会不断地将施工实际进度信息，按信息流动程序反馈给进度控制者，经过统计整理，比较分析后，确认进度无偏差，则信息管理系统继续运行；一旦发现实际进度与计划进度有偏差，信息管理系统将发挥调控职能，分析偏差产生的原因及对后续施工和总工期的影响。必要时，可对原计划进度做出相应的调整，提出纠正偏差方案和实施的技术、经济、合同保证措施，以及取得相关单位支持与配合的协调措施，确认切实可行后，将调整后的新进度计划输入进度实施系统，施工活动继续在新的控制下运行。当新的偏差出现后，再重复上述过程，直到施工项目全部完成。进度控制系统也可以处理由于合同变更而需要进行的进度调整。

（5）全部任务完成后，进行进度控制总结并编写进度控制报告。

（四）施工项目进度控制的措施

施工项目进度控制采取的主要措施有组织措施、技术措施、合同措施、经济措施和信息管理措施等。

组织措施是指落实各层次的进度控制的人员、具体任务和工作责任，建立进度控制的组织系统，按照施工项目的结构、进展的阶段或合同结构等进行项目分解，确定其进度目标，建立控制目标体系，确定进度控制工作制度，对影响进度的因素分析和预测。技术措施主要是采取加快施工进度的技术方法；合同措施是指对协作单位签订施工合同的工期与有关进度计划目标相协调。经济措施是指实现进度计划的资金保证措施；信息管理措施是指不断地收集施工实际进度的有关资料进行整理统计与计划进度比较，定期地向指定单位报表提供比较报告。

四、施工项目成本的构成和控制措施

（一）施工项目成本的构成

1. 建筑安装工程费用的构成

我国现行建筑安装工程费用项目组成如图 9-1 所示，包括直接费、间接费、利润和税金。

2. 施工项目成本

施工成本是指施工企业在建筑安装施工过程中的实际消耗，包括物化劳动和活劳动的消耗，前者是指工程耗用的各种材料、机械的价值，后者是指支付给劳动者的报酬。工程成本由直接成本和间接成本组成。

直接成本包括人工费、材料费、机械使用费、措施费，当直接费用发生时就能够确定其用于哪些工程，可以直接记入该工程成本。

间接成本指项目经理部为准备施工、组织施工生产和管理所需的全部费用支出，当间接费用发生时不能明确区分其用于哪些工程，只能采用分摊费用方法计入。

（二）施工项目成本的控制措施

成本控制是指在项目实施过程中，对影响项目成本的各项要素，即施工生产所耗费的人力、物力和各项费用，采取一定措施进行监督、调节和控制，及时预防、发现和纠正偏差，保证项目成本目标的实现。施工成本控制的原则是以工程承包合同为依据，从预算收入和实际成本两方面，努力挖掘增收节支潜力，以获得最大限度的经济效益。成本控制应贯穿于项目建设各阶段，是项目成本管理核心内容，也是项目成本管理中不确定因素最多、最复杂、最基础的管理内容。项目成本控制包括计划预控、过程控制和纠偏控制三个环节。

工程项目的成本控制可从组织、技术、经济、质量管理等几方面采取措施进行。

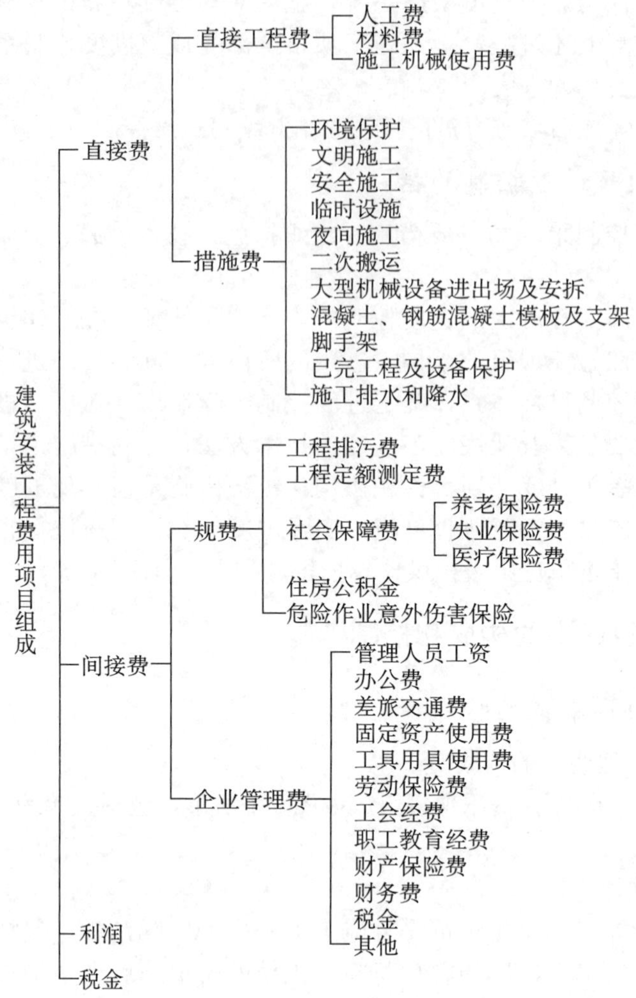

图 9-1 建筑安装工程费用项目组成

1. 采取组织措施控制工程成本

首先，要明确负责建设工程项目的机构设置及人员配备，明确部、处、项目负责机构。施工队之间职权关系划分。项目负责机构是代表管理某项目的工作班子，应对项目整体利益负责，应协调好各方面的责、权、利的关系。其次，要明确成本控制者及其任务，从而使成本控制有人负责，避免成本大、费用超、项目亏、责任不明确等问题。

2. 采取技术措施控制工程成本

应充分发挥技术人员的主观能动性，对主要技术方案做出必要的技术经济论证，以寻求较为经济可靠的方案，从而降低工程成本，包括采用新结构、新材料、新技术、新工艺、新设备等。技术负责人还应对整个工程项目的施工质量、成本进度负责，并把责任划分到每个施工人员，施工人员对本人所辖单项工程质量及成本负责。总之，技术人员应从合理角度对技术措施、工料节约、机械利用率、工序合理安排、工程质量等方面进行全面控制。

3. 采取经济措施控制工程成本

（1）人工成本控制。人工成本占全部工程成本的比例较大，一般在10%左右。因此，要严格控制人工成本。在编制施工组织设计时，要体现先进的劳动生产率，从用工数量控制，努力降低工程施工的间接时间、空闲浪费时间，有针对性地减少或缩短某些工序的工日消耗量，从而达到控制成本的目的。

（2）材料成本的控制。材料成本占整个工程项目成本的比例最大，直接影响工程成本的控制。应采用按量、价分离的原则。一是做好对材料用量的控制。坚持按定额确定的材料消耗量，实行限额领料制度。二是改进施工技术，推广使用降低料耗的新工艺，对工程进行功能分析，对材料进行性能分析，力求以低价材料替代高价材料，加强周转材料的管理。三是对材料价格进行控制。采购部门在采购时应先对市场行情进行调查，在确保质量的前提下，择优购料。并合理组织运输，就近购料，选用最经济的运输方式，以降低运输成本。同时，还应考虑资金的时间价值，减少资金占用，合理确定进货批量与批次，尽可能地降低材料的储备。

（3）机械成本的控制。尽量减少施工中所消耗的机械台班量，通过合理组织施工、机械调配，提高机械设备的利用率。同时，加强现场设备的维修、保养工作，降低大修、经常性修理等各项成本的支出，避免因不正当使用造成机械设备的闲置；加强租赁设备计划的管理，充分利用社会闲置机械资源，从不同角度降低台班价格。

（4）加强质量管理控制返工率。在施工过程中要严把质量关，各级质量检查人员定点、定岗、定责，使质量管理工作贯穿于项目的全过程中。做到工程一次成型、一次合格，杜绝返工现象的发生，避免造成因不必要的人、财、物等大量的投入而加大工程成本，达到了保证项目效益的目的。

第三节　施工项目现场管理

一、施工项目现场管理内容

施工现场是指从事项目活动的场地，包括建筑用地和施工用地。现场管理是指对这些场地进行科学安排，合理使用，并与各种环境保持协调关系。现场管理的目标是：场容规范、文明作业、安全有序、整洁卫生、不损害公众利益。

施工现场管理的内容：

（1）合理规划施工用地。

（2）科学进行施工总平面设计。

（3）施工现场平面布置的动态调整。

（4）加强对施工现场使用的检查。

（5）建立文明的施工现场。

（6）及时清场转移。

项目经理部应严格按照已审批的施工总平面图或相关的单位工程施工平面图划定

的位置，布置施工项目的主要机械设备、脚手架、密封式安全网和围挡、模具、施工临时道路、供水、供电、供气管道或线路、施工材料制品堆场及仓库、土方及建筑垃圾、变配电间、消火栓、警卫室、现场的办公、生产和生活临时设施等。

施工物料器具除应按施工平面图指定位置就位布置外，尚应根据不同特点和性质，规范布置方式与要求，并执行码放整齐、限宽限高、上架入箱、规格分类、挂牌标识等管理标准。

在施工现场周边应设置临时围护设施。市区工地的周边围护设施高度不应低于1.8 m，临街脚手架、高压电缆、起重把杆回转半径伸至街道的，均应设置安全隔离棚。危险品库附近应有明显标志及围挡设施。

施工现场应设置畅通的排水沟渠系统，场地不积水、不积泥浆，保持道路干燥坚实。工地地面应做硬化处理。

二、施工项目对环境影响的主要因素和基本环保措施

（一）施工项目对环境影响的主要因素

建筑业的特殊性是产品固定，而人员流动。在不同的环境下，产生影响的环境因素也是不相同的。如不同的施工工艺也产生不同的后果。如选择现场灌注桩，并采用泥浆护壁，则产生了噪声、泥浆对环境的影响。而选择静压桩工艺则对环境影响较小。因此，对建筑业的环境因素分析必须针对项目进行。

（1）大气污染：工程项目采用在施工过程中会产生有毒、有害气体的建筑材料。在施工现场熔融沥青或者焚烧油毡、油漆以及其他会产生有毒、有害烟尘和恶臭气体的物质。柴油打桩机喷出油污等造成大气污染。

（2）建筑材料引起的空气污染。主要有氨、甲醛、VOC（苯及同系物）、氧及石材本身的放射性。其中氨最为严重。

（3）水污染：建筑施工中产生的泥浆，未经处理的含油、泥的污水等造成水污染。

（4）土壤污染：在城市施工时泥土场地易污染现场外道路，产生污染。修理机械时产生的液压油、机油、清洗油料等造成污染。

（5）噪声污染：噪声是施工现场与周围居民最容易产生争执的问题。土方施工、打桩、钢筋工程施工、混凝土施工等都会产生噪声污染。

（二）施工项目基本环保措施

环境保护的目的是按照法律法规及各级主管部门和企业的要求，保护和改善作业现场环境，控制现场各种粉尘、废水、废气、固体废弃物、噪声、振动等对环境的污染和危害。建设工程项目必须满足有关环境保护的法律法规的要求。

1. 环境保护的措施

（1）实行环境保护目标责任制。

（2）加强检查和监控工作。

（3）进行综合治理。

（4）严格执行相关法律法规。

（5）采取有效技术措施，如防止大气污染的措施、防止水源污染的措施、防止噪

声污染的措施等。

2. 施工过程水污染的防治措施

（1）禁止将有毒有害废弃物做土方回填。

（2）施工现场搅拌站废水，现制水磨石的污水，电石（碳化钙）的污水必须经沉淀池沉淀合格后再排放，最好将沉淀水用于工地洒水降尘或采取措施回收利用。

（3）现场存放油料，必须对库房地面进行防渗处理，如采用防渗混凝土地面、铺油毡等措施。使用时，要采取防止油料跑、冒、滴、漏的措施，以免污染水体。

（4）施工现场100人以上的临时食堂，污水排放时可设置简易有效的隔油池，定期清理，防止污染。

（5）工地临时厕所、化粪池应采取防渗漏措施。中心城市施工现场的临时厕所可采用水冲式厕所，并有防蝇灭蛆措施，防止污染水体和环境。

（6）化学用品、外加剂等要妥善保管，库内存放，防止污染环境。

3. 噪声污染的防治

按噪声来源可分为交通噪声（如汽车、火车、飞机等）、工业噪声（如鼓风机、汽轮机、冲压设备等）、建筑施工的噪声（如打桩机、推土机、混凝土搅拌机等发出的声音）、社会生活噪声（如高音喇叭、收音机等）。为防止噪声扰民，应控制人为强噪声。

噪声控制技术可从声源、传播途径、接收者防护等方面来考虑。

4. 建设工程施工工地常见固体废物的主要处理方法

（1）回收利用：回收利用是对固体废物进行资源化、减量化的重要手段之一。粉煤灰在建设工程领域的广泛应用就是对固体废弃物进行资源化利用的典型范例。

（2）减量化处理：减量化是对已经产生的固体废物进行分选、破碎、压实浓缩、脱水等减少其最终处置量，降低处理成本，减少对环境的污染。在减量化处理的过程中，也包括和其他处理技术相关的工艺方法，如焚烧、热解、堆肥等。

（3）焚烧：焚烧用于不适合再利用且不宜直接予以填埋处置的废物，除有符合规定的装置外，不得在施工现场熔化沥青和焚烧油毡、油漆，亦不得焚烧其他可产生有毒有害和恶臭气体的废弃物。垃圾焚烧处理应使用符合环境要求的处理装置，避免对大气的二次污染。

（4）稳定和固化：利用水泥、沥青等胶结材料，将松散的废物胶结包裹起来，减少有害物质从废物中向外迁移、扩散，使得废物对环境的污染减少。

（5）填埋：填埋是固体废物经过无害化、减量化处理的废物残渣集中到填埋场进行处置。禁止将有毒有害废弃物现场填埋，填埋场应利用天然或人工屏障。尽量使需处置的废物与环境隔离，并注意废物的稳定性和长期安全性。

5. 大气污染的防治

（1）施工现场垃圾渣土要及时清理出现场。

（2）高大建筑物清理施工垃圾时，要使用封闭式的容器或者采取其他措施处理高空废弃物，严禁凌空随意抛撒。

（3）施工现场道路应指定专人定期洒水清扫，形成制度，防止道路扬尘。

（4）细颗粒散体材料（如水泥、粉煤灰、白灰等）的运输、储存要注意遮盖、密封，防止和减少飞扬。

(5) 车辆开出工地要做到不带泥沙，基本做到不洒土、不扬尘，减少对周围环境污染。

(6) 除设有符合规定的装置外，禁止在施工现场焚烧油毡、橡胶、塑料、皮革、树叶、枯草、各种包装物等废弃物品以及其他会产生有毒、有害烟尘和恶臭气体的物质。

(7) 机动车都要安装减少尾气排放的装置，确保符合国家标准。

(8) 工地茶炉应尽量采用电热水器。若只能使用烧煤茶炉和锅炉时，应选用消烟除尘型茶炉和锅炉，大灶应选用消烟节能回风炉灶，使烟尘降至允许排放范围为止。

(9) 大城市市区的建设工程已不允许搅拌混凝土。在允许设置搅拌站的工地，应将搅拌站封闭严密，并在进料仓上方安装除尘装置，采用可靠措施控制工地粉尘污染。

(10) 拆除旧建筑物时，应适当洒水，防止扬尘。

(三) 文明施工

文明施工是保持施工现场良好的作业环境、卫生环境和作业秩序。文明施工包括以下内容：规范场容，保持环境卫生；科学组织施工；减少对居民和环境的影响；保证职工的身体安全和健康。

文明施工的意义：能体现企业的管理水平，代表企业的良好形象；体现现代化条件下施工的需要；文明施工有利于员工的身心健康，有利于培养和提高施工队伍的素质。

(1) 组织和管理制度。施工现场需成立以项目经理为责任人的文明施工管理组织，各个施工现场管理制度需有文明施工的规定。并且责任落实到岗位，坚持和落实现场文明检查、考核及奖惩处理。检查范围和内容应全面周到，不留死角。

(2) 建立收集文明施工的资料及保证措施。包括文明施工的标准、规定、法律法规等资料，文明施工自检资料，文明施工教育、培训、考核计划资料，文明施工活动记录。

(3) 加强文明施工的宣传、教育与培训。加强文明施工的宣传工作，将文明施工的概念灌输到人、到岗。

(4) 现场文明施工的要求。

1) 建筑工地的主要出入口处应设置醒目的施工标牌，标明下列内容：工程项目名称、工地四周范围和面积、工程结构或层数、开工竣工日期和监督电话；建设单位、设计单位、施工单位、监理单位的名称及工程项目负责人、技术和安全负责人的姓名；建设规划许可证、建设用地许可证、施工许可证批准文号；工地总平面布置图。

2) 建筑工地应按安全、文明施工的要求设置各项临时设施，并达到下列要求：设置连续、通畅的排水设施和沉淀设施，防止泥浆、污水、废水外流或堵塞下水道和河道；施工区域与非施工区域严格分隔；施工区域内的沟、井、坎、穴等危险地形旁，应有醒目的警示标志，并采取安全防护措施；建筑材料、机具设备按工地总平面图布置在固定场地整齐堆放，不得侵占场内道路及安全防护等设施；施工现场道路通畅，场地平整，无大面积积水；临街或人口密集区的建筑物，应设置防止物体坠落的防护性设施。

3）施工单位未经批准不得在工地围护设施外随意堆放建筑材料。在经批准临时占用的区域，应严格按批准的占地范围和使用性质存放、堆卸建筑材料和机具设备，并设置围护设施。

4）施工单位在施工中应遵守下列规定：完善技术和操作管理规程，确保防汛设施和地下管线通畅、安全；采取各种措施降低施工过程中产生的噪声；控制夜间施工作业，确需夜间作业的，必须事先向环保部门申办《夜间施工许可证》；设置各种防护设施，防止施工中产生的尘土飞扬及废弃物、杂物飘散；随时清理建筑拉圾，控制建筑污染；除设有符合要求的防护装置外，不得在工地内熔融沥青，禁止在工地内焚烧油毡、油漆以及其他产生有害、有毒气体和烟尘的物品；运用其他有效方式，减少施工对市容、绿化和环境的不良影响；不得使用人力车、三轮车向场外运输建筑垃圾、废弃材料。

5）施工人员应文明作业，并严格遵守下列规定：施工中产生的泥浆未经沉淀池沉淀不得排放；施工中产生的各类垃圾应及时清运到市容环境卫生管理部门指定的地点，严禁随意倾倒在城市道路、河道、绿化带、空旷地带和居民生活垃圾容器内；施工中不得随意抛掷建筑材料、废土、旧料和其他杂物；施工中应注意清理施工场地，做到随做随清。

6）建筑工地运输车辆的车箱应确保牢固、严密，严禁在装运过程中沿途抛、洒、滴、漏。工地出入口 5 m 内应用混凝土硬化，并设置车辆冲洗设施：运输车辆必须冲洗后出场。

7）建筑工地应设置醒目的环境卫生宣传标牌，并按下列规定设置相应的设施：按照卫生标准和环境卫生作业要求设置相应的厕所、化粪池和生活垃圾容器，并落实专人管理，按规定时间清除；厕所必须有冲洗设备，便池贴瓷砖，并保持清洁卫生；按照卫生、通风和照明要求设置更衣室、简易浴室等必要的职工生活设施，并建立定期清扫制度；落实各项除“四害”措施，控制“四害”滋生。

8）建筑工地内民工宿舍应符合卫生和居住要求，地面应用混凝土硬化，宿舍应保持整洁，不得男女混杂居住及居住与施工无关人员。利用在建工程作为临时宿舍的，也应符合上述要求。建筑工地设有食堂的，应符合职工食堂管理的有关规定，并配备冷冻、冷藏设备，其位置应远离厕所、垃圾容器等污染源，炊事员应持有效健康证明及岗位培训合格证。施工现场应设置茶桶，保障茶水供应。

9）施工单位应当严格依照《中华人民共和国消防条例》规定，在施工现场建立和执行防火管理制度，设置符合要求的消防设施，并保持完好的备用状态。在容易发生火灾的地区施工或储存、使用易燃易爆器材时，施工单位应采取必要的消防安全措施。

10）因建筑工程施工造成沿线单位、居民的出入口障碍和道路交通堵塞，施工单位应采取有效措施，确保出入口和道路的畅通、安全。

11）施工单位在施工中造成下水道和其他地下管线堵塞或损坏的，应立即疏通或修改；对工地周围的单位和居民财产造成损失的，应承担赔偿责任。

12）建筑工程完工后，施工单位应在一个月内拆除工地围墙、安全防护设施和其他设施，并将工地及四周环境清理整洁，做到工完、料清、场地洁。

第四节　施工项目合同管理

一、建设工程合同的概念和种类

1. 建设工程合同的概念

建设工程合同是承包人进行工程建设，发包人支付价款的合同。承包人是指在建设工程合同中承担勘察、设计、施工任务的一方当事人；发包人是指在建设工程合同中委托承包人进行勘察、设计、施工的另一方当事人。

（1）建设工程合同的标的是建设工程项目，并非一般的加工定做物。

（2）承包方必须是具有法人资格的企业，并须在注册资本、技术人员、装备、资质要求等方面具备一定条件。

（3）建设工程合同受到国家更加严格的管理和监督。

2. 建设工程合同的种类

按照《中华人民共和国合同法》的规定，建设工程合同包括三种：建设工程勘察合同、建设工程设计合同、建设工程施工合同。

（1）建设工程勘察合同。

建设工程勘察合同是承包方进行工程勘察，发包人支付价款的合同。建设工程勘察单位称为承包方，建设单位或者有关单位称为发包方（也称为委托方）。建设工程勘察合同的标的是为建设工程需要而作的勘察成果。工程勘察是工程建设的第一个环节，也是保证建设工程质量的基础环节。为了确保工程勘察的质量，勘察合同的承包方必须是经国家或省级主管机关批准，持有《勘察许可证》，具有法人资格的勘察单位。建设工程勘察合同必须符合国家规定的基本建设程序，勘察合同由建设单位或有关单位提出委托，经与勘察部门协商，双方取得一致意见，即可签订，任何违反国家规定的建设程序的勘察合同均是无效的。

（2）建设工程设计合同。

建设工程设计合同是承包方进行工程设计，委托方支付价款的合同。建设单位或有关单位为委托方，建设工程设计单位为承包方。建设工程设计合同为建设工程需要而作的设计成果。工程设计是工程建设的第二个环节，是保证建设工程质量的重要环节。工程设计合同的承包方必须是经国家或省级主要机关批准，持有《设计许可证》，具有法人资格的设计单位。只有具备了上级批准的设计任务书，建设工程设计合同才能订立；小型单项工程必须具有上级机关批准的文件方能订立。如果单独委托施工图设计任务，应当同时具有经有关部门批准的初步设计文件方能订立。

（3）建设工程施工合同。

建设工程施工合同是工程建设单位与施工单位，也就是发包方与承包方以完成商定的建设工程为目的，明确双方相互权利义务的协议。建设工程施工合同的发包方可以是法人，也可以是依法成立的其他组织或公民，而承包方必须是法人。

二、施工合同的特点

建设工程施工合同是一种双务有偿合同，具有以下特点：

（1）合同标的的特殊性：合同的标的是各类建筑产品，建筑产品是不动产，其基础部分与大地相连，具有固定性的特点。因此，每个施工合同的标的都是特殊的，而且还决定了其施工生产的流动性。

（2）合同履行期限的长期性：建筑物的施工由于结构复杂、体积庞大、建筑材料类型多、工作量大，其工期一般较长。又因为工程建设的施工应当在合同签订后才开始；合同签订后到正式开工前有一个较长的施工准备时间；工程项目全部竣工验收后要有办理竣工结算及保修期的时间；在工程的施工过程中，还可能因为不可抗力、工程变更、材料供应不及时等原因而导致工期顺延等，这就决定了施工合同履行期限还要长于施工工期。

（3）合同内容的多样性和复杂性：施工合同设计的主体有很多种，涉及的法律关系包括劳动关系、保险关系和运输关系等，这就要求施工合同的内容尽量详尽，具有多样性和复杂性。因此，施工合同除了应当具备建设工程合同的一般内容外，还应对安全施工、专利技术使用、发现地下障碍物和工程的分包、工程变更、不可抗力以及材料设备的供应、运输、验收等内容作出规定。

（4）合同监督的严格性：由于施工合同的履行对国民经济发展、人们的工作和生活都有着很大的影响，国家对施工合同的监督是十分严格的。国家对合同的主体、合同的订立和合同的履行，都应该进行严格的监督。

三、施工合同的订立及履行

建筑工程的发包单位与承包单位应当依法订立书面合同，明确双方的权利和义务。发包单位和承包单位应当全面履行合同约定的义务。不按照合同约定履行义务的，依法承担违约责任。

1. 施工合同的签订

根据《招标投标法》第四十六条的规定：招标人和中标人应当自中标通知书发出之日起30日内，按照招标文件和中标人的投标文件订立书面合同。招标人和中标人不得再行订立背离合同实质性内容的其他协议。

第五十九条规定：招标人与中标人不按照招标文件和中标人的投标文件订立合同的，或者招标人、中标人订立背离合同实质性内容的协议的，责令改正；可以处中标项目金额千分之五以上千分之十以下的罚款。

2. 施工合同的履行

合同的履行是合同当事人双方都应尽的义务。任何一方违反合同，不履行合同义务，或者未完全履行合同义务，给对方造成损失时，都应当承担赔偿责任。

四、施工合同的变更、终止和争议解决

1. 施工合同的变更

合同变更是指合同成立以后和履行完毕以前由双方当事人依法对合同的内容所进行的修改，包括合同价款、工程内容、工程的数量、质量要求和标准、实施程序等的一切改变都属于合同变更。

2. 施工合同的终止

工程项目合同终止是指在工程项目建设过程中，承包商按照施工承包合同约定的责任范围完成了施工任务，圆满地通过竣工验收，并与业主办理竣工结算手续，将所施工的工程移交给业主使用和照管，业主按照合同约定完成工程款支付工作后，合同效力及作用的结束。

3. 施工合同的争议解决

（1）和解或调解：发生建设工程承包合同争议时，当事人可以自行协商和解，或者通过第三者进行调解。

和解是指当事人通过自行友好协商，解决合同发生的争议。调解是由当事人以外的调解组织或者个人主持，在查明事实和分清是非的基础上，通过说服引导，促进当事人互谅互让，友好地解决争议。

（2）仲裁：建设工程承包合同当事人如果不愿意和解、调解，或者和解、调解不成功，可以根据达成的仲裁协议，将合同争议提交仲裁机构仲裁。

提请仲裁的前提是合同双方当事人已经订立了仲裁协议，没有订立仲裁协议，不能申请仲裁。仲裁协议包括合同订立的仲裁条款或者附属于合同的协议。合同中的仲裁条款或者附属于合同的协议，被视为与其他条款相分离而独立存在的一部分，合同的变更、解除、终止、失效或者被确认无效，均不影响仲裁条款或者仲裁协议的效力。国内合同当事人可以在仲裁协议中约定在发生争议后到国内的任何一家仲裁机构仲裁，对仲裁机构的选定没有级别管辖和地域管辖限制。

（3）诉讼：如果建设工程承包合同当事人没有在合同中订立仲裁条款，发生争议后也没有达成书面的仲裁协议，或者达成的仲裁协议无效，合同的任何一方当事人，包括涉外合同的当事人，都可向人民法院提起诉讼。在人民法院提起合同案诉讼，应依照《民法通则》、《民事诉讼法》、《合同法》的规定进行审理。

经过诉讼程序或者仲裁程序产生的具有法律效力的判决、仲裁裁决或调解书，当事人应当履行。如果负有履行义务的当事人不履行判决、仲裁裁决或调解书，对方当事人可以请求人民法院予以执行。

五、施工索赔概念

施工索赔，通常是指承包商向业主或分包商、供货商提出经济索赔和工期索赔。有时，业主也向承包商提出经济索赔和工期索赔的要求，即“反索赔”。施工索赔的方式一般可以在施工过程中沟通处理，在协商中解决。如工程联系单、签证单等。如果索赔需要经过诉讼程序来判决，那是双方对索赔事项发生争端，用法律手段来解决索赔事项的最后一个途径。

施工索赔和项目施工管理过程是密切相关的，如果施工索赔在项目施工过程中友好协商解决，是施工索赔的最佳途径，也是最好的结果。索赔工作要想达到这样的效果，需要重视组织和计划工作，加强从投标签约到保修回访阶段全过程、连续性的管理，充分认识施工索赔工作的重要性，全面了解施工索赔工作的要点。

施工索赔的依据是索赔工作成败的关键，有了完整的资料，索赔工作才能有效进行。施工索赔的主要依据是工程合同和法律、法规、有关政策文件的规定及惯例，是起主导作用的索赔依据。在施工过程中，要加强对基础资料的收集积累和保管，其内容包括文件和信件、日志、记录、报表、通知、图纸、影像照片等，这些资料都是事后索赔的重要依据。

第五节　施工项目风险管理

一、风险管理的概念

《建设工程项目管理规范》中，对项目风险管理的定义是：项目风险管理是企业项目管理的一项重要管理过程，它包括对风险的预测、辨识、分析、判断、评估及采取相应的对策，如风险回避、控制、分隔、分散、转移、自留及利用等活动。

《建设工程项目管理规范》中对项目风险的解释是："在企业经营和项目施工过程中存在大量的风险因素，如自然风险、政治风险、经济风险、技术风险、社会风险、国际风险、内部决策与管理风险等。风险具有客观存在性、不确定性、可预测性、结果双重性等特征。工程承包事业是一项风险事业，承包人和项目经理要面临一系列的风险，必须在风险面前做出决策。决策正确与否，与承包人对风险的判断和分析能力密切相关"。

二、风险响应对策

1. 回避风险

回避风险是指项目组织在决策中回避高风险的领域、项目和方案，进行低风险选择。通过回避风险，可以在风险事件发生之前完全彻底地消除特定风险可能造成的种种损失，而不仅仅是减少损失的影响程度。回避风险是对所有可能发生的风险尽可能地规避，这样可以直接消除风险损失。回避风险具有简单、易行、全面、彻底的优点，能将风险的概率保持为零，从而保证项目的安全运行。

回避风险的具体方法有：放弃或终止某项活动；改变某项活动的性质。如放弃某项不成熟工艺，初冬时期为避免混凝土受冻，不用矿渣水泥而改用硅酸盐水泥。一般来说，回避风险有方向回避、项目回避和方案回避三个层次。

2. 转移风险

转移风险是指组织或个人项目的部分风险抵押或全部风险转移到其他组织或个人。风险转移一般分为两种形式：

项目风险的财务转移，即项目组织将项目风险损失转移给其他企业或组织。

项目客体转移，即项目组织将项目的一部分或全部转移给其他企业或组织。

从另外一个角度看，转移风险有控制型非保险转移、财务型非保险转移和保险三种形式。

（1）控制型非保险转移。

控制型非保险转移，转移的是损失的法律责任，它通过合同或协议，消除或减少转让人对受让人的损失责任和对第三者的损失责任。有三种形式：

①出售。通过买卖合同将风险转移给其他单位或个人。这种方式的特点是：在出售项目所有权的同时也就把与之有关的风险转移给了受让人。

②分包。转让人通过分包合同，将他认为项目风险大的部分转移给非保险业的其他人。如一个大跨度网架结构项目，对总包单位来讲，他们认为高空作业多，吊装复杂，风险较大。因此，可以将网架的拼装和吊装任务分包给有专用设备和经验丰富的专业施工单位来承担。

③开脱责任合同。通过开脱责任合同，风险承受者免除转移者对承受者承受损失的责任。

（2）财务型非保险转移。

财务型非保险转移是转让人通过合同或协议寻求外来资金补偿其损失。有两种形式：

①免责约定。免责约定是合同不履行或不完全履行时，如果不是由于当事人一方的过错引起，而是由于不可抗力的原因造成的，违约者可以向对方请求部分或全部免除违约责任。

②保证合同。保证合同是由保证人提供保证，使债权人获得保障。通常，保证人以被保证人的财产抵押来补偿可能遭受到的损失。

（3）保险。

保险是通过专门的机构，根据有关法律，运用大数法则，签订保险合同，当风险发生时，就可以获得保险公司的补偿，从而将风险转移给保险公司。如建筑工程一切险、安装工程一切险和建筑安装工程第三者责任险等。

技术创新风险的转移一般伴随着收益的转移，因而，是否转移风险以及采用何种方式转移风险，需要进行仔细权衡和决策。在一般情况下，当技术风险、市场风险不大而财务较大时，可采用财务转移的风险转移方式；当技术风险或生产风险较大时，可以采用客体转移的风险转移方式。

3. 损失控制

损失控制是指损失发生前消除损失可能发生的根源，并减少损失事件的频率，在风险事件发生后减少损失的程度。损失控制的基本点在于消除风险因素和减少风险损失。

（1）损失预防：损失预防是指损失发生前为了消除或减少可能引起损失的各种因素而采取的各种具体措施，也就是设法消除或减少各种风险因素，以降低损失发生的频率。

（2）损失抑制：损失抑制是指损失发生时或损失发生后，为了缩小损失幅度所采取的各项措施。

1）分割：将某一风险单位分割成许多独立的、较小的单位，以达到减小损失幅度的目的。例如，同一公司的高级领导成员不同时乘坐同一交通工具，这是一种化整为零的措施。

2）储备：例如，储存某项备用财产或人员，以及复制另一套资料或拟定另一套备用计划等，当原有财产、人员、资料及计划失效时，这些备用的人、财、物、资料可立即使用。

3）拟定减小损失幅度的规章制度：例如，在施工现场建立巡逻制度。

4. 自留风险

自留风险又称承担风险，它是一种由项目组织自己承担风险事故所致损失的措施。

主动自留风险又称计划性承担，是指经合理判断、慎重研究后，将风险承担下来。被动自留风险是指由于疏忽未探究风险的存在而承担下来。

全部自留风险是对那些损失频率高，损失幅度小，且当最大损失额发生时项目组织有足够的财力来承担而采取的方法。部分自留风险是依靠自己的财力处理一定数量的风险。

自留风险的资金筹措。建立内部意外损失基金。建立意外损失专项基金，当损失发生时，由该基金补偿。

从外部取得应急贷款或特别贷款。应急贷款是在损失发生之前，通过谈判达成应急贷款协议，一旦损失发生，项目组织就可立即获得必要的资金，并按已商定的条件偿还贷款。特别贷款是在事故发生后，以高利率或其他苛刻条件接受贷款，以弥补损失。

5. 分散风险

项目风险的分散是指项目组织通过选择合适的项目组合，进行组合开发创新，使整体风险得到降低。在项目组合中，不同的项目之间的相互独立性越强或具有负相关性时，将有利于技术组合整体风险的降低。但在项目组合的实际操作过程中，选择独立不相关项目并不十分妥当，因为项目的生产设备、技术优势领域、市场占有状况等使得项目组织在项目选择时难以做到这种独立无关性；而且，当项目之间过于独立时，由于不能做到技术资源、人力资源、生产资源的共享而加大项目的成本和难度。因此，在通过项目组合来分散项目风险时，应当允许项目之间存在一定的相关性。

第六节　施工项目竣工验收

一、施工项目竣工验收的条件和标准

1. 施工项目竣工验收的条件

（1）必须符合国家法律的规定：《合同法》第二百七十九条规定：“建设工程竣工后，发包人应当根据施工图纸及说明书、国家颁发的施工验收规范和质量检验标准及

时进行验收。”还规定：“建设工程竣工验收合格后，方可交付使用；未经验收或者验收不合格的，不得交付使用”。

《建筑法》第六十一条规定：“交付竣工验收的建筑工程，必须符合规定的建筑工程质量标准，有完整的工程技术经济资料和经签署的工程保修书，并具备国家规定的其他竣工条件。”还规定：“建筑工程竣工验收合格后，方可交付使用；未经验收或者验收不合格的，不得交付使用”。

（2）必须符合行政法规的规定：国务院令第二百七十九号《建设工程质量管理条例》第十六条规定：“建设单位收到建设工程竣工报告后，应当组织设计、施工、工程监理等有关单位进行竣工验收。”建设工程竣工验收应当具备下列条件：完成建设工程设计和合同约定的各项内容；有完整的技术档案和施工管理资料；有工程使用的主要建筑材料、建筑构配件和设备进场试验报告；有勘察、设计、施工、工程监理等单位分别签署的质量合格文件；有施工单位签署的工程保修书。

（3）必须符合施工合同的规定：《合同法》第十二条第二款规定：“当事人可参照各类合同的示范文本订立合同。”承包人与发包人在签订施工合同中一旦约定了竣工验收的具体内容或事项，在履行施工合同时即具有强制性。承包人和发包人在工程交付竣工验收时，必须按施工合同的约定执行，不得违约。违约应承担经济责任。

2. 项目竣工验收的标准

（1）土建工程验收标准：凡生产性工程、辅助公用设施及生活设施按照设计图纸、技术说明书、验收规范进行验收，工程质量符合各项要求，在工程内容上按规定全部施工完毕，不留尾巴。即对生产性工程要求室内全部做完，室外明沟勒脚、踏步斜道全部做，内外粉刷完毕；建筑物、构筑物周围 2 m 以内场地平整、障碍物清除，道路及下水道畅通。对生活设施和职工住宅除上述要求外，还要求水通、电通、道路通。

（2）安装工程验收标准：按照设计要求的施工项目内容、技术质量要求及验收规范的规定，各道工序全部保质保量施工完毕，不留尾巴。即工艺、燃料、热力等各种管道已做好清洗、试压、吹扫、油漆、保温等工作，各项设备、电气、空调、仪表、通信等工程项目全部安装结束，经过单机、联动无负荷及投料试车，全部符合安装技术的质量要求，具备形成设计能力的条件。

二、施工项目竣工验收的管理程序和准备

1. 施工项目竣工验收的管理程序

（1）施工单位做竣工预验：施工单位竣工预验是指工程项目完工后要求监理工程师验收前由施工单位自行组织的内部模拟验收，内部预验是顺利通过正式验收的可靠保证。

（2）施工单位提交验收申请报告：施工单位决定正式提请验收后应向监理单位送交验收申请报告，监理工程师收到验收申请报告后应参照工程合同的要求、验收标准等进行仔细的审查。

（3）根据申请报告做现场初验：监理工程师审查完验收申请报告后，若认为可以进行验收，则应由监理人员组成验收班子对竣工的工程项目进行初验，在初验中发现的质量问题，应及时以书面通知或以备忘录的形式告诉施工单位，并令其按有关的质

量要求进行修理甚至返工。

（4）由业主组织，设计单位、施工单位、监理单位、勘察单位等参加正式验收。质监站应参加验收会议。

2. 施工项目竣工验收的准备

（1）完成收尾工程：收尾工程的特点是零星、分散、工程量小，但分布面广，如果不及时完成，将会直接影响项目的竣工验收及投产使用。

做好收尾工程，必须摸清收尾工程项目，通过竣工前的预检，做一次彻底的清查，按设计图纸和合同要求，逐一对照，找出遗漏项目和修补工作，制订作业计划，相互穿插施工。

（2）竣工验收资料的准备：竣工验收资料和文件是工程项目竣工验收的重要依据，从施工开始就应完整地积累和保管，竣工验收时应经编目建档。

（3）竣工验收的预验收：竣工验收的预验收，是初步鉴定工程质量，避免竣工进程拖延，保证项目顺利投产使用不可缺少的工作。通过预验收，可及时发现遗留问题，事先予以返修、补修。

三、工程项目竣工资料

工程竣工资料是工程项目承包人按工程档案管理及竣工验收条件的有关规定，在工程施工过程中按时收集，认真整理，竣工验收后移交发包人汇总归档的技术与管理文件，是记录和反映工程项目实施全过程的工程技术与管理活动的档案。

1. 竣工资料的内容

工程竣工资料必须真实记录和反映项目管理全过程的实际，它的内容必须齐全、完整。按照我国《建设工程项目管理规范》的规定，竣工资料的内容应包括工程施工技术资料、工程质量保证资料、工程检验评定资料、竣工图和规定的其他应交资料。

2. 竣工资料的收集整理

工程项目的承包人应按竣工验收条件的有关规定，建立健全资料管理制度，要设专人负责，认真收集和整理工程竣工资料。

3. 竣工资料的移交验收

交付竣工验收的工程项目必须有与竣工资料目录相符的分类组卷档案，工程项目的交工主体即承包人在建设工程竣工验收后，一方面要把完整的工程项目实体移交给发包人；另一方面要把全部应移交的竣工资料交给发包人。

第七节　工程管理信息化

建筑业信息化是指运用信息技术，特别是计算机技术和信息安全技术等，改造和提升建筑业技术手段和生产组织方式，提高建筑企业经营管理水平和核心竞争力。提高建筑业主管部门的管理、决策和服务水平。建筑业的信息化是国民经济信息化的基础之一，而管理的信息化又是实现全行业信息化的重中之重。因此，利用信息化改进建筑工程管理，是建筑业健康发展的必由之路。

一、项目管理信息系统的功能

建设项目管理信息系统是处理项目信息的人-机系统。它通过收集、存储及分析项目实施过程中的有关数据，辅助工程项目的管理人员和决策者规划、决策和检查，其核心是辅助对项目目标的控制。它与一般管理信息系统的差别在于一般管理信息系统是针对企业中的人、财、物、产、供、销的管理，是以企业管理系统为辅助工作的对象。而建设项目管理信息系统是针对建设项目中的投资、进度、质量目标的规划与控制，是以建设工程系统为辅助工作对象。项目管理信息系统与管理信息系统服务的对象和功能是不同的。

建设项目管理信息系统的基本功能构成应包括投资控制、进度控制和合同管理三个子系统。有些项目管理信息系统还包括质量控制和一些办公自动化的功能。

二、工程管理信息化

信息是各项管理工作的基础和依据，没有及时、准确和满足需要的信息，管理工作就不能有效地起到计划、组织、控制和协调的作用。随着社会经济的发展和人民生活水平的提高，建设项目本身的功能越来越复杂，专业分工越来越细，项目的参与人员构成也变得非常复杂。在一些大型项目上，业主方、设计人员、承包商、供应商等甚至来自全球不同的国家和地区。所有这些，都对工程项目的组织和管理提出了越来越高的要求，也就是说工程项目管理的任务日益繁重，工程项目管理工作日益复杂化。这不仅对信息的及时性和准确性提出了更高的要求，而且对信息的需求量也大大增加。工程项目信息管理正变得越来越重要，任务也越来越繁重。

1. 项目管理信息系统的概念

在项目管理中，信息、信息流通和信息处理各方面的总和称为项目管理信息系统。管理信息系统是将各种管理职能和管理组织沟通起来并协调一致的神经系统。建立管理信息系统，并使它顺利地运行，是项目管理者的责任，也是其完成项目管理任务的前提。项目管理者作为一个信息中心，他不仅与每个参加者有信息交流，而且他自己也有复杂的信息处理过程。

项目管理信息系统有一般信息系统所具有的特性。它的总体模式见图 9-2。项目管理信息系统必须经过专门的策划和设计，在项目实施中控制它的运行。

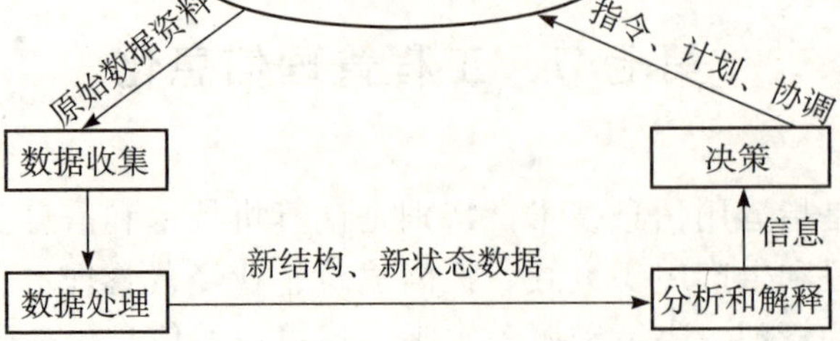

图 9-2　项目管理信息系统总体模式

2. 项目管理信息系统的建立过程

信息系统是在项目组织模式、项目管理流程和项目实施流程基础上建立的。它们之间既互相联系又互相影响。项目管理信息系统的建立要确定以下几个基本问题：

（1）信息的需要。

项目管理者为了决策、计划和控制需要哪些信息？以什么形式？何时？以什么渠道供应？上层系统和周边组织在项目过程中需要什么信息？这是调查确定信息系统的输出。不同层次的管理者对信息的内容、精度、综合性有不同的要求。上述报告系统主要解决这个问题。

管理者的信息需求是按照他在组织系统中的职责、权力、任务、目标设计的，即他要完成他的工作行使他的权力应需要哪些信息，当然他的职责还包括他对其他方面提供信息。

（2）信息的收集和加工。

1）信息的收集。在项目实施过程中，每天都要产生大量的数据，如记工单、领料单、图纸、报告、指令、信件等，必须确定，由谁负责这些原始数据的收集？这些资料、数据的内容、结构、准确程度怎样？由什么渠道（从谁处）获得这些原始数据、资料？并具体落实到责任人。由责任人进行原始资料的收集、整理，并对它们的正确性和及时性负责。经常由专业班级的班组长、记工员、核算员、材料管理员、分包商等承担这个任务。

2）信息的加工。这些原始资料面广、量大，形式丰富多彩，必须经过信息加工才能符合管理需要的信息，才能符合不同层次项目管理的不同要求。信息加工的概念很广，包括：

一般的信息处理方法，如排序、分类、合并、插入、删除等。

数学处理方法，如数学计算、数值分析、数理统计等。

逻辑判断方法，包括评价原始资料的置信度、来源的可靠性、数值的准确性，进行项目诊断和风险分析等。

3）编制索引和存储。为了查询、调用的方便，建立项目文档系统，将所有信息分解、编目。许多信息作为工程建设项目的历史资料和实施情况的证明，它们必须被妥善保存。一般的工程资料要保存到项目结束，而有些则要作长期保存。按不同的使用和储存要求，数据和资料储存于一定的信息载体上。这要做到既安全可靠，又使用方便。

4）信息的使用和传递渠道。信息的传递（流通）是信息系统的最主要特征之一，即指信息流通到需要的地方，或由使用者享用的过程。信息传递的特点是仅传输信息的内容，而保持信息结构不变。在项目管理中，要设计好信息的传递路径，按不同的要求选择快速的、误差小的、成本低的传输方式。

（3）项目管理信息系统总体描述。

项目管理信息系统是在项目管理组织、项目工作流程和项目管理工作流程基础上设计，并全面反映在它们之中的信息流。所以对项目管理组织、项目工作流程和项目管理流程的研究是建立管理信息系统的基础，而信息标准化、工作程序化、规范化是它的前提。项目管理信息系统可以从以下几个角度进行总体描述。

1）项目参与者之间的信息流通。项目的信息流就是信息在项目参与者之间的流通。它通常与项目的组织模式相似。在信息系统中，每个参与者为信息系统网络上的一个节点。他们都负责具体信息的收集（输入）、传递（输出）和信息处理工作。项目管理者要具体设计这些信息的内容、结构、传递时间、精确程序和其他要求。

2）项目管理职能之间的信息流通。项目管理系统是一个非常复杂的系统。它由许多子系统构成，可以建立各个项目管理信息子系统。例如成本管理信息系统、合同管理信息系统、质量管理信息系统、材料管理信息系统等。它们是为专门的职能工作服务的，用来解决专门信息的流通问题。它们共同构成项目管理系统。

3）项目实施过程的信息流通。项目过程中的工作程序既可以表示项目的工作流，又可以从一个侧面表示项目的信息流。即可以设计在各工作阶段的信息输入、输出和处理过程及信息的内容、结构、要求、负责人等。按照过程，项目可以划分为可行性研究子系统，计划管理信息子系统，控制管理信息子系统。

第十章 计算机知识及常用办公软件应用

第一节 计算机基础知识

一、计算机的分类、特点、应用

1. 计算机的产生

计算机的产生是20世纪最重要的科学技术事件之一。美国宾夕法尼亚大学经过几年的艰苦努力，于1946年2月研制出世界上第一台电子计算机——埃尼阿克（ENIAC），见图10-1。

- 占地170m²
- 重达30 t
- 使用18 000个电子管
- 70 000个电阻
- 10 000个电容
- 1 500个继电器
- 6 000多个开关
- 运算速度5 000次/s
- 功耗：150kW/h

图10-1 ENIAC基本情况

2. 计算机的发展

根据计算机所采用的逻辑元件（电子器件）不同，其发展过程可以分为四个阶段。

第一代（1946—1957年），电子管计算机：基本逻辑电路由电子管组成，结构上以CPU为中心，使用机器语言，速度慢，存储量小，主要用于数值计算。

第二代（1957—1964年），晶体管计算机：基本逻辑电路由晶体管电子元件组成，结构上以存储器为中心，使用高级语言，应用范围扩大到数据处理和工业控制。

第三代（1964—1970年），中小规模集成电路计算机：基本逻辑电路由中小规模集成电路组成，结构上仍以存储器为中心，增加了多种外部设备，软件得到进一步发展，计算机处理图像、文字和资料功能加强。

第四代（1971 年以后），大规模、超大规模集成电路计算机：采用大规模、超大规模集成电路构成逻辑电路，该阶段计算机应用更加广泛，出现了微型计算机。

第五代（研究当中），当前第五代计算机的研究领域大体包括人工智能，系统结构，软工程和支援设备，以及对社会的影响等。人工智能的应用将是未来信息处理的主流，因此，第五代计算机的发展，必将与人工智能、知识工程和专家系统等的研究紧密相连，并为其发展提供新基础。目前的电子计算机的基本工作原理是先将程序存入存储器中，然后按照程序逐次进行运算。这种计算机是由美国物理学家冯·诺伊曼首先提出理论和设计思想的。

3. 计算机的应用

早期的计算机主要应用于科学计算领域，随着计算机技术、通信技术和软件技术的迅速发展，计算机应用领域不断扩大，已经深入到人类社会活动的各个领域。归结起来，主要有如下几个方面：

（1）科学和工程计算领域。

（2）数据处理领域。

（3）办公自动化领域。

（4）自动控制领域。

（5）计算机辅助领域。

（6）人工智能领域。

（7）文化娱乐领域。

另外，计算机在电子商务、电子政务等应用领域也得到了快速的发展。网上办公、网上购物已不再是陌生的话题，这些应用都极大地方便了人们的工作和生活，一种崭新的生活、工作模式正在兴起。

4. 计算机系统的分类

微型计算机的产生与发展，形成了它独特的分类。

（1）按组成结构分类。根据微型计算机的 CPU、内存、I/O 接口和系统总线组成部件所在的位置可分为单片机和单板机。

（2）按用途分类。微型计算机按用途可分为台式机、便携式计算机、手持式计算机等。

二、计算机系统组成

计算机系统由硬件系统和软件系统两部分组成。硬件是物质基础，是软件的载体，两者相辅相成，缺一不可。

硬件系统通常指机器的物理系统，是看得见、摸得着的物理器件，它包括计算机主机及其外围设备。

软件系统通常又称为程序系统，它包括程序本身和运行程序时所需要的数据或相关的文档资料。

- 计算机系统
  - 硬件系统
    - 主　机
      - 中央处理器（CPU）：运算器、控制器
      - 内存储器：ROM、RAM等
    - 外围设备
      - 外存储器：磁盘（软、硬）、磁带、光盘等
      - 输入设备：键盘、鼠标器、扫描仪等
      - 输出设备：显示器、打印机、绘图仪等
  - 软件系统
    - 系统软件
      - 操作系统（DOS、Windows、Linux等）
      - 编译软件
      - 数据库管理系统
    - 应用软件
      - 数据处理软件
      - CAD软件
      - 文字处理软件
      - 网页制作软件
      - ……

三、Windows XP 的基本操作

1. 桌面及其基本操作

Windows XP 启动时，首先出现欢迎界面，用户选择用户账户并输入口令。Windows XP 启动后呈现在用户面前的是桌面。所谓桌面是指 Windows XP 所占据的屏幕空间，即整个屏幕背景。桌面的底部是一个任务栏，最左端是“开始”按钮，最右端是任务栏的通知区域。用户可以根据自己的喜好设置桌面，把经常使用的程序、文档和文件夹放在桌面上或在桌面上为它们建立快捷方式。

（1）“开始”按钮。

“开始”按钮是运行 Windows XP 应用程序的入口，这是执行程序最常用的方式。

用鼠标单击“开始”按钮，即可列出了计算机当前安装的程序。

（2）任务栏。

当用户打开程序、文档或界面后，在“任务栏”上就会出现一格相应的按钮。如果要切换界面，只需单击代表该界面的按钮。在关闭一个界面后，其按钮也将从“任务栏”上消失。

2. 程序及其基本操作

Windows XP 为各种各样的应用程序提供一个基础工作环境，负责完成程序和硬件之间的通信、内存管理等基本功能。

启动程序：在 Windows XP 中，有多种启动应用程序的方法。有多个程序同时运行时，用户可以方便地在各个程序间进行切换。

（1）在登录时启动应用程序。

执行“开始”→“所有程序”→“启动”菜单命令，放在“启动”内部的程序在计算机启动时会自动运行，我们把经常使用的应用程序放在“启动”里，这样就不必频繁地手动打开那些经常需要使用的程序了。不过，启动里的应用程序越多，在启动时加载应用程序的时间就越长。

（2）从命令行启动应用程序。

从命令行启动应用程序的操作步骤如下：

① 单击“开始”按钮，选择“运行”命令，打开“运行”对话框。

② 在“打开”文本框内输入要运行程序的位置和名称，也可以单击“浏览”按钮，打开“浏览”对话框，然后选择需要运行程序的位置和名称，单击“打开”按钮返回“运行”对话框。

③在“运行”对话框中，单击“确定”按钮，就可以运行应用程序。

3. 关闭应用程序

关闭应用程序有以下几种方法。

（1）双击应用程序左上角的关闭标志。

（2）单击应用程序右上角的“关闭”按钮。

（3）单击“文件”菜单中的“退出”菜单命令。

（4）按“Ctrl＋F4”组合键。

（5）在任务栏上用鼠标右键单击要关闭应用程序的按钮，在弹出的快捷菜单中选择“关闭”菜单命令。

如果程序正在运行，可以执行以下操作强行关闭应用程序：

a）按“Ctrl＋Alt＋Del”组合键，打开“Windows 任务管理器”窗口。

b）在该对话框中，选择“应用程序”选项卡，在“任务”列表中选择需要关闭的应用程序。

c）单击“结束任务”按钮，关闭选定的应用程序。

4. 多个应用程序之间的切换

主要有以下方法：

（1）“Alt＋Tab”组合键：按“Alt＋Tab”组合键，屏幕上将出现一个包括当前所有打开窗口图标的框图，每按一次 Tab 键，蓝色方框就在应用程序图标上移动一下。当方框移动到想切换的窗口时，释放 Alt 键就可以切换到选定的窗口。

（2）“Alt＋Esc”组合键：按“Alt＋Esc”组合键，可以在打开的所有窗口间进行切换。

如果应用程序窗口在屏幕上部分可见，只需用鼠标在该窗口内单击一下，就可以将该窗口切换到前台。

5. 窗口及其基本操作

Windows 的用户界面除了桌面之外还有窗口和对话框两大部分。窗口是桌面上用于查看应用程序或文档等信息的一块矩形区域。

（1）窗口的组成：下面我们以 Windows 中非常典型的窗口 Microsoft Word 窗口为例，介绍 Windows XP 的主要部分。

1）标题栏：标题栏位于窗口的最上部，显示打开窗口的名称，双击可以最大化窗口，如果窗口已经最大化，双击可以使窗口变小，用鼠标拖动标题栏可以移动窗口的位置。

2）工具栏：工具栏可以方便我们的操作，不用频繁地打开菜单来执行命令。工具栏上有很多按钮，每一个按钮对应于某个功能，单击按钮可以执行该功能。

3）控制菜单框：控制菜单框位于标题栏的左边，也叫系统菜单，单击控制菜单框，可以打开一个隐藏的菜单，使用控制菜单可以改变窗口的大小、最大化窗口、最小化窗口、恢复窗口原来的大小、关闭窗口等。这样就可以非常方便地对窗口进行操作。双击控制菜单框，关闭窗口。

（2）对话框及其基本操作。

当Windows系统为了完成某项任务而需要从用户那里得到更多的信息时，它就会显示一个对话框。对话框也是一种窗口，是应用程序与用户沟通的桥梁。

对话框中除包含用户需要输入的信息外，还包含确认和取消等按钮。对话框可以移动，但不能改变大小。

1）列表框：列表框可以同时列出多个备选项。在Windows XP中，主要有三种列表框：普通列表框、组合式列表框和下拉列表框。

2）文本框：文本框是用来输入文本信息的。如果文本框是高亮状态，直接输入新内容，则替换掉以前的文本，按Backspace键和Delete键删除原来的文本，按方向键定位并编辑原来的文本。如果光标不在文本框内，用鼠标单击文本框或按Tab键，光标移动到文本框时，输入文本内容。

3）命令按钮：命令按钮是对话框中最常见的按钮，最基本的两个按钮是“确定”和“取消”按钮。

①单选按钮：在一组单选按钮中，用户只能选择其中的一个，这也是单选名称的由来。只要用鼠标单击或按Tab键就可以选择单选按钮，当单选按钮被选中时，选定的按钮前面有一个黑点。

②复选框：与单选按钮不同，复选框允许用户同时选择多个。只要用鼠标单击或按Tab键就可以选择复选框，当复选框被选中时，选定的复选框前面有一个确认符号“√”。

6. 我的电脑与资源管理器

我的电脑是Windows XP中用户管理文件和文件夹的主要工具之一，它以可视化的图标展示了软盘驱动器、硬盘驱动器、控制面板等常用对象，利用我的电脑可以方便、快捷地进行文件、软盘的操作。

（1）打开我的电脑。

单击“开始”→“我的电脑”图标，Windows XP将会启动“我的电脑”窗口。

（2）资源管理器。

资源管理器和我的电脑的区别是Windows资源管理器是从全局的角度来管理计算机文件系统，而我的电脑则是从局部来处理文件夹和文件。

使用Windows资源管理器可以访问回收站、我的文档、共享文档等，也可以在硬盘上对相应的文件或文件夹进行操作。

可以执行以下操作之一启动Windows资源管理器。

- 在“开始”按钮上单击鼠标右键，在弹出的快捷菜单中选择“资源管理器”菜单命令。
- 执行“开始”→“所有程序”→“附件”→“Windows资源管理器”菜单命令。

四、Windows XP的文件管理

1. 选择文件或文件夹

在对文件或文件夹操作之前，必须先选择它们，可以单击鼠标左键选择一个文件

或文件夹。如果要选择多个对象，可以采取下面的方法。

使用鼠标选择多个文件。

在选择对象时，先按住 Ctrl 键，然后逐一选择文件或文件夹。

如果所要选择的对象是相邻的，先选中第一个对象，然后按住 Shift 键，再单击最后一个对象。

如果要选择某一个文件夹下面的所有文件，先使该文件夹成为当前文件夹，然后执行“编辑”→“全部选定”菜单命令。

2. 创建新文件夹

创建一个文件夹有以下常用的方法。

在需要创建文件夹的窗口空白处单击鼠标右键，选择“新建”中的“文件夹”选项。

3. 搜索文件与文件夹

在 Windows XP 资源管理器或者我的电脑中，单击工具栏上的搜索按钮，打开搜索助理。

搜索助理分类列出了搜索的对象，如下：

如果要搜索文件或者文件夹，单击“所有文件和文件夹”图标。

在“全部或部分文件名”文本框内输入要查找的文件或者文件夹的名称，在“在这里寻找”文本框设定搜索的位置。

4. 复制文件

复制文件有如下两种方法。

（1）将鼠标指针移动到要复制的文件上，按住 Ctrl 键同时将文件拖动到目的文件夹即可。

（2）使用菜单命令复制文件。操作步骤如下：

1）选定要复制的文件。

2）执行“编辑”→“复制”菜单命令，或者在要复制文件上单击鼠标右键，在弹出的快捷菜单中选择“复制”菜单命令。

3）选定文件要复制到的目的目录或驱动器。

4）执行“编辑”→“粘贴”菜单命令，或者在目的文件夹上单击鼠标右键，在弹出的快捷菜单中选择“粘贴”菜单命令。

5. 移动文件或者文件夹

可以使用菜单命令或者拖动的方法移动文件。

（1）使用菜单命令移动文件。操作步骤如下：

1）选定要移动的文件。

2）执行“编辑”→“剪切”菜单命令，或者在要移动的文件上单击鼠标右键，在弹出的快捷菜单中选择“剪切”菜单命令。

3）选定文件要移动到的目录。

4）执行“编辑”→“粘贴”菜单命令，或者在目的文件夹上单击鼠标右键，在弹出的快捷菜单中选择“粘贴”菜单命令。

执行以上操作后，就完成了文件的移动。

（2）用拖动的方法移动文件。用拖动方法移动文件与复制文件的方法大致相同。在拖动鼠标时，按住 Shift 键即可。

6. 重新命名文件

重新命名文件的操作步骤如下：

（1）选择要重新命名的文件。

（2）执行“文件”→“重命名”菜单命令，或者在文件上单击鼠标右键，然后选择“重命名”菜单命令。

（3）输入新的文件名，按回车键确认。

改变文件夹的名字的方法与改变文件的名字的方法完全相同。

7. 删除文件

删除文件的操作步骤如下：

（1）选定需要删除的文件。

（2）执行“文件”→“删除”菜单命令，或者按 Delete 键，此时，出现确认文件删除对话框，如果单击“是”按钮，则删除文件，如果单击“否”按钮，则不删除文件。

删除文件夹的方法与删除文件的方法相同。

五、Windows XP 的控制面板

控制面板是用来对 Windows 系统进行设置的工具集，我们可以根据个人的兴趣爱好更改显示器、鼠标、桌面等硬件设置。

1. 调整鼠标和键盘

调整鼠标的具体操作如下：

（1）单击“开始”按钮，选择“控制面板”命令，打开“控制面板”对话框。

（2）双击“鼠标”图标，打开“鼠标属性”对话框，选择“鼠标键”选项卡，在选项卡中的“鼠标键配置”选项组中，系统默认左边的键为主要键，若选中“切换主要和次要的按钮”复选框，则设置右边的键为主要键；在“双击速度”选项组中拖动滑块可调整鼠标的双击速度，双击旁边的文件夹可检验设置的速度；在“单击锁定”选项组中，若选中“启用单击锁定”复选框，则可以在移动项目时不用一直按鼠标键就可实现锁定，单击“设置”按钮，在弹出的“单击锁定的设置”对话框中可调整实现单击锁定需要按鼠标键或轨迹球按钮的时间。

2. 设置桌面背景及屏幕保护

设置桌面背景的操作步骤如下：

（1）用鼠标右键单击桌面空白处，在弹出的快捷菜单中选择“属性”命令，打开“显示属性”对话框，选择“桌面”选项卡。

（2）在“背景”列表框中，选择一幅喜欢的背景图片，在选项卡中的显示器中将显示该图片作为背景图片的效果，也可以单击“浏览”按钮，在本地磁盘或网络中选择其他图片作为桌面背景。在“位置”下拉列表中有居中、平铺和拉伸 3 种选项，可调整背景图片在桌面上的位置。若用户想用纯色作为桌面背景颜色，可在“背景”列表中选择“无”选项，在“颜色”下拉列表中选择喜欢的颜色，单击“应用”按钮即可。

（3）在该对话框中可进行显示效果的设置，单击“确定”按钮回到“外观”选项卡中。单击“应用”和“确定”按钮即可应用所选设置。

3. 设置日期和时间

在任务栏的右端显示有系统提供的时间和日期，将鼠标指向时间栏稍有停顿即会显示系统日期。我们可以通过双击屏幕右下角的时间显示来设置时间和日期。

4. 设置声音和音频设备

设置声音和音频设备的音频、语声、声音及硬件等可执行以下操作：

（1）单击“开始”按钮，选择“控制面板”命令，打开“控制面板”对话框。

（2）双击“声音和音频设备”图标，打开“声音和音频设备属性”对话框，选择“音量”选项卡，就可以调整音频设备的音量了。

5. 设置用户账户

设置用户和账号操作步骤如下：

（1）在“控制面板”对话框中，双击“用户账户”图标，打开“用户账户”对话框。

（2）在该对话框中的“挑选一项任务……”选项组中可选择“更改用户”、“创建一个新用户”或“更改用户登录或注销的方式”；在“或挑一个账户做更改”选项组中可选择“计算机管理员”账户或“来宾”账户。

若用户要进行用户账户的更改，可单击“更改用户”命令。

（3）在对话框中，用户可选择“创建一张密码重设盘”、“更改我的名称”、“更改我的图片”、“更改我的账户类别”、“创建密码”或“创建 Passport”选项。例如，选择“创建密码”选项，弹出设置密码对话框。

在该对话框中输入密码及密码提示，单击“创建密码”按钮，即可创建登录该用户账户的密码。

若用户要更改其他用户账户选项或创建新的用户账户等，可单击相应的命令选项，按提示信息操作即可。

六、Windows XP 的中文输入

常用的输入法主要为智能 ABC 输入法、搜狗输入法、五笔输入法。

1. 智能 ABC 输入法

智能 ABC 输入法（又称标准输入法）是中文 Windows3.2 和 Windows95/98 中自带的一种汉字输入方法，由北京大学的朱守涛发明。它简单易学、快速灵活，受到用户的青睐。但是在日常使用中，许多用户并没有真正掌握这种输入法，而仅仅是将其作为拼音输入法的翻版来使用，使其强大的功能与便利远未能得到充分的发挥。

下面我们就介绍一下智能 ABC 输入法的特点。

（1）智能 ABC 的特点：

1）内容丰富的词库。

2）允许输入长词或短句。

3）自动记忆功能。

4）强制记忆。

5）中文输入中输入英文。

6）以词定字输入功能。

（2）使用：用强制记忆功能定义的词条，输入时应当以“u”字母打头。例如输入“un”，按空格键，即可得到刚刚定义的“№”符号，这中间不需要任何切换的过程；如果定义了“第Ⅳ期工程”一词，外码为“d”，那么只要输入“ud”就可以了。

2. 搜狗输入法

（1）输入法简介：搜狗拼音输入法是搜狗公司推出的一款基于搜索引擎技术的、特别适合网民使用的、新一代的输入法产品。

（2）快速上手指南：

1）怎样切换出搜狗输入法：将鼠标移到要输入的地方，单击，使系统进入到输入状态，然后按“Ctrl＋Shift 键”切换输入法，按到搜狗拼音输入法出来即可。当系统仅有一个输入法或者搜狗输入法为默认的输入法时，按下“Ctrl＋空格”组合键即可切换出搜狗输入法。

由于大多数人只用一个输入法，为了方便、高效起见，你可以把自己不用的输入法删除掉，只保留一个自己最常用的输入法即可。你可以通过系统的“语言文字栏”右键的“设置”选项把自己不用的输入法删除掉（这里的删除并不是卸载，以后可以还通过“添加”选项添上）。

2）怎样进行翻页选字：搜狗拼音输入法默认的翻页键是“逗号（，）句号（。）”，即输入拼音后，按句号（。）进行向下翻页选字，相当于 PageDown 键，找到所选的字后，按其相对应的数字键即可输入。

输入法默认的翻页键还有“减号（－）等号（＝）”，“左右方括号（［］）”，你可以通过“设置属性”→“按键”→“翻页键”来进行设定。

3. 五笔输入法

五笔是五笔字型输入法的简称。是目前中国以及一些东南亚的国家，如新加坡、马来西亚等国，最常用的一种汉字输入法之一，发明人王永民。而后来也衍生出多种其他五笔输入法，如陈桥、万能、搜狗、极点。

最简单的是五笔数字打字法，就是用 12345 数字打字的方法，打字零基础不会打字的，可以先学习 12345 数字打字：1＝一、2＝丨、3＝丿、4＝丶 5＝乛，惠邦五行码最简单的打字方法：1＝横、2＝竖、3＝撇、4＝点、5＝折，因为打字是学习电脑的基础。

五笔字型于 1983 年 8 月 28 日鉴定之后，25 年间其软件共有三代版本：第一代：1986 年推出（老 86），并附有五种笔画“前四末一”简易输入法，史称 86—4.5 版；其取码规范化的一个改进版 WB—18030，2001 年推出，称“新 86”版或“标准 86 版”。

七、计算机网络基础知识

1. 计算机网络的基本概念

计算机网络没有严格和统一的定义，随着计算机网络技术的发展，关于计算机网络的定义也不断发展与完善。目前，比较认同的计算机网络的定义为：利用通信设备和通信线路将分布在不同地理位置的具有独立和自主功能的计算机、终端及其附属设备连接起来，并配置网络软件（网络通信协议、网络操作系统等）以实现信息交换和资源共享的一个复合系统。

2. 计算机网络的产生和发展

计算机网络是计算机技术、通信技术和网络技术相互渗透、相互结合的产物。它是通过通信手段，将若干个分布在不同地点的具有独立功能的计算机，相互联系在一起以进行信息交换、资源共享和协同工作的复合系统。计算机网络具有 3 个要素：功能独立的计算机，通过通信手段连接，多台计算机相互联系在一起进行信息交换、资源共享或者协同工作。

计算机网络出现在 20 世纪 60 年代，它的历史虽然不长，但发展很快，整个过程经历了一个从简单到复杂、从小到大的演变过程。大致可以归纳为 4 个阶段：第一个阶段是面向终端的计算机网络；第二个阶段是计算机到计算机的简单网络；第三个阶段是开放式标准化的易于普及和应用的网络；第四个阶段是网络的高速化发展阶段。

目前，计算机网络正在向三网合一（电视网、电话网和计算机网络）方向发展，今后，只要一台多媒体个人计算机（MPC）就能实现录音机、可视电话机、图文传真机、立体声音响设备、电视机和录像机等设备的功能。同时高速无线接入技术是计算机网络的另一个热门研究领域，将来的计算机网络在任何时间、任何地点都可以快速安全地运行，计算机网络有着广阔的发展前景。

第二节　计算机办公软件

Office 2003 软件是微软公司推出的一个运行在 Windows 平台上功能强大的办公软件包，其中包括多个互补的程序，这些程序具有各自的功能，但却又能相互补充，完成较复杂的工作。Office 2003 办公软件包主要的组成如下：

Word 2003：目前比较流行的文字处理软件，可以制作学术论文、简历、新闻稿以及表格和公函等。

Excel 2003：当前比较流行的数据处理软件，可以制作数据表格、图表和简单的数据库等。

PowerPoint 2003（俗称 PPT）：使用 PowerPoint 2003，可以制作学术或商业演示文稿。

Word 2003 运行在 Windows 系列平台下，具有强大的编辑排版功能和图文混排功能，可以方便地编辑文档，生成表格，插入图片、动画和声音等，实现“所见即所得”的效果。Word 的向导和模板，能快速地创建各种业务文档，提高工作效率，同时 Word 也拥有强大的网络功能，满足我们编辑和发送电子邮件、编辑与处理网页等需求。这些特点使得 Word 成为世界上最流行的文字处理软件，受到越来越多文字编辑工作者的青睐。Word 2003 突破了原来的文档处理界限，我们可以更为轻松地编辑文档，或者是完成一些其他方面的工作。

一、Word 文字处理软件的使用

我们通过单击“开始”菜单“所有程序”中的“Microsoft Office 2003”启动 Word

2003，屏幕上会出现 Word 的编辑窗口，见图 10-2。程序窗口主要由标题栏、菜单栏、工具栏、文档编辑区、状态栏等组成。同以前版本不同的是，默认情况下，启动后在窗口的右侧出现“任务窗格”。下面简单介绍各组成部分的功能。

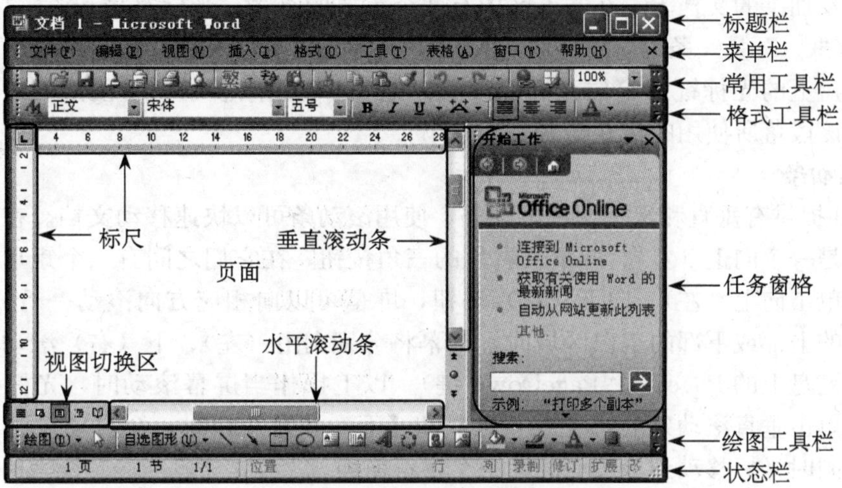

图 10-2　Word 2003 的窗口组成

1. 标题栏

Word 窗口最上面一行是标题栏，从左到右依次包括控制菜单按钮、正在编辑的文档名字、应用程序的名称 Microsoft Word 以及最小化、最大化和关闭按钮。Word 2003 可以同时创建多个文档，当我们尚未为文档命名时，系统会自动以“文档 1”、“文档 2”、“文档 3”等作为文档的默认文件名。

2. 菜单栏

Word 2003 窗口的第二行是菜单栏（用户可根据需要移动菜单栏的位置），共有 9 个菜单，它是 Word 2003 的核心部分，所有编辑和排版的操作命令都能在这些菜单中找到，因此学会使用菜单中的命令是至关重要的。

3. 工具栏

菜单栏的下面是工具栏，其上排列着一系列形象直观的按钮，分别对应菜单中的常用命令，当鼠标指向各按钮时，会在指针的下方出现一个小方框，框中显示该按钮的名称，见图 10-1。单击按钮即可执行相应的操作，其效果与选择菜单栏中的菜单命令完全相同，利用工具栏中的工具按钮进行操作，可以避免每次操作都必须打开菜单选择命令的烦琐，大大加快了操作的速度，从而提高了工作效率。

4. 标尺

标尺位于工具栏的下方，主要用来表示文档的实际尺寸和位置，也可通过标尺为制表符设置、文本的缩进、调整段落的编排、页边距和上下边界的调整、页眉和页脚的调整等提供了简便而快捷的手段。

在 Word 编辑窗口中有水平标尺和垂直标尺，水平标尺可以通过“视图”菜单的“标尺”命令，进行隐藏或显示；垂直标尺只有在页面视图方式下才显示出来，可以单击“工具”菜单中的“选项”命令，在弹出的对话框中，选择“视图”选项中的“垂直标尺”复选框来隐藏或显示。

5. 文档编辑区

窗口中心大块的白色区域是文档编辑区，用来显示我们输入的文本、插入的图片或图形以及加工的文档等。在文本区中有两个重要的符号，光标符号和段落标志符号。光标符号“｜”是一条闪烁的竖线，它指明了当前文本输入的位置，可以通过单击鼠标或用键盘上的光标键来定位光标；段落标记“↵”用来表示一个段落的结束，同时还包含了该段落所使用的格式信息。

6. 滚动条

Word 提供有垂直和水平两种滚动条，使用滚动条可以快速移动文档。在滚动条的两端分别是一个向上（左）、向下（右）的三角按钮，在它们之间有一个矩形块，称为滚动块。单击向上（左）、向下（右）按钮，屏幕可以向相应方向滚动一行（列）。单击滚动块的上部或下部的空白区域时，屏幕将分别向上（左）、下（右）滚动一屏（相当于使用键盘上的 PageUp、PageDown 键）。以上操作当屏幕滚动时，光标的位置不变，而当单击垂直滚动条上的【上一页】和【下一页】按钮时，会自动跳到前一页或下一页，同时光标移动到该页面的第一个字符前面。

7. 状态栏

窗口的最下面一行是状态栏，如图 10-3 所示。用来显示文档的页号、行号和列号，以及在工作时的一些操作提示信息等。

图 10-3　Word 2003 的状态栏

二、Excel 电子表格（以 Excel 2003 为例）

我们通过单击【开始】菜单【所有程序】中的【Microsoft Office 2003】启动 Excel 2003 后，可以看到如图 10-4 所示的 Excel 窗口。

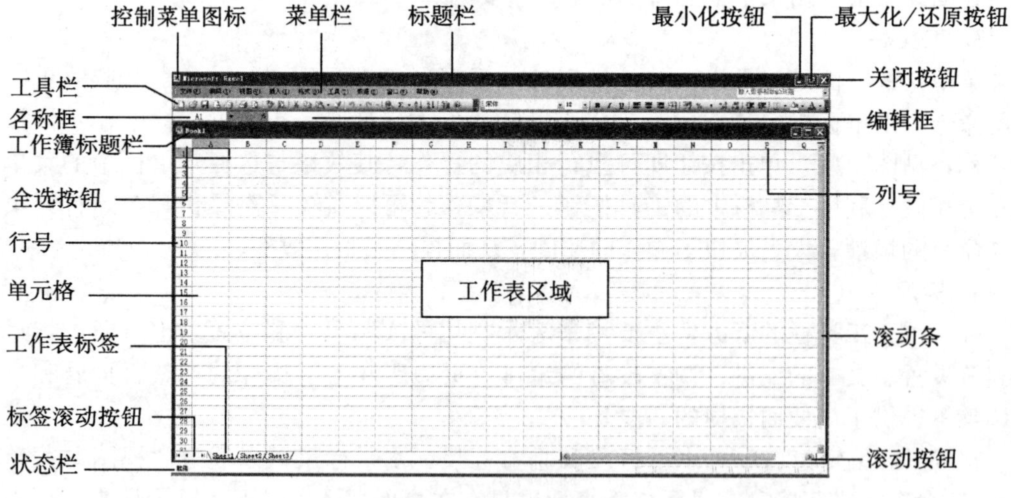

图 10-4　Excel 2003 窗口

该窗口主要由标题栏、菜单栏、工具栏、名称框、编辑框、工作表区域、滚动条及状态栏组成。各组成部分说明如下：

1. 标题栏

与 Word 2003 面板的标题栏操作基本相同。

2. 菜单栏

与 Word 2003 面板的菜单栏功能和操作基本相同。

3. 工具栏

与 Word 2003 面板的工具栏功能和操作基本相同。

4. 滚动条

与 Word 2003 面板的滚动条功能和操作基本相同。

5. 状态栏

它显示有关选项、工具栏、按钮以及正在进行的操作或插入点所在的位置等信息。

6. 工作簿标题栏

默认状态下不显示工作簿标题栏。单击菜单栏右侧的“还原窗口”按钮将显示“工作簿标题栏”。它的左侧是工作簿的名称，右侧分别是“最小化”、“最大化”、“关闭”按钮。

7. 全选按钮

单击“全选”按钮即可选取整张工作表。

8. 单元格

单元格是工作表的基本元素和最小的独立单位，可以存放各种类型的数据。每个单元格都有一个自己的名字，称为单元格地址。它是用列号和行号组合来命名的。如单元格地址 A5，则表示是第 5 行第 A 列。

9. 名称框与编辑框

名称框主要用来显示光标所在单元格地址。同时，若在名称框中输入单元格地址：可选中此单元格。

10. 工作表区域

中间最大的区域为工作表区域，其中一个工作表最多可有 256 列，65 536 行，即 256×65 536 个单元格。

11. 工作表标签

工作表标签主要用来管理工作簿中的工作表。一个工作簿最多可有 255 个工作表，但默认的只有 3 个工作表，分别是 Sheet1，Sheet2，Sheet3。

三、PowerPoint 演示文稿制作软件的使用（以 PowerPoint 2003 为例）

1. 启动

我们通过点击【开始】菜单【所有程序】中的【Microsoft Office 2003】启动 Excel 2003。

2. 退出

退出 PowerPoint 2003 的方式有如下两种。

●执行“文件”→“退出”菜单命令。

●单击 PowerPoint 2003 标题栏右边的“关闭”按钮。

3. PPT 2003 的窗口与视图

启动 PPT 2003 时，用户首先会看到 Word 的标题屏幕，随后便可以进入 PPT 的工作环境，见图 10-5。其中主要包括以下一些组成部分：标题栏、菜单栏、工具栏、标尺、编辑区、滚动条和状态栏等。

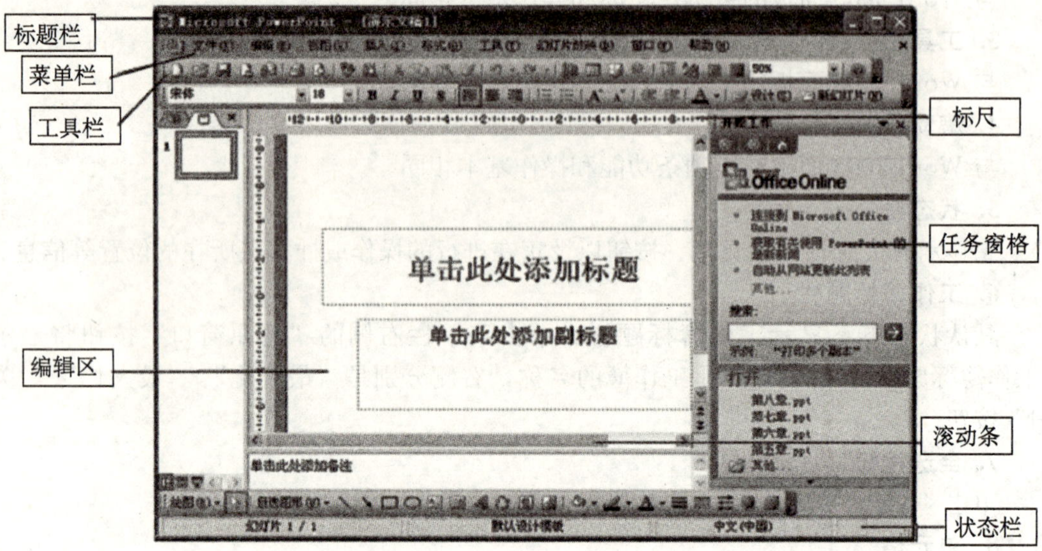

图 10-5　PowerPoint 2003 的窗口

各组成部分说明与 Excel 2003 和 Word 2003 面板功能相似，这里就不详细介绍了。

附录 备考练习试题

建设工程法律法规及相关知识篇

（单选题203 多选题53 案例题0）

一、单选题

建设许可与工程发、承包

1.《建筑法》规定：建设单位领取施工许可证后，因故不能按期开工的，应向发证机关申请延期，每次延期不超过(　　)。

A. 1个月　　B. 2个月　　C. 3个月　　D. 4个月

2.《建筑工程施工许可管理办法》规定，建设工期在一年以上的，到位资金原则上不少于工程合同价的(　　)。

A. 15%　　B. 20%　　C. 30%　　D. 50%

3. 宏大公司新建一职工宿舍，合同工期6个月，工程合同价1000万元人民币，原则上资金应到位(　　)方能领取施工许可证。

A. 100万元人民币　　B. 200万元人民币　　C. 300万元人民币　　D. 500万元人民币

4. 根据《建筑法》的规定，在建的建筑工程因故中止施工的，(　　)应当及时向施工许可证发证机关报告，并按照规定做好建筑工程的维护管理工作。

A. 建设单位　　B. 施工单位　　C. 监理单位　　D. 设计单位

5. 按照《建筑法》的规定，从事建筑活动的建筑施工企业应取得(　　)后，方可在其资质等级许可的范围内从事建筑活动。

A. 营业执照　　B. 相应资质等级证书

C. 相应资格证书　　D. 施工许可证书

6.《建筑法》规定：建设行政主管部门应当自收到施工许可证办理申请乙日起(　　)内，对符合条件的申请颁发施工许可证。

A. 5日　　B. 10日　　C. 15日　　D. 20日

7. 依据《建筑法》，从事建筑活动的专业技术人员，应当依法取得相应的(　　)证书，并在其证书许可的范围内从事建筑活动。

A. 学历　　B. 技能　　C. 执业资格　　D. 职称

8. 建筑工程监理应当依照法律、行政法规及有关的技术标准、设计文件和建筑工程承包合同，对承包单位在(　　)等方面，代表建设单位实施监督。

A. 施工质量、建设工期和建设资金使用

B. 工程设计与施工质量

C. 勘察设计费用与施工费用

D. 工程建设进度和工程造价

9. 因项目开发，某房地产公司必须在申领施工许可证前，先办妥建设用地和规划管理方面的手续，在此阶段最后取得的是该项目的(　　)。

A. 用地规划许可证　　B. 国有土地使用权批准文件

C. 土地使用权证　　D. 工程规划许可证

10. 建设单位申领施工许可证时所提交的施工图纸和技术资料应当满足(　　)。

A. 施工需要并按规定通过审查　　B. 施工需要并通过监理单位审查

C. 建设单位的要求　　D. 施工单位的要求

11. 某写字楼项目于 2005 年 3 月 1 日领取了施工许可证，则该工程应在(　　)前开工。

A. 2005 年 4 月 1 日　　B. 2005 年 6 月 1 日

C. 2005 年 9 月 1 日　　D. 2005 年 12 月 1 日

12. 根据《建筑法》的规定，建设单位申请施工许可证延期的次数最多只有(　　)。

A. 1 次　　B. 2 次　　C. 3 次　　D. 4 次

13. 建筑工程的发包单位与承包单位应当依法(　　)，明确双方的权利和义务。

A. 订立书面合同　　B. 达成口头协议

C. 形成公证书　　D. 形成合作意向书

14. (　　)将其承包的全部建筑工程转包给他人。

A. 特殊情况下允许承包单位

B. 承包单位在收取一定的管理费后可以

C. 承包单位在办理委托手续后可以

D. 禁止承包单位

15. 关于工程分包，以下说法正确的是(　　)。

A. 承包单位不得将其承包的全部工程肢解以后以分包的名义分别转包给他人

B. 总承包单位将工程分包给不具备相应资质条件的单位

C. 分包单位可以将其承包的工程再分包

D. 总承包单位擅自将承包的部分工程发包给具有相应资质条件的分包单位

16. 按照法律规定，下列不属于违法分包的是(　　)。

A. 总承包单位按照合同约定将承包的部分工程发包给具有相应资质条件的分包单位

B. 总承包单位将工程主体结构分包给具备相应资质条件的单位

C. 总承包单位擅自将承包的部分工程发包给具有相应资质条件的分包单位

D. 分包单位将其承包的工程再分包

17. 根据《建筑法》的规定，除总承包合同中约定的分包外，必须(　　)。

A. 经上级主管部门认可　　B. 经建设单位认可

C. 经总承包单位认可　　D. 经国家主管部门认可

18. 某建筑施工企业下列做法中符合《建筑法》关于建筑工程发承包的规定的是(　　)。

A. 超越本企业资质等级许可的业务范围承揽工程

B. 以另一个建筑施工企业的名义承揽工程

C. 允许个体户王某以本企业的名义承揽工程

D. 持有依法取得的资质证书，并在其资质等级许可的业务范围内承揽工程

19. 我国《建筑法》规定的联合体承包，是指由(　　)联合共同承包。

A. 两个以上的承包单位　　B. 两个以上的设计单位和施工单位

C. 三个以上的承包单位　　D. 三个以上的设计单位和施工单位

20. 按照《建筑法》规定，大型建筑工程或者结构复杂的建筑工程，可以由两个以上的承包单位联合共同承包。共同承包的各方对承包合同的履行承担的责任为(　　)。

A. 按份承担　　B. 连带承担

C. 由联合体主办方承担　　D. 由联合体各方共同承担

21. 违反法律规定，未取得施工许可证或者开工报告未经批准擅自施工的，责令改正，对不符合开工条件的责令停止施工，并处以合同金额的(　　)罚款。

A. 1%～2%　　B. 2%～4%　　C. 1‰～5‰　　D. 5‰～10‰

22. 甲建筑施工企业出借资质证书给乙施工企业承揽工程，因该项承揽工程不符合规定质量标准造成的损失，由(　　)承担。

A. 甲施工企业　　B. 乙施工企业

C. 甲乙双方约定　　D. 甲乙施工企业连带

23. 甲公司2005年5月取得三级钢结构工程专业承包企业资质，2008年8月取得二级资质。2008年6月获得了一项2000 m^2 的钢网架制作安装业务，2009年9月竣工验收合格。由于三级钢结构承包企业只能承揽1200 m^2 及以下的钢网架制作安装工程，故业主认为甲公司超越资质等级承揽工程，承包合同无效，拒付工程款。对此，法院将支持下列观点(　　)。

A. 虽甲公司超越资质等级许可的业务范围承揽工程，但承包合同仍有效

B. 该承包合同无效，业主有权拒付承包合同约定的工程价款

C. 该承包合同无效，但该工程竣工验收合格，业主应按合同约定支付工程价款

D. 该承包合同有效，业主应按合同约定支付工程价款

24. 某工程施工段钢筋绑扎完毕后，监理工程师接到通知但因故未能到场检验，施工方即浇注混凝土。对此，若给建设方造成损失，监理公司应承担(　　)。

A. 全部的赔偿责任　　B. 主要的赔偿责任

C. 相应的赔偿责任　　D. 次要的赔偿责任

建设工程招标与投标

1. 招标投标活动应当遵循的原则不包括(　　)。

A. 公开　　B. 公平　　C. 公正　　D. 公信

2. 使用国际组织或者外国政府贷款、援助资金的项目，(　　)。

A. 必须进行招标　　B. 必须进行公开招标

C. 可不进行招标　　D. 根据资金提供方要求确定

3. 以下可不进行招标的项目是(　　)。

A. 施工单项合同估算价250万人民币

B. 重要生产设备采购价120万人民币

C. 监理合同估算价80万元

D. 各单项合同估算价均低于必须招标项目的规定标准，但项目总投资额为2000万元

4. 依法必须进行招标的项目的招标公告，应当通过国家指定的报刊、信息网络或者其他媒介发布，这是招投标活动(　　)原则的反映。

A. 信息透明　　B. 公平　　C. 合法　　D. 公开

5. 国务院发展计划部门确定的国家重点项目和省、自治区、直辖市人民政府确定的地方重点项目不适宜公开招标的，经国务院发展计划部门或者省、自治区、直辖市人民政府批准，可以(　　)。

A. 直接发包　　B. 进行邀请招标　　C. 进行议标　　D. 不用招标

6. 按照国家有关规定需要履行项目审批、核准手续的依法必须进行招标的项目，其(　　)、招

标方式、招标组织形式应当报项目审批、核准部门审批、核准。

A. 招标范围　　B. 招标金额　　C. 资金来源　　D. 投资估算

7. 依法必须进行招标的项目的招标公告，应当通过(　　)报刊、信息网络或者其他媒介发布。

A. 公开的　　B. 国家指定的　　C. 专门的　　D. 权威的

8. 招标公告应当载明的信息不包括(　　)。

A. 招标人的名称和地址　　B. 招标项目的性质、数量

C. 招标项目的实施地点和时间　　D. 招标项目的技术、质量要求

9. 编制招标文件，(　　)。

A. 可根据招标项目的特点和需要指定特定的生产供应者

B. 可任意划分标段

C. 应当包括拟签订合同的主要条款

D. 不能透露招标控制价

10. 按照施工项目投标工作程序，在参加招标人组织踏勘项目现场后，接下来的步骤是(　　)。

A. 投标人编制投标文件　　B. 发售招标文件

C. 确定招标组织形式　　D. 召开标前会议

11. 招标文件(　　)特定的生产供应者。

A. 可以要求　　B. 视情况要求

C. 不得要求　　D. 经主管部门批准后可要求

12. 招标人对已发出的招标文件进行必要的澄清或者修改的，应当在招标文件要求提交投标文件截止时间至少(　　)前，以书面形式通知所有招标文件收受人。

A. 5 日　　B. 7 日　　C. 15 日　　D. 30 日

13. 依法必须进行招标的项目，自招标文件开始发出之日起至投标人提交投标文件截止之日止，最短不得少于(　　)。

A. 30 日　　B. 20 日　　C. 15 日　　D. 7 日

14. 招标代理机构(　　)办理招标事宜，并遵守法律法规的规定。

A. 有权自行　　B. 应当在招标人委托的范围内

C. 应根据项目实际情况　　D. 应根据有关行政主管部门的指示

15. 依据《招标投标法》规定，以下说法错误的是(　　)。

A. 招标人有权自行选择招标代理机构

B. 依法必须进行招标的项目，招标人自行办理招标事宜的，应当向有关行政监督部门备案

C. 招标人有可能是自然人

D. 招标人可以自行办理招标事宜的，任何单位和个人不得强制其委托招标代理机构办理招标事宜

16. 招标代理机构不得接受同一招标项目的投标代理和投标咨询业务；未经(　　)同意，不得转让招标代理业务。

A. 招标人　　B. 建设行政主管部门

C. 人民政府　　D. 发展计划部门

17. 以下主体不能成为建设工程招标项目的投标人的有(　　)。

A. 建筑公司　　B. 材料供应商　　C. 个人　　D. 设计单位

18. 以下对投标人的说法错误的是(　　)。

A. 必须响应招标

B. 应当具备承担招标项目的能力

C. 公开招标的科研项目不允许个人参加投标，投标的个人仍适用《招标投标法》有关投标人的

规定

D. 必须满足招标文件的资格条件

19. 以下哪种行为属于投标人串通投标行为(　　)。

A. 招标人预先内定中标人　　B. 招标人向投标人泄露标底

C. 投标人之间相互约定抬高报价　　D. 投标人向评标专家行贿

20. 投标人禁止行使的行为不包括(　　)。

A. 相互串通投标报价，损害招标人的合法权益

B. 与招标人串通投标，损害社会公共利益

C. 以他人名义投标

D. 以比其他投标人低很多的价格投标

21. 依据《招标投标法》的规定，以下说法错误的是(　　)。

A. 投标人不得相互串通投标报价

B. 可以联合他人以他人名义投标

C. 禁止投标人以向招标人或者评标委员会成员行贿的手段谋取中标

D. 不得以低于成本的报价竞标

22. 以下行为不属于以他人名义投标的是(　　)。

A. 投标人挂靠其他施工单位

B. 从其他单位通过转让或租借的方式获取资格或资质证书

C. 自己在他人的投标文件上加盖印章或签字

D. 由其他单位及其法定代表人在自己编制的投标文件上加盖印章或签字

23.《招标投标法》规定，招标人不得以不合理的条件限制或者排斥潜在投标人，以下属于不合理条件的有(　　)。

A. 要求投标人必须有类似工程经验

B. 要求投标人必须有相应资质等级

C. 要求投标人必须递交适当数额的投标保证金

D. 要求投标人必须获得过省级以上优质工程奖

24. 投标保证金有效期应当超出投标有效期(　　)天。

A. 15　　B. 20　　C. 30　　D. 35

25. 依据《招标投标法》的规定，在提交投标文件截止时间后到招标文件规定的(　　)之前，投标人补充、修改、替代或者撤回投标文件的，其投标保证金将被没收。

A. 投标有效期终止　　B. 签订合同

C. 确定中标通知书　　D. 开标

26. 投标人在招标文件要求提交投标文件的截止时间前，可以(　　)已提交的投标文件。

A. 补充　　B. 补充或修改

C. 撤回　　D. 补充、修改或撤回

27. 投标人应当按照(　　)的要求编制投标文件。

A. 法律法规　　B. 强制性规范

C. 招标文件　　D. 市场竞争

28. 投标保证金的作用是(　　)。

A. 仅保护招标人的利益

B. 仅保护投标人的利益

C. 防止双方违约

D. 维护招投标秩序，保证招投标活动顺利进行

29. 开标地点应为(　　)。

A. 工程所在地建设工程交易中心　　B. 招标方临时指定的地点

C. 招标文件中预先确定的地点　　D. 招标方的办公场地

30.《招标投标法》规定，开标由(　　)主持，邀请所有投标人参加。

A. 招标人　　B. 建设单位

C. 招标代理单位　　D. 招投标行政主管单位

31. 评标委员会在评标时，对投标文件中错误修正的原则说法正确的是(　　)。

A. 大写金额与小写金额不一致的，以小写金额为准

B. 总价金额与单价金额不一致的，以总价金额为准

C. 对不同文字文本的解释发生异议的，以投标方国家文字文本为准

D. 总价金额与单价金额不一致的，以单价金额为准，单价金额小数点有明显错误的除外

32. 评标委员会应当按照(　　)评标标准和方法，对投标文件进行评审和比较。

A.《招标投标法》规定的　　B. 科学合理的

C. 招标文件确定的　　D. 经 2/3 以上评标专家同意的

33. 关于评标专家的确定，以下错误的是(　　)。

A. 一般招标项目可以采取从专家库中随机抽取方式

B. 特殊招标项目可以由招标人从专家库中直接确定

C. 与招标人有利害关系的人不得进入相关项目的评标委员会

D. 与投标人有利害关系的人不得进入相关项目的评标委员会

34. 评标委员会成员应当客观、公正地履行职务，遵守职业道德，对所提出的评审意见承担(　　)。

A. 集体责任　　B. 个人责任　　C. 全部责任　　D. 连带责任

35. 某大型公用事业项目，评标委员会总人数为 11 人，其中经济、技术方面的专家最少应为(　　)人。

A. 7　　B. 8　　C. 9　　D. 10

36. 经评审的最低投标价法在满足了招标文件实质性要求的情况下，评标委员会根据招标文件规定的评审指标和标准对投标单位的报价进行修正，得到(　　)。

A. 合理价　　B. 最低价　　C. 评审价　　D. 满意价

37. 评标委员会由招标人的代表和有关技术、经济等方面的专家组成，成员为(　　)人以上单数，其中技术、经济等方面的专家不得少于总成员的 2/3。

A. 3　　B. 5　　C. 6　　D. 7

38. 依法必须进行招标的项目，招标人(　　)。

A. 应选择排名第一的候选人为中标人

B. 可以任意选择候选人为中标人

C. 应选择其中报价最低的候选人为中标人

D. 和候选人谈判后再选择中标人

39. 招标人与中标人签订合同后(　　)个工作日内，应当向中标人和未中标的投标人退还投标保证金。

A. 3　　B. 5　　C. 7　　D. 10

40. 中标人的投标，应当符合的条件之一是，能够最大限度的满足招标文件中规定的各项(　　)评价标准。

A. 综合　　B. 最低　　C. 最高　　D. 专项

41. (　　)，招标人应当自确定中标人之日起十五日内，向有关行政监督部门提交招标投标情况

的书面报告。

A. 公开招标项目　　B. 依法必须进行招标的项目

C. 邀请招标项目　　D. 政府投资项目

42. 对招标投标活动的行政监督及有关部门的具体职权划分，由(　　)规定。

A. 国务院　　B. 有关行政监督部门

C. 建设行政主管部门　　D. 国务院发展改革部门

43. 招标人以不合理的条件限制或者排斥潜在投标人的，对潜在投标人实行歧视待遇的，强制要求投标人组成联合体共同投标的，或者限制投标人之间竞争的，责令改正，可以处(　　)的罚款。

A. 合同金额2%以上5%以下　　B. 2万元以上10万元以下

C. 合同金额2‰以上5‰以下　　D. 1万元以上5万元以下

44. 中标人不按照与招标人订立的合同履行义务，情节严重的，取消其(　　)参加依法必须进行招标的项目的投标资格并予以公告，直至由工商行政管理机关吊销营业执照。

A. 2年至5年内　　B. 2年内

C. 3年内　　D. 5年内

建设工程安全生产管理

1.《建设工程安全生产管理条例》建设工程安全生产管理，坚持(　　)的方针。

A. 预防第一，安全为主　　B. 安全第一、预防为主

C. 安全第一，重在预防　　D. 安全高于一切

2. 国家对严重危及生产安全的工艺、设备实行(　　)。

A. 严格审批制度　　B. 淘汰制度

C. 登记备案制度　　D. 报告制度

3.《安全生产法》规定，生产经营单位(　　)对本单位安全生产工作全面负责。

A. 项目经理　　B. 主要负责人

C. 技术负责人　　D. 法定代表人

4. 建设工程项目的安全措施应当与(　　)同时设计、同时施工、同时投入生产使用。

A. 基础工程　　B. 装饰装修工程

C. 主体工程　　D. 给排水工程

5.《建筑法》规定，建筑施工企业必须为(　　)办理意外伤害保险，支付保险费。

A. 从业人员　　B. 安全生产管理人员

C. 特种作业人员　　D. 从事危险作业的人员

6.《建设工程安全生产管理条例》规定，施工起重机械和整体提升脚手架、模板等自升式架设设施的使用达到国家规定的检验检测期限的，必须经(　　)检测。经检测不合格的，不得继续使用。

A. 建设单位　　B. 施工单位

C. 具有专业资质的检验检测机构　　D. 设计单位

7.《建设工程安全生产管理条例》规定，施工单位(　　)依法对本单位的安全生产工作全面负责。

A. 施工队长　　B. 主要负责人　　C. 总工程师　　D. 法定代表人

8.《建设工程安全生产管理条例》规定，建设工程实行施工总承包的，由(　　)对施工现场的安全生产负总责。

A. 分包单位　　B. 协商确定一方

C. 总承包单位　　D. 安全生产监督机构

9.《建设工程安全生产管理条例》规定，建设工程实行施工总承包的，总承包单位和分包单位对

分包工程的安全生产承担(　　)。

A. 连带责任　　B. 相同责任　　C. 相似责任　　D. 按份责任

10.《建设工程安全生产管理条例》规定，建设工程施工前，施工单位(　　)应当对有关安全施工的技术要求向施工作业班组、作业人员作出详细说明，并由双方签字确认。

A. 技术负责人　　B. 负责项目管理的技术人员

C. 项目经理　　D. 总监理工程师

11.《建设工程安全生产管理条例》规定，施工单位应当在施工现场入口处、施工起重机械、基坑边沿、爆破物及有害危险气体和液体存放处等危险部位，设置明显的(　　)。

A. 禁行指示牌　　B. 危险提示牌　　C. 安全警示标志　　D. 照明装置

12. 生产、经营、储存、使用危险物品的车间、商店、仓库不得与员工宿舍在同一座建筑物内，并应当与员工宿舍保持(　　)。

A. 一定距离　　B. 运输要求距离　　C. 建筑要求距离　　D. 安全距离

13. 根据《建设工程安全生产管理条例》的规定，施工单位的(　　)应当经建设行政主管部门考核合格后方可任职。

A. 从业人员

B. 安全生产管理人员

C. 特种作业人员

D. 主要负责人、项目负责人、专职安全生产管理人员

14.《建设工程安全生产管理条例》规定，(　　)应当在施工现场建立消防安全责任制度，确定消防安全责任人，制定用火、用电、使用易燃易爆材料等各项消防安全管理制度和操作规程。

A. 建设单位　　B. 勘察单位　　C. 施工单位　　D. 设计单位

15.《建设工程安全生产管理条例》规定，施工单位应当为施工现场从事危险作业的人员办理(　　)。

A. 意外伤害保险　　B. 工伤保险　　C. 健康保险　　D. 养老保险

16.《建设工程安全生产管理条例》规定，从事危险作业的人员意外伤害保险费由(　　)支付。

A. 建设单位　　B. 用人单位　　C. 施工单位　　D. 设计单位

17. 根据《建设工程安全生产管理条例》，施工单位应当在危险部位设置明显的安全警示标志。安全警示标志必须符合(　　)标准。

A. 行业　　B. 企业　　C. 地方　　D. 国家

18. 生产经营单位的(　　)应对本单位劳动保护和安全生产工作全面负责。

A. 总工程师　　B. 施工员　　C. 主要负责人　　D. 技术副经理

19.《建筑法》规定，建筑施工企业的(　　)对本企业的安全生产负责。

A. 总经理　　B. 技术负责人　　C. 法定代表人　　D. 安全副经理

20.《建筑法》规定，施工现场安全由(　　)负责。

A. 建设单位　　B. 建筑施工企业　　C. 作业人员　　D. 设计单位

21.《建设工程安全生产管理条例》规定，工程监理单位和监理工程师应当按照法律、法规和(　　)实施监理，并对建设工程安全生产承担监理责任。

A. 建设工程监理合同　　B. 监理大纲

C. 项目管理规范　　D. 工程建设强制性标准

22. 根据《建筑法》规定，涉及建筑主体和承重结构变动的装修工程，建设单位应当在施工前委托原设计单位或者(　　)提出设计方案。

A. 其他设计单位　　B. 具有相应资质条件的监理单位

C. 具有相应资质条件的装修施工单位　　D. 具有相应资质条件的设计单位

23. 建设单位应当在拆除工程施工(　　)日前将施工单位资质等级证明、拆除施工组织方案等资料报送建设工程所在地县级以上人民政府建设行政主管部门或者其他有关部门备案。

A. 7　　B. 15　　C. 14　　D. 20

24. 检验检测结果、鉴定结论经检验检测人员签字后，由(　　)签署。

A. 检验检测机构负责人　　B. 施工单位负责人

C. 建设单位负责人　　D. 接收单位负责人

25. 检验检测单位按照法律法规和有关技术标准进行检验检测，对检验检测结论有异议的，由提出异议的单位与(　　)共同选定的检验检测单位重新进行检验检测。

A. 施工单位　　B. 建设单位

C. 原检验检测单位　　D. 其他相关单位

26. 检验检测单位必须通过(　　)计量认证。

A. 国务院　　B. 县人民政府质量技术监督部门

C. 市人民政府质量技术监督部门　　D. 省人民政府建设行政主管部门

27. 建设单位的安全责任不包括(　　)。

A. 如实向施工单位提供有关施工资料

B. 可根据需要压缩合同工期

C. 保证必要的安全投入

D. 开工前报送有关安全施工措施的资料

28. 关于工程监理单位安全责任的规定不正确的是(　　)。

A. 工程监理单位应当依法取得相应等级的资质证书，并在其资质等级许可的范围内承担工程监理业务

B. 禁止工程监理单位超越本单位资质等级许可的范围或者以其他工程监理单位的名义承担工程监理业务

C. 禁止工程监理单位允许其他单位或者个人以本单位的名义承担工程监理业务

D. 工程监理单位应当审查施工组织设计中的安全技术措施或者专项施工方案是否符合施工图设计要求

29. 涉及建筑主体和承重结构变动的装修工程，没有设计方案的，(　　)施工。

A. 可以　　B. 视工程规模大小而定

C. 经批准后可以　　D. 不得

30.《安全生产管理条例》规定，(　　)应当考虑施工安全操作和防护的需要，对防范生产安全事故提出指导意见。

A. 建设单位　　B. 监理单位　　C. 施工单位　　D. 设计单位

31.《安全生产管理条例》规定出租的机械设备和施工机具及配件，应当对出租的机械设备和施工机具及配件的安全性能进行检测，在签订租赁协议时，应当出具(　　)。

A. 产品合格证　　B. 生产许可证　　C. 检测合格证明　　D. 制造许可证

32.《建筑法》第五十条规定房屋拆除应当由具备保证安全条件的建筑施工单位承担，由(　　)对安全负责。

A. 项目经理　　B. 施工单位负责人

C. 项目技术人员　　D. 项目安全员

33. 风景名胜区和重要工程设施附近进行控制爆破作业，施工单位必须事先将爆破作业方案，征得(　　)同意，方能实施爆破作业。

A. 所在县、市以上主管部门　　B. 所在县、市公安局

C. 所在地居住人民　　D. 所在县、市人民政府

34.《安全生产管理条例》规定工程监理单位应当审查施工组织设计中的(　　)措施或者专项施工方案是否符合工程建设强制性标准。

A. 经济　　B. 文明施工　　C. 组织　　D. 安全技术

35. 建筑施工企业在编制施工组织设计时，应当根据建筑工程的特点制定相应的安全技术措施；对专业性较强的工程项目，应当编制(　　)，并采取安全技术措施。

A. 安全施工组织设计　　B. 专项安全施工组织设计

C. 详细的施工组织设计　　D. 专项的安全技术措施

36. 根据《安全生产管理条例》的相关规定，施工组织设计中必须包含(　　)措施和施工现场临时用电方案。

A. 经济　　B. 文明施工　　C. 安全技术　　D. 组织

37.《建设工程安全生产管理条例》规定，(　　)负责对安全生产进行现场监督检查。

A. 项目负责人　　B. 主要负责人

C. 专职安全生产管理人员　　D. 安全副经理

38. (　　)负责本行政区域建筑安全生产的行业监督管理。

A. 县级以上地方人民政府建设行政主管部门

B. 县级以上地方人民政府

C. 省级以上地方人民政府建设行政主管部门

D. 县级以上安全行政主管部门

39.《建设工程安全生产管理条例》规定，(　　)对全国的建设工程安全生产实施监督管理。

A. 国务院负责安全生产监督管理的部门　　B. 国务院国防科技工业主管部门

C. 国务院建设行政主管部门　　D. 国家煤矿安全监察机构

40. 关于安全生产许可证的申请，以下说法不正确的是(　　)。

A. 施工企业应当向建设主管部门提供企业法人营业执照

B. 施工企业从事建筑施工活动前，应当按规定向县级以上建设主管部门申领

C. 中央管理的建筑施工企业应当向国务院建设主管部门申领安全生产许可证

D. 施工企业保证本单位安全生产条件所需资金的投入

41. 根据《建筑施工企业安全生产许可证管理规定》第五条规定建筑施工企业从事建筑施工活动前，应当依照本规定向(　　)申请领取安全生产许可证。

A. 县级以上建设主管部门

B. 市、县人民政府

C. 省级以上建设主管部门

D. 省级负有安全生产监督管理职责的部门

42.《安全生产法》中规定：负有安全生产监督管理职责的部门依法对生产经营单位执行有关安全生产的法律、法规和国家标准或者行业标准的情况进行监督检查，当对有根据认为不符合保障安全生产的国家标准或者行业标准的设施、设备、器材予以查封或者扣押，并应当在(　　)日内依法作出处理决定。

A. 7　　B. 10　　C. 15　　D. 20

43. 安全生产许可证颁发管理机关应当自收到申请之日起(　　)日内审查完毕，经审查符合《安全生产许可证条例》条例规定的安全生产条件的，颁发安全生产许可证。

A. 7　　B. 15　　C. 25　　D. 45

44. 建筑施工企业变更名称、地址、法定代表人等，应当在变更后(　　)日内，到原安全生产许可证颁发管理机关办理安全生产许可证变更手续。

A. 10　　B. 15　　C. 7　　D. 20

45.《建设工程安全生产管理条例》规定，(　　)未提供建设工程安全生产作业环境及安全施工措施所需费用的，责令限期改正；逾期未改正的，责令该建设工程停止施工。

A. 建设单位　　B. 施工单位　　C. 安装单位　　D. 设计单位

46. 建设单位(　　)的，责令限期改正，处 20 万元以上 50 万元以下的罚款。

A. 要求施工单位压缩合同约定的工期

B. 未将保证安全施工的措施或者拆除工程的有关资料报送有关部门备案

C. 未提供建设工程安全生产作业环境及安全施工措施所需费用

D. 要求施工单位采购指定产品的材料

47. 根据《安全生产法》规定，承担安全评价、检测等工作的机构，出具虚假证明，尚不够刑事处罚的，没收违法所得并罚款，并对其直接负责的(　　)和其他直接责任人员处以罚款。

A. 上级领导　　B. 上级部门

C. 主管人员　　D. 主管部门

48. (　　)是指责任主体违反安全生产法律规定，由有关人民政府和安全生产监督管理部门、公安机关依法对其实施行政处罚的一种法律责任。

A. 行政责任　　B. 民事责任　　C. 刑事责任　　D. 违宪责任

49. 矿山、建筑施工单位和危险物品的生产、经营、储存单位，应当设置安全生产管理机构或者配备(　　)。

A. 专职安全生产管理人员　　B. 安全生产人员

C. 管理人员　　D. 主要负责人

50. 建设单位要求施工单位压缩合同约定的工期的，责令限期改正，处(　　)的罚款。

A. 10 万元以上 20 万元以下　　B. 20 万元以上 30 万元以下

C. 20 万元以上 50 万元以下　　D. 30 万元以上 50 万元以下

51. 县级以上人民政府建设行政主管部门或者其他有关行政管理部门的工作人员，有下列行为之一的(　　)，给予降级或者撤职的行政处分；构成犯罪的，依照刑法有关规定追究刑事责任。

A. 发现安全事故隐患未及时要求施工单位整改或者暂时停止施工的

B. 将拆除工程发包给不具有相应资质等级的施工单位的

C. 对没有安全施工措施的建设工程颁发施工许可证的

D. 施工单位拒不整改或者不停止施工，未及时向有关主管部门报告的

52.《建设工程安全生产管理条例》规定，施工单位拒不整改或者不停止施工，工程监理单位未及时向有关主管部门报告的，责令限期改正；逾期未改正的，责令停业整顿，并处(　　)的罚款。

A. 10 万元以上 20 万元以下　　B. 10 万元以上 30 万元以下

C. 20 万元以上 50 万元以下　　D. 30 万元以上 50 万元以下

53.《建设工程安全生产管理条例》规定，注册执业人员未执行法律、法规和工程建设强制性标准，责令停止执业，情节严重的，吊销执业资格证书，(　　)年内不予注册。

A. 3　　B. 5　　C. 2　　D. 1

54.《建设工程安全生产管理条例》规定，为建设工程提供机械设备和配件的单位，未按照安全施工的要求配备齐全有效的保险、限位等安全设施和装置的，责令限期改正，处合同价款(　　)的罚款。

A. 1 倍以上 2 倍以下　　B. 2 倍以上 3 倍以下

C. 2 倍以上 4 倍以下　　D. 1 倍以上 3 倍以下

55. 较大事故，是指造成(　　)直接经济损失的事。

A. 1000 万元以上 5000 万元以下　　B. 1000 万元以下

C. 5000 万元以上一亿元以下　　D. 一亿元以上

56. 一般事故上报至(　　)的有关部门。

A. 国务院安全生产监督管理部门和负有安全生产监督管理职责

B. 设区的市级人民政府安全生产监督管理部门和负有安全生产监督管理职责

C. 省、自治区、直辖市人民政府安全生产监督管理部门和负有安全生产监督管理职责

D. 工会和人民检察院

57. 有关机关应当按照人民政府的批复，依照法律、行政法规规定的权限和程序，对负有事故责任的国家工作人员进行(　　)。

A. 处分　　B. 处理　　C. 行政处罚　　D. 刑事处罚

58. 单位负责人接到报告后，应当于(　　)小时内向事故发生地县级以上人民政府安全生产监督管理部门和负有安全生产监督管理职责的有关部门报告。

A. 1　　B. 2　　C. 24　　D. 48

59. 安全生产监督管理部门和负有安全生产监督管理职责的有关部门逐级上报事故情况，每级上报的时间不得超过(　　)小时。

A. 0.5　　B. 1　　C. 2　　D. 4

60.《生产安全事故报告和调查处理条例》第十三条规定，事故报告后出现新情况的，应当及时补报。自事故发生之日起(　　)日内，事故造成的伤亡人数发生变化的，应当及时补报。

A. 10　　B. 7　　C. 30　　D. 15

61.《生产安全事故报告和调查处理条例》规定，道路交通事故、火灾事故自发生之日起(　　)日内，事故造成的伤亡人数发生变化的，应当及时补报。

A. 10　　B. 7　　C. 30　　D. 15

62. 事故发生单位及其有关人员有下列(　　)的，对事故发生单位处100万元以上500万元以下的罚款。

A. 不立即组织事故抢救的

B. 迟报或者漏报事故的

C. 在事故调查处理期间擅离职守的

D. 拒绝接受调查或者拒绝提供有关情况和资料的

63. 有关地方人民政府、安全生产监督管理部门和负有安全生产监督管理职责的有关部门有下列(　　)的，对直接负责的主管人员和其他直接责任人员依法给予处分。

A. 阻碍、干涉事故调查工作的

B. 在事故调查处理期间擅离职守的

C. 事故发生后逃匿的

D. 转移、隐匿资金、财产，或者销毁有关证据

64. 事故调查组应当自事故发生之日起60日内提交事故调查报告；特殊情况下，经负责事故调查的人民政府批准，提交事故调查报告的期限可以适当延长，但延长的期限最长不超过(　　)日。

A. 15　　B. 20　　C. 30　　D. 60

建设工程质量管理

1. 根据《湖南省建设工程质量和安全生产管理条例》规定，私人规模建房、用于商贸经营或者涉及(　　)的临时性房屋建筑活动和监督管理，参照本条例执行。

A. 公共安全　　B. 公众利益　　C. 国家秘密　　D. 抢险救灾

2.《建筑法》规定，建筑活动应当(　　)建筑工程质量和安全，符合国家的建筑工程安全标准。

A. 满足　　B. 合理确定　　C. 强化　　D. 确保

3. 根据《湖南省建设工程质量和安全生产管理条例》规定，拆除工程，是指对城市规划区内

(　　)层以上建筑物或者高大构筑物实施拆除的工程。

A. 二　　B. 三　　C. 四　　D. 五

4.《建设工程质量管理条例》规定，从事建设工程活动，必须严格执行（ ?），坚持先勘察、后设计、再施工的原则。

A. 合同约定的程序　　B. 基本建设程序

C. 国家规定的建设程序　　D. 法律规定

5. 施工单位对施工中出现质量问题的建设工程或者竣工验收不合格的建设工程应当负责(　　)。

A. 保修　　B. 返修　　C. 赔偿　　D. 重建

6. 建筑工程总承包单位将建筑工程分包给其他单位的，应当对分包工程的质量与分包单位承担(　　)责任。

A. 过错　　B. 各自　　C. 连带　　D. 违约

7. 建筑物在(　　)，必须确保地基基础工程和主体结构的质量。

A. 合理使用寿命内　　B. 50年内

C. 70年内　　D. 合同约定的保修期内

8. 施工单位(　　)对建设工程施工质量和安全生产工作全面负责。

A. 主要负责人　　B. 项目负责人

C. 专职安全生产管理人员　　D. 技术负责人

9. 根据《建设工程质量管理条例》规定，总承包单位依法将建设工程分包给其他单位的，分包单位应当按照分包合同的约定对其分包工程的质量向(　　)单位负责，总承包单位与分包单位对分包工程的质量承担连带责任。

A. 总承包　　B. 建设

C. 建设单位和总承包　　D. 建设单位或总承包

10. 建设工程在超过合理使用年限后需要继续使用的，产权所有人应当委托(　　)鉴定，并根据鉴定结果采取加固、维修等措施，重新界定使用期。

A. 原勘察、设计单位

B. 具有相应资质等级的勘察、设计单位

C. 具有相应资质的其他勘察、设计单位

D. 具有相应资质等级的设计、施工单位

11. 施工单位应当建立质量责任制，确定除以下(　　)之外的项目管理人员。

A. 项目经理　　B. 技术负责人

C. 专职安全人员　　D. 施工管理负责人

12. 建设工程实行质量保修制度，以下(　　)不是质量保修书中应包括的内容。

A. 保修范围　　B. 保修措施　　C. 保修责任　　D. 保修期限

13. 某施工单位在施工中未经业主同意，自费将设计图纸中采用的施工材料换成了性能更好的材料，下列说法正确的是(　　)。

A. 该施工单位的做法值得提倡

B. 该施工单位违反了《建设工程质量管理条例》

C. 该施工单位违反了《建设工程安全生产管理条例》

D. 业主应向承包商支付部分材料差价

14. 根据《建设工程质量管理条例》关于质量保修制度的规定，屋面防水工程、有防水要求的卫生间、房间和外墙面防渗漏的最低保修期为(　　)。

A. 6个月　　B. 12个月　　C. 36个月　　D. 60个月

15. 某建设单位将写字楼改建为公寓，需要进行改变建筑物主体结构，则下列说法正确的是(　　)。

A. 需要申请施工许可证

B. 需要备案

C. 需要有新的设计方案

D. 不需要任何其他条件可以直接进行改造施工

16. 根据《建设工程质量管理条例》的规定，下列选项中，(　　)不是建设单位质量责任和义务的规定。

A. 建设单位应当将工程发包给具有相应资质等级的单位

B. 建设单位不得对承包单位的建设活动进行不合理干预

C. 涉及建设主体和承重结构变动的装修工程，施工单位要有设计方案

D. 施工图设计文件未经审查批准的，建设单位不得使用

17. 建设单位对同一建设工程分项发包的，必须依法(　　)。

A. 申领总施工许可证　　B. 要求各承包方分别申领施工许可证

C. 取得开工批准报告　　D. 分别取得施工许可证

18. 根据《建设工程质量管理条例》规定，建设工程发包单位不得迫使承包方以低于成本的价格竞标，不得(　　)。

A. 任意压缩合理工期　　B. 压缩合理工期

C. 任意压缩合同工期　　D. 压缩合同工期

19. 根据《建设工程质量管理条例》规定，建设单位不得明示或者暗示(　　)违反工程建设强制性标准，降低建设工程质量。

A. 设计单位、施工单位或者监理单位　　B. 施工单位

C. 设计单位和施工单位　　D. 设计单位或者施工单位

20. 某施工现场运来一批钢筋，对这批材料的检查，下列说法正确的是(　　)。

A. 对钢筋的质量检查应属于监理工程师的责任，施工单位不需要检查

B. 对钢筋的质量检查应属于施工单位的责任，监理工程师不需要检查

C. 因厂家已出示了产品合格证和质量检验报告，故监理工程师和施工单位均不需要再对其进行检查

D. 对钢筋的取样检查应该在监理工程师的监督下进行

21. 工程监理单位与被监理工程的(　　)有隶属关系或者其他利害关系的，可以承担该项建设工程的监理业务。

A. 建设单位　　B. 施工承包单位

C. 建筑材料、建筑构配件供应单位　　D. 建筑设备供应单位

22.《建设工程质量管理条例》规定，未经(　　)签字，建设单位不拨付工程款，不得进行竣工验收。

A. 业主代表　　B. 总监理工程师

C. 项目经理　　D. 专业监理工程师

23. 未经(　　)签字，建筑材料、构配件和设备不得在工程上使用或者安装，施工单位不得进行下道工序的施工。

A. 业主现场代表　　B. 监理工程师

C. 项目技术负责人　　D. 质检工程师

24. 我国《建筑法》规定，工程监理人员认为工程施工不符合工程设计要求，施工技术标准和合同约定的，有权(　　)建筑施工企业改正。

A. 要求　　B. 报告建设单位要求

C. 建议　　　　　D. 命令

25. 根据《建设工程质量管理条例》规定，工程监理单位不得(　　)工程监理业务。

A. 转包　　　　　B. 转包或分包　　　　　C. 违法分包　　　　　D. 转让

26. 根据《湖南省建设工程质量和安全生产管理条例》的规定，(　　)具有查验施工单位安全生产许可证、管理人员的安全生产考核以及特种作业人员的特种作业证的责任。

A. 建设单位　　　　　B. 质量监督机构

C. 监理单位　　　　　D. 施工单位

27.《建设工程质量管理条例》规定，设计文件应当达到规定的深度并注明(　　)使用年限。

A. 最短　　　　　B. 经济　　　　　C. 合理　　　　　D. 最长

28. 勘察单位按照(　　)的规定进行勘察，并对勘察质量负责；所提供的勘察成果文件必须真实、准确、完整，满足建设工程质量和安全生产的要求。

A. 工程建设强制性标准　　　　　B. 法律、法规和合同约定

C. 合同约定和工程建设强制性标准　　　　　D. 法律、法规和工程建设强制性标准

29. 设计单位应当向(　　)对审查合格的施工图设计文件作出详细说明，并及时处理施工中出现的与设计相关的技术问题。

A. 建设单位　　　　　B. 施工、监理等单位

C. 施工单位　　　　　D. 监理单位

30. 设计单位在设计文件中选用的建筑材料、建筑构配件和设备，应当注明规格、型号、性能等技术指标，除有特殊要求的建筑材料、专用设备、工艺生产线等外，设计单位(　　)指定生产厂、供应商。

A. 可以　　　　　B. 必须　　　　　C. 任意　　　　　D. 不得

31.《湖南省建设工程质量和安全生产管理条例》规定，对检验检测结论有异议的，由(　　)的检验检测单位重新进行检验检测。

A. 提出异议的单位另行委托

B. 原来选定

C. 提出异议的单位与原检验检测单位共同选定

D. 工程质量监督机构委托

32. 根据《建设工程质量管理条例》规定，施工人员对(　　)的试块、试件以及有关材料，应当在建设单位或者工程监理单位监督下现场取样，并送具有相应资质等级的质量检测单位进行检测。

A. 未经检测　　　　　B. 涉及结构安全

C. 存在质量隐患　　　　　D. 涉及工程质量

33. 根据《建设工程质量管理条例》的规定，建设工程发生质量事故后，有关单位应当在(　　)内向当地建设行政主管部门和其他有关部门报告。

A. 12 小时　　　　　B. 24 小时　　　　　C. 36 小时　　　　　D. 48 小时

34. 根据《建设工程质量管理条例》规定，对重大质量事故，事故发生地的建设行政主管部门和其他有关部门应当按照事故(　　)向当地人民政府和上级建设行政主管部门和其他有关部门报告。

A. 类别和等级　　　　　B. 后果和影响

C. 恶性程度　　　　　D. 原因和后果

35. 建设单位自建设工程(　　)三个月内，向备案机关移交建设项目档案，取得档案移交证明。

A. 竣工验收合格

B. 竣工验收合格并办理竣工验收备案手续

C. 提交竣工验收报告之日起

D. 交付使用

36. 建设工程承包单位在向建设单位提交工程竣工验收报告时，应当向建设单位出具(　　)。

A. 资料验收合格证　　B. 质量保修书

C. 保修承诺书　　D. 质量保证书

37. 根据《建设工程质量管理条例》的规定，(　　)在建设工程竣工验收后，应及时向建设行政主管部门或其他有关部门移交建设项目档案。

A. 监理单位　　B. 施工单位　　C. 设计单位　　D. 建设单位

38. 承包人应当在建设工程的合理使用寿命内，对地基基础工程和(　　)的质量承担民事责任。

A. 屋面防水工程　　B. 上、下水管线的安装工程

C. 电气管线的安装工程　　D. 主体结构

39. 根据《建设工程质量管理条例》规定，施工单位允许其他单位个人以本单位的名义承揽工程的，其法律责任不包括(　　)。

A. 罚款　　B. 没收违法所得

C. 降低资质等级　　D. 对施工单位负责人进行行政处分

40. 违反《建设工程质量管理条例》规定，施工单位未对建筑材料、建筑构配件、设备和商品混凝土进行检验，或者未对涉及结构安全的试块、试件以及有关材料取样检测的，责令改正，处10万元以上20万元以下的罚款；情节严重的，(　　)；造成损失的，依法承担赔偿责任。

A. 责令停业整顿，降低资质等级或者吊销资质证书

B. 责令停业整顿

C. 降低资质等级或者吊销资质证书

D. 责令停业整顿，对项目负责人或其他直接责任人员行政处分

41. 根据《建设工程质量管理条例》规定，施工单位在施工中有不按照工程设计或者施工技术标准施工的行为，造成建设工程质量不符合规定的质量标准的，应承担的法律责任不包括(　　)。

A. 负责返工　　B. 修理

C. 没收违法所得　　D. 赔偿损失

42. 根据《建设工程质量管理条例》规定，下列施工单位的行为中，不能使其吊销资质证书的是(　　)。

A. 在施工中偷工减料　　B. 未对建筑材料进行检验

C. 不履行保修义务　　D. 超越资质等级承揽工程

43. 根据《建设工程质量管理条例》规定，以欺骗手段取得资质证书承揽工程的法律责任不包括(　　)。

A. 罚款　　B. 予以取缔　　C. 吊销资质证书　　D. 没收违法所得

44. 建设单位将建设工程(　　)或者委托给不具有相应资质等级的工程监理单位的，责令改正，处50万元以上，100万元以下的罚款。

A. 发包给不具有相应资质等级的勘察、设计和施工单位

B. 分段发包

C. 未按照国家规定办理质量监督手续就发包

D. 肢解发包

45. 建设工程勘察、设计单位允许其他单位或者个人以本单位的名义承揽建设工程勘察、设计业务，应承担的法律责任，以下说法错误的是(　　)。

A. 处合同约定的勘察费、设计费1倍以上2倍以下的罚款

B. 处50万元以上100万元以下的罚款

C. 没收违法所得

D. 降低资质等级

46. 监理单位与建设单位或施工单位串通，弄虚作假，降低工程质量的，处(　　)罚款。

A. 10万元以下　　B. 10万元以上50万元以下

C. 50万元以上100万元以下　　D. 100万元以上

47. 根据《建设工程质量管理条例》规定，对建设单位处工程合同价款2%以上4%以下罚款的行为不包括(　　)。

A. 未组织竣工验收，擅自交付使用

B. 验收不合格。擅自交付使用

C. 将建设工程肢解发包

D. 对不合格的建设工程按照合格工程验收

48. 工程监理单位允许其他单位或者个人以本单位的名义承揽工程，责令改正，对工程监理单位处以合同约定酬金(　　)的罚款。

A. 1倍以上，3倍以下　　B. 1倍以上，2倍以下

C. 2倍以上，5倍以下　　D. 2倍以上，4倍以下

49. 工程监理单位转让工程监理业务的法律责任，以下不正确的是(　　)。

A. 没收违法所得

B. 处50万元以上100万元以下的罚款

C. 处合同约定的监理酬金25%以上50%以下的罚款

D. 降低资质等级

50. 以下行为中，(　　)不适用对工程监理单位处50万元以上100万元以下罚款的。

A. 与建设单位或者施工单位串通，弄虚作假，降低工程质量

B. 将不合格的建设工程、建筑材料等按照合格签字的

C. 转让监理业务的

D. 与被监理单位的施工承包单位有隶属关系的

51. 建设工程勘察、设计单位将所承揽的建设工程勘察、设计业务转包的法律责任，以下不正确的是(　　)。

A. 没收违法所得

B. 处50万元以上100万元以下的罚款

C. 处合同约定的监理酬金25%以上50%以下的罚款

D. 降低资质等级

环境保护与建筑节能

1. 远方市政工程公司正在某市人口密集区进行道路桥梁施工，为了避免原材料供应不足，公司进行了备料。因运进大量的水泥、石灰等建筑材料，经常出现粉尘四处弥漫的情形。对此，下列说法正确的是(　　)。

A. 市区施工不允许使用此类容易产生环境污染的材料

B. 由于公司从事公益事业，对环境造成影响并不违法

C. 只要公司交纳罚款，可以不采取防护措施

D. 运输、装卸、存储过程中必须采取密封措施或其他防护措施

2. 国家根据(　　)，对建设项目的环境影响评价实行分类管理。

A. 建设项目的规模

B. 建设项目对环境的影响程度

C. 建设项目复杂程度

D. 建设项目对社会经济的影响程度

3. 国家对建设项目的环境影响评价实行分类管理，对影响很小、不需要进行环境影响评价的，应当(　　)。

A. 编制环境影响报告书　　B. 编制环境影响报告表

C. 填报环境影响登记表　　D. 填报环境影响调查表

4. 建设项目的环境影响评价文件自批准之日起超过(　　)，方决定该项目开工建设的，其环境影响评价文件应当报原审批部门重新审核。

A. 1 年　　B. 2 年　　C. 3 年　　D. 5 年

5. (　　)负责全国建筑节能的监督管理工作。

A. 国务院建设主管部门　　B. 国务院管理节能工作的部门

C. 国务院发展计划部门　　D. 国务院经济贸易主管部门

6. 县级以上人民政府城乡规划部门依法对民用建筑工程进行规划审查，不符合民用建筑节能强制性标准的，(　　)颁发建设工程规划许可证。

A. 不得　　B. 可以　　C. 应当　　D. 延期

7. 建设单位应当遵守民用建筑节能法律、法规和(　　)，不得有明示或者暗示设计、施工图设计文件审查、施工、监理、检测等单位违反民用建筑节能规定和标准的行为。

A. 国家标准　　B. 强制性标准

C. 推荐性标准　　D. 行业标准

8. 违反《民用建筑节能条例》规定，施工单位在建筑活动中使用列入国家禁止使用目录的技术、工艺、材料和设备的，由(　　)以上人民政府建设主管部门责令改正。

A. 省级　　B. 市级　　C. 县级　　D. 乡级

9. 根据《绿色建筑评价标准》的规定，就地取材是指材料产地距施工现场(　　)km 范围内。

A. 200　　B. 300　　C. 400　　D. 500

10. 绿色施工评价要素中的一般项是指(　　)。

A. 绿色施工过程中必须达到的基本要求条款

B. 绿色施工过程中实施难度和要求适中的条款

C. 绿色施工过程中实施难度大条款

D. 绿色施工过程中要求较高的条款

11. 节材与材料资源利用评价指标的控制项中规定，应有健全的机械保养、限额领料和(　　)等制度。

A. 选用绿色材料　　B. 材料节约

C. 建筑垃圾再生利用　　D. 采用可回收材料

12. 下列规定中，关于水资源利用规定的是(　　)。

A. 将节水指标纳入合同款项

B. 有计量考核记录

C. 节约用水

D. 尽量使用非传统水源进行车辆、机具和设备冲洗

13. 下列指标中，(　　)是节能与能源资源利用评价指标中的一般项。

A. 应有节能的控制措施

B. 对主要耗能施工设备应定期进行耗能计量核算

C. 国家、行业、地方政府明令淘汰的施工设备、机具和产品不应使用

D. 临时用电设施

14. 建筑工程绿色施工评价要素不包括下列哪个指标(　　)。

A. 控制项　　B. 一般项　　C. 合格项　　D. 优选项

15. 下列指标中，(　　)是节地与土地资源利用评价指标中的控制项。
A. 施工临时用地应有审批用地手续
B. 施工现场临时道路布置与原有永久道路兼顾考虑
C. 施工总平面布置应紧凑，并应尽量减少占地
D. 应采用预拌混凝土
16. 节材与材料资源利用评价指标中，下列哪项规定不属于关于材料选择方面的要求(　　)。
A. 施工应选用绿色环保材料
B. 临建设施应采用可拆迁、可回收材料
C. 顶棚宜采用吊顶
D. 应利用粉煤灰、矿渣、外加剂等新材料降低混凝土中的水泥用量
17. 关于节约用地，下列规定中正确的是(　　)。
A. 在未经批准的临时用地范围内组织施工
B. 施工现场临时道路布置与原有永久道路兼顾考虑
C. 场内交通道路双车道为 8 m
D. 应采用现场搅拌混凝土
18. 建筑工程绿色施工评价等级不包括(　　)。
A. 不合格　　B. 合格　　C. 中　　D. 优良
19. 下列不属于环境影响评价指标的有(　　)。
A. 施工现场的文物古迹和古树名木应采取有效保护措施
B. 现场施工标牌应包括环境保护内容
C. 施工总平面布置应紧凑，并应尽量减少占地
D. 厕所、卫生措施、排水沟及阴暗潮湿地带应定期消毒
20. 施工现场场内交通道路单车道宽度不宜大于(　　)m。
A. 2.5　　B. 3　　C. 3.5　　D. 4

二、多选题

建设许可与工程发、承包

1.《建筑法》关于建筑工程施工许可的主要内容，包括对(　　)的规定。
A. 建筑工程施工许可制度
B. 建设单位应具备的条件
C. 从事建筑活动的单位的条件
D. 从事建筑活动的专业技术人员的资格
2. 从事建筑活动的施工企业的资质等级，是按照其拥有的注册资本、(　　)和已完成的建筑工程业绩等方面条件来划分确定的。
A. 企业管理人员　　B. 专业技术人员
C. 技术装备　　D. 财务状况
3.《建筑法》所指“从事建筑活动的专业技术人员”，应当包括(　　)等。
A. 项目经理　　B. 项目技术负责人
C. 注册建筑师　　D. 注册造价师
4. 有关总包分包的责任承担表述正确的是(　　)。
A. 总承包单位按照总承包合同的约定对建设单位负责
B. 分包单位按照分包合同的约定对总承包单位负责
C. 总承包单位和分包单位就分包工程对建设单位承担连带责任

D. 总承包单位和分包单位就分包工程对建设单位承担各自的责任

5. 我国《建筑法》规定，建筑工程的发包单位可以(　　)。

A. 将建筑工程的勘察、设计、施工、设备采购一并发包给一个工程总承包单位

B. 将建筑工程的施工发包给一个工程总承包单位

C. 将建筑工程的设计、施工和设备采购一并发包给一个工程总承包单位

D. 将建筑工程肢解成若干部分发包给几个承包单位

6. 承包单位将承包的工程转包或者违法分包的，责令改正，没收违法所得，并处罚款，(　　)。

A. 可以责令停业整顿　　B. 降低资质等级

C. 吊销资质证书　　D. 吊销营业执照

建设工程招标与投标

1.《招标投标法》规定，可以不进行招标的项目有(　　)。

A. 涉及国家安全、国家秘密的项目

B. 抢险救灾的项目

C. 工程技术复杂只有少数几家企业能够胜任的项目

D. 属于利用扶贫资金实行以工代赈的项目

2. 进行施工招标应当具备的条件有(　　)。

A. 招标人依法成立　　B. 资金来源已经落实

C. 有招标所需的设计图纸及技术资料　　D. 初步设计履行审批手续，还未批准

3.《招标投标法》规定，招标文件应当包括的内容有(　　)等所有实质性要求和条件以及拟签订合同的主要条款。

A. 招标项目的技术要求　　B. 对投标人资格审查的标准

C. 投标报价要求和评标标准　　D. 招标项目的实施时间和地点

4. 招标代理机构应当具备的条件有(　　)。

A. 从事招标代理业务的营业场所和相应资金

B. 能够编制招标文件和组织评标的相应专业力量

C. 符合要求可以作为评标委员会成员人选的技术、经济等方面的专家库

D. 必备的相关业务经验

5. 下列选项中，属于投标人实施的不正当行为的是(　　)。

A. 投标人以低于成本的报价竞标

B. 投标人之间进行内部竞价，内定中标人，然后再参加投标

C. 投标人以远高于成本的报价竞标

D. 招标人预先内定中标者，在确定中标者时以此决定取舍

6. 下列行为均属于招标人与投标人串通投标有(　　)。

A. 招标人向投标人泄露标底

B. 招标人与投标人商定，投标时压低或抬高标价

C. 招标人预先内定中标人

D. 招标人在开标前找投标人谈话

7. 联合体投标的，(　　)。

A. 应当约定牵头人，中标后由牵头人代表联合体各方签订合同

B. 联合体各方均应当具备承担招标项目的相应能力

C. 联合体不可以事先约定各方拟承担的工作和责任

D. 联合体中标的，联合体各方就中标项目向招标人承担连带责任

8. 以下开标程序中正确的是(　　)。

A. 开标由工作人员主持，邀请所有投标人参加

B. 开标时间即为提交投标文件截止时间

C. 投标文件经确认无误后，由工作人员当众拆封

D. 开标时应当当众拆封、宣读所有有效投标文件

9. 评标委员会的专家可由招标人从(　　)中确定。

A. 县以上人民政府有关部门提供的专家名册

B. 国务院有关部门提供的专家名册

C. 省、自治区、直辖市人民政府有关部门提供的专家名册

D. 招标代理机构的专家库内的相关专业的专家名单

10.《招标投标法》规定，中标人的投标应当符合(　　)之一。

A. 能够最大限度地满足招标文件中规定的各项综合评价标准

B. 能够满足招标文件的所有要求，并且经评审的投标价格最低

C. 能够最大限度地满足招标文件中规定的实质性要求

D. 能够满足招标文件的实质性要求，并且经评审的投标价格最低；但是投标价格低于成本的除外

11. 关于招投标活动的监督管理，以下说法正确的是(　　)

A. 县级以下地方人民政府发展改革部门指导和协调本行政区域的招标投标工作

B. 国务院发展改革部门指导和协调全国招标投标工作

C. 国家不鼓励利用信息网络进行电子招投标

D. 招投标交易场所不得与行政监督部门存在隶属关系，不得以营利为目的

建设工程安全生产管理

1.《安全生产法》规定，生产经营单位新建、改建、扩建工程项目的安全设施，必须与主体工程(　　)。

A. 同时立项　　B. 同时设计

C. 同时施工　　D. 同时投入生产和使用

2.《建设工程安全生产管理条例》规定，施工单位从事建设工程的新建、扩建、改建和拆除等活动，应当具备国家规定的(　　)等条件，依法取得相应等级的资质证书，并在其资质等级许可的范围内承揽工程。

A. 注册资本　　B. 环境保护

C. 专业技术人员　　D. 安全生产

3.《建设工程安全生产管理条例》规定，(　　)必须按照国家有关规定经过专门的安全作业培训，并取得特种作业操作资格证书后，方可上岗作业。

A. 垂直运输机械作业人员　　B. 安装拆卸工

C. 起重信号工　　D. 砌筑工

4.《建设工程安全生产管理条例》规定，施工单位的(　　)应当经建设行政主管部门或者其他有关部门考核合格后方可任职。

A. 技术负责人　　B. 主要负责人

C. 项目负责人　　D. 专职安全生产管理人员

5.《中华人民共和国建筑法》规定，建筑施工企业和作业人员在施工过程中，应当遵守有关安全生产的法律、法规和建筑行业安全规章、规程，不得违章指挥或者违章作业。作业人员对危及生命安全和人身健康的行为有权提出(　　)。

A. 控告　　B. 检举　　C. 加薪　　D. 批评

6.《建设工程安全生产管理条例》规定，建设单位应当在拆除工程施工 15 日前，将下列资料报送建设工程所在地的县级以上地方人民政府建设行政主管部门或者其他有关部门备案(　　)。

A. 施工单位资质等级证明；　　B. 可能危及的毗邻建筑；

C. 拆除施工组织方案；　　D. 堆放、清除废弃物的措施。

7.《建设工程安全生产管理条例》规定，为建设工程提供机械设备和配件的单位，应当按照安全施工的要求配备齐全有效的(　　)等安全设施和装置。

A. 保险　　B. 技术标准　　C. 使用说明　　D. 限位

8.《建设工程安全生产管理条例》规定，勘察单位在勘察作业时，应当严格执行操作规程，采取措施保证各类(　　)的安全。

A. 管线　　B. 材料　　C. 设施　　D. 周边建筑物、构筑物

9. 监理工程师应当按照工程监理规范的要求，采用(　　)等形式，对建设工程实施监理。

A. 旁站　　B. 巡视　　C. 平行检验　　D. 监督

10. 根据《建筑施工企业安全生产许可证管理规定》第六条规定建筑施工企业申请安全生产许可证时，应当向建设主管部门提供(　　)材料。

A. 建筑施工企业安全生产许可证申请表

B. 企业法人营业执照

C. 企业资质证书

D.《建筑施工企业安全生产许可证管理规定》第四条规定的相关文件、材料

11.《安全生产法》关于安全生产违法行为举报的规定包括(　　)和(　　)两个方面。

A. 社会举报　　B. 人民举报　　C. 举报受理　　D. 举报接收

12. 追究安全生产违法行为法律责任的形式有(　　)。

A. 行政责任　　B. 国家赔偿责任　　C. 民事责任　　D. 刑事责任

13.《安全生产法》规定的行政执法主体有(　　)。

A. 县级以上人民政府负责安全生产监督管理职责的部门

B. 县级以上人民政府

C. 公安机关

D. 建设单位

14. 施工起重机械和整体提升脚手架、模板等自升式架设设施安装、拆卸单位有下列(　　)的，责令限期改正，处 5 万元以上 10 万元以下的罚款。

A. 未编制拆装方案、制定安全施工措施的

B. 未由专业技术人员现场监督的

C. 未出具自检合格证明或者出具虚假证明的

D. 向施工单位进行安全使用说明，但未办理移交手续的

15. (　　)负责事故调查的人民政府应当自收到事故调查报告之日起 15 日内做出批复。

A. 一般事故　　B. 较大事故　　C. 重大事故　　D. 特别重大事故

16. 报告事故应当包括下列内容(　　)。

A. 事故发生单位概况

B. 事故发生的时间、地点以及事故现场情况

C. 事故的简要经过

D. 事故造成损失的具体情况

17. 安全生产监督管理部门和负有安全生产监督管理职责的有关部门接到事故报告后，应当依照下列规定上报事故情况，并通知(　　)。

A. 公安机关　　B. 劳动保障行政部门

C. 相关工程主管部门　　D. 人民检察院

建设工程质量管理

1. 根据《建设工程质量管理条例》规定，不适用本条例的建设活动有(　　)。

A. 抢险救灾工程

B. 临时性房屋建筑

C. 农民自建低层住宅

D. 利用国际组织贷款、援助资金的工程

2. 施工单位必须按照(　　)施工，不得擅自修改工程设计，不得偷工减料。

A. 标准施工工艺　　B. 合同约定

C. 施工技术标准　　D. 工程设计图纸

3. 根据《建设工程质量管理条例》规定，在正常使用条件下，下列建设工程的最低保修期限说法不正确的是(　　)。

A. 主体结构工程为合理使用年限　　B. 地基基础工程为 10 年

C. 设备安装和装修工程为 3 年　　D. 屋面防水工程为 10 年

4. 建筑施工企业出借资质证书给其他企业承揽任务，对由于该项工程不符合规定的质量标准造成损失的，由(　　)承担赔偿责任。

A. 出借资质证书的施工企业　　B. 使用资质证书承揽任务的企业

C. 企业主管部门　　D. 质量监督机构

5. 下列说法正确的有(　　)。

A. 建设工程竣工后，发包人应根据图纸规范等进行及时验收

B. 验收合格的，发包人应当按约定支付价款并接受该工程

C. 验收不合格的，经修理或返工、改建符合设计要求后，发包人可不予接受

D. 未经检验或者验收不合格的，不得交付使用

6. 工程监理单位与被监理工程的(　　)有隶属关系或者其他利害关系的，不得承担该项建设工程的监理业务。

A. 建设单位　　B. 施工承包单位

C. 建筑材料、建筑构配件供应单位　　D. 建筑设备供应单位

7. 建筑设计单位对设计文件选用的材料、设备、构配件不得指定(　　)。

A. 生产厂　　B. 具体规格、型号

C. 性能指标　　D. 供应商

8. 根据《建设工程质量管理条例》的规定，下列选项中，(　　)符合勘察、设计单位质量责任和义务的规定。

A. 勘察、设计单位应当依法取得相应资质等级证书，并在其资质等级许可的范围内承揽工程

B. 任何情况下设计单位均不得指定生产厂、供应商

C. 注册执业人员应当在设计文件上签字，对设计文件负责

D. 勘察、设计单位必须按照工程建设强制性标准进行勘察、设计

9. 检测机构应当将检测过程中发现的(　　)违反有关法律、法规和工程建设强制性标准的情况，及时报告工程所在地建设主管部门。

A. 建设单位　　B. 监理单位　　C. 设计单位　　D. 施工单位

10. 根据《建设工程质量管理条例》的规定，下列选项中，(　　)是工程质量监督管理部门。

A. 国家发展与改革委员会　　B. 建筑业协会

C. 工程质量监督机构　　D. 建设行政主管部门及有关专业部门

11. 建设单位有下列(　　)违法行为的，应按照有关规定予以行政处罚。

A. 在工程竣工验收合格之日起10天内未办理工程竣工验收备案

B. 在工程竣工验收合格之日起15天内未办理工程竣工验收备案

C. 在重新组织竣工验收前擅自使用工程

D. 采用虚假证明文件办理竣工验收备案

12. 根据《湖南省建设工程质量和安全生产管理条例》规定，对建设工程质量和安全生产负有监督管理职责的部门的工作人员，(　　)的，按照人事管理权限，给予行政处分；构成犯罪的，依法追究刑事责任。

A. 滥用职权　　B. 假公济私　　C. 玩忽职守　　D. 徇私舞弊

13. 根据《建设工程质量管理条例》规定，建设单位有(　　)行为的，责令改正，处工程合同价款2%以上、4%以下的罚款；造成损失的，依法承担赔偿责任。

A. 未组织竣工验收，擅自交付使用的

B. 明示或者暗示施工单位使用不合格的建筑材料、建筑构配件和设备的

C. 对不合格的建设工程按照合格工程竣工验收的

D. 验收不合格，擅自交付使用的

14. 工程监理单位与被监理工程的施工承包单位以及建筑材料、建筑构配件和设备供应单位有隶属关系或者其他利害关系的，应承担的法律责任为(　　)。

A. 有违法所得的，予以没收　　B. 降低资质等级或吊销资质证书

C. 责令改正，处5万～20万元的罚款　　D. 责令改正，处5万～50万元的罚款

环境保护与建筑节能

1. 所谓环境保护“三同时”制度，就是指建设项目需要配套建设的环境保护设施，必须与主体工程(　　)。

A. 同时设计　　B. 同时施工　　C. 同时维修　　D. 同时投产使用

2. 违反《民用建筑节能条例》规定，建设单位有下列(　　)行为的，由相应建设行政主管部门责令改正，处20万元以上50万元以下的罚款。

A. 明示或者暗示设计单位、施工单位违反民用建筑节能强制性标准进行设计、施工的

B. 明示或者暗示施工单位使用不符合施工图设计文件要求的墙体材料、保温材料、门窗、采暖制冷系统和照明设备的

C. 采购不符合施工图设计文件要求的墙体材料、保温材料、门窗、采暖制冷系统和照明设备的

D. 对不符合民用建筑节能强制性标准的民用建筑项目出具竣工验收合格报告的

3. 建筑工程绿色施工评价要素包括下列哪些指标(　　)。

A. 控制项　　B. 一般项　　C. 合格项　　D. 优选项

4. 节材与材料资源利用评价指标的控制项中规定，应有健全的(　　)等制度。

A. 选用绿色材料　　B. 机械保养

C. 建筑垃圾再生利用　　D. 限额领料

5. 下列属于节水与水资源利用指标的是(　　)。

A. 提高用水效率　　B. 水污染控制

C. 非传统水源利用　　D. 用水安全

专业通用知识篇

（单选题 207 多选题 54 案例题 0 ）

一、单选题

建筑制图及识图

1. 图样上的尺寸单位，除标高及总平面图以(　　)为单位外，其他必须以毫米为单位。

A. 毫米　　B. 厘米　　C. 米　　D. 分米

2. A2 图纸幅面的尺寸规格是(　　)。

A. 594×841　　B. 420×630　　C. 420×594　　D. 297×420

3. 图样的比例，应为(　　)相对应的线性尺寸之比。

A. 实物与图形　　B. 图形与实物　　C. 图形与建筑物　　D. 模型与实物

4. 比例宜注写在图名的(　　)。

A. 左侧　　B. 中间　　C. 右侧　　D. 下方

5. 指北针尾部的宽度宜为圆直径的(　　)。

A. 1/2　　B. 1/3　　C. 1/8　　D. 1/10

6. 基本制图标准中规定图样及说明中的汉字宜采用(　　)或黑体。

A. 宋体　　B. 长仿宋体　　C. 隶书　　D. 楷体

7. 假定某图样的基本线宽为 b，则图中采用粗线、中线、细线的线宽比例应为(　　)。

A. 1：0.5：0.25　　B. 2：1：0.5　　C. 1：0.7：0.5　　D. 2：1.5：1

8. 详图符号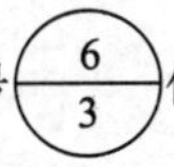

代表的含义是(　　)。

A. 对应本张图纸内编号为 6 的详图　　B. 对应本张图纸内编号为 3 的详图

C. 对应第 6 张图纸内编号为 3 的详图　　D. 对应第 3 张图纸内编号为 6 的详图

9. 垂直于“水平面”的直线是一条(　　)。

A. 正平线　　B. 铅垂线　　C. 水平线　　D. 一般线

10. 工程上常用的四种投影是多面正投影、轴测投影、透视投影和标高投影，其中标高投影属于(　　)。

A. 中心投影　　B. 斜投影　　C. 多面投影　　D. 正投影

11. 平行于 H 投影面的平面在 V 和 W 投影面上的投影为(　　)。

A. 在 V 投影面上是直线，在 W 投影面上是平面

B. 在 W 投影面上是直线，在 V 投影面上是平面

C. 均为平面

D. 均为直线

12. 在两个或多个两两互相垂直的投影面上分别作出同一个形体的正投影，然后把投影面连同其上的正投影一起展开到同一平面而形成投影图的方法称为(　　)。

A. 多面正投影法　　B. 轴侧投影法　　C. 透视投影法　　D. 标高投影法

13. 圆球在三个基本投影面上的投影结果为(　　)。

A. 一个圆两个正方形　　B. 两个圆一个正文形

C. 三个大小不相等的圆　　D. 三个大小相等的圆

14. 三投影面体系中，H 面、V 面投影在 X 轴方向均反映形体的长度且互相对正，称之为(　　)。

A. 高平齐　　B. 长对正　　C. 宽相等　　D. 三等

15. 已知点 A（10，0，0）和点 B（10，0，10），以下关于点 A 和点 B 的相对位置正确的是(　　)。

A. 点 B 在点 A 的前面　　B. 点 B 在点 A 的正上方

C. 点 A 在点 B 的正下方　　D. 点 A 在点 B 前面

16. 平面与圆球相交，截交线的空间形状是(　　)。

A. 椭圆　　B. 双曲线　　C. 直线　　D. 圆

17. 正垂面与侧垂面相交，其交线是(　　)。

A. 侧垂线　　B. 水平线　　C. 一般线　　D. 圆

18. 正三棱柱的三面投影中，可能有(　　)三角形。

A. 没有　　B. 一个　　C. 两个　　D. 三个

19. 当平面垂直投影面时，在该投影面上的投影结果为(　　)。

A. 反映实形　　B. 一根线　　C. 一个点　　D. 不确定

20. 在三投影面体系中 Z 轴方向的尺寸反映物体的(　　)。

A. 长度　　B. 宽度　　C. 高度　　D. 不确定

21. 根据形体的 H 面和 V 面投影（下图所示），选择正确的 W 投影(　　)。

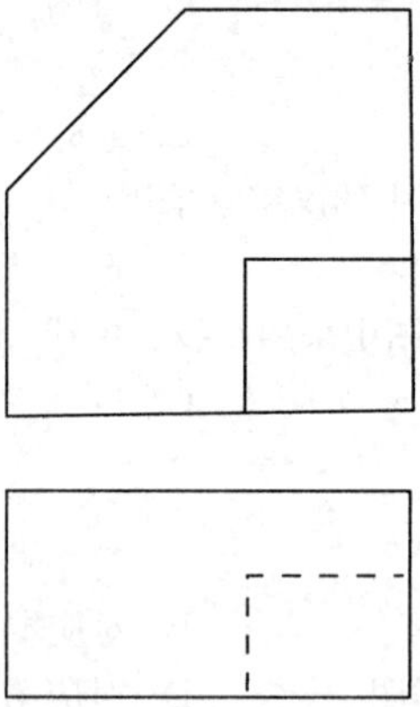

A. 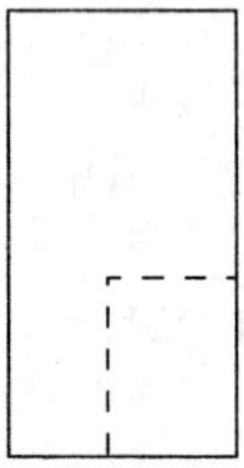

B. 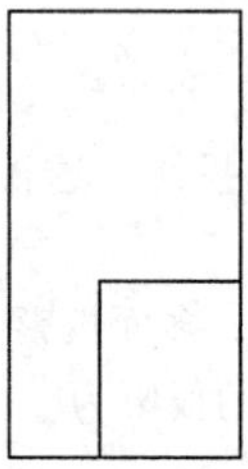

C. 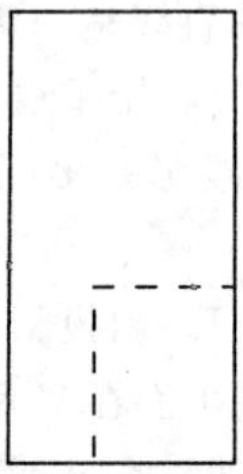

D. 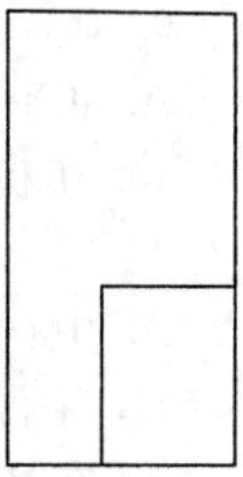

22. 根据形体的 H 面和 V 面投影（下图所示），选择正确的 W 投影(　　)。

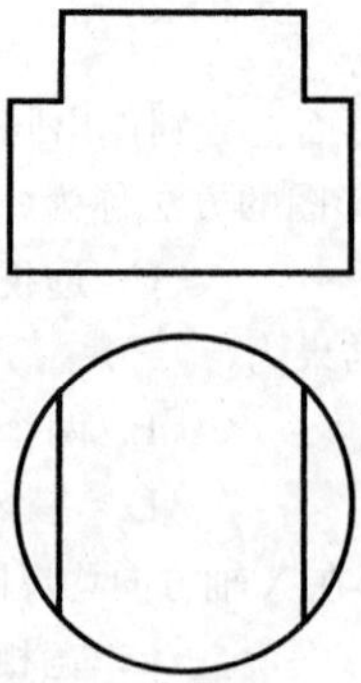

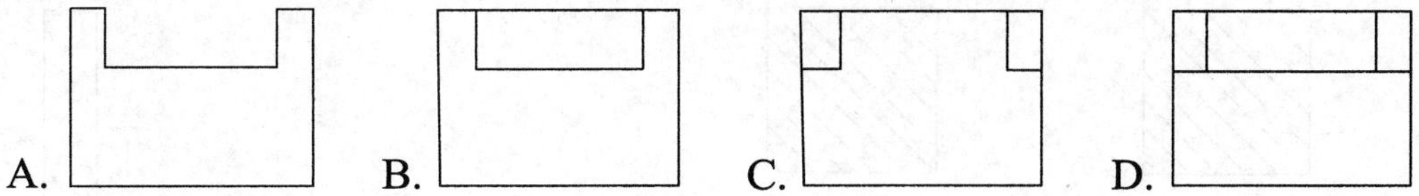

23. 已知 E 点在 F 点正上方，则 E 和 F 两点的(　　)坐标值不相等。

A. X 方向　　B. Y 方向

C. Z 方向　　D. 所有方向

24. H 面投影反映形体的(　　)。

A. 顶面形状和长度、宽度两个方向的尺寸

B. 底面形状和长度、宽度两个方向的尺寸

C. 正面形状和高度、长度两个方向的尺寸

D. 侧面形状和高度、宽度两个方向的尺寸

25. 房屋建筑的各种视图主要是采用(　　)绘制的。

A. 正投影法　　B. 平行投影法

C. 斜投影法　　D. 标高投影法

26. 在三投影面体系中 X 轴方向的尺寸反映物体的(　　)。

A. 长度　　B. 宽度

C. 高度　　D. 不确定

27. 在进行剖面图的处理时，若用一个剖切面不能将形体上需要表达的内部构造一齐剖开，可用两个及以上相互平行的剖切平面，这样得到的剖面图称为(　　)。

A. 全剖图　　B. 阶梯剖面图

C. 局部剖面图　　D. 半剖面图

28. 以下关于选择剖面位置的基本原则，不正确的是(　　)。

A. 剖切面平行于某一投影面　　B. 剖切面过形体的对称面

C. 剖切面过孔洞的轴线　　D. 剖切过程可能产生新线

29. 在杆件投影图的某一处用折断线断开，然后将断面图画于其中的画法称为(　　)。

A. 局部断面图　　B. 移出断面图

C. 中断断面图　　D. 重合断面图

30. 用一假想的平面剖切某形体得到的投影图称为(　　)。

A. 正面图　　B. 剖面图

C. 局部投影图　　D. 断面图

31. 将形体某一部分剖切后所形成的断面图，画在原投影图以外的一侧称为(　　)。

A. 全断面图　　B. 移出断面图

C. 重合断面图　　D. 中断断面图

32. 剖面图中，剖切到的轮廓线用(　　)来表示。

A. 粗实线　　B. 细实线

C. 虚线　　D. 点画线

33. 剖切平面平行于 V 投影面时得到的剖面图称为(　　)。

A. 正立剖面图　　B. 侧立剖面图

C. 斜立剖面图　　D. 俯视图

34. 某构件及剖切位置如下图所示，与之对应的断面图应为(　　)。

A.
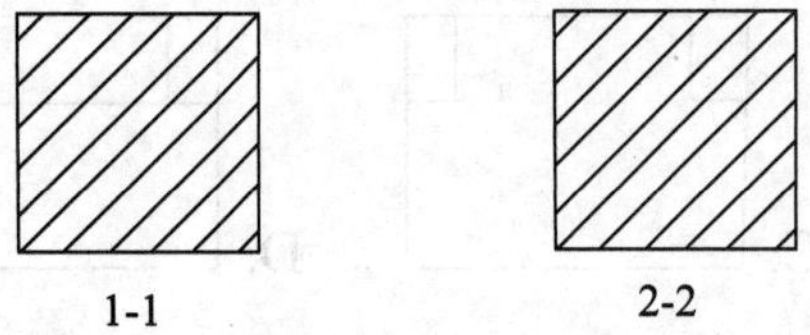

B.
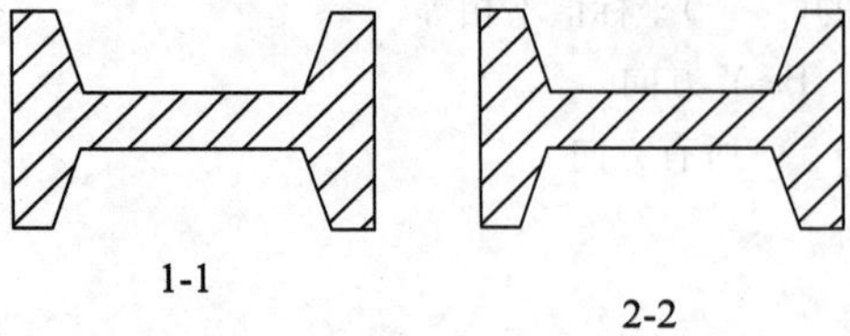

C.
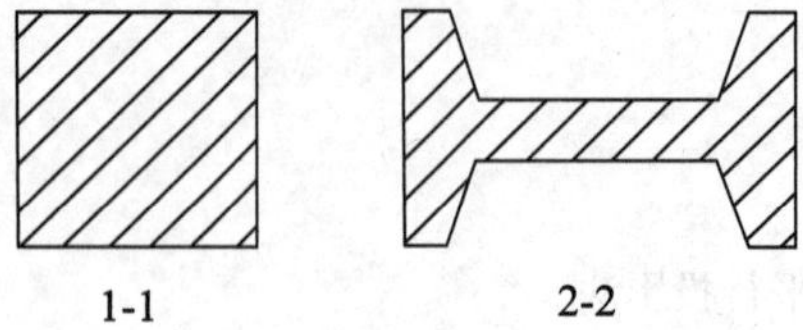

D.
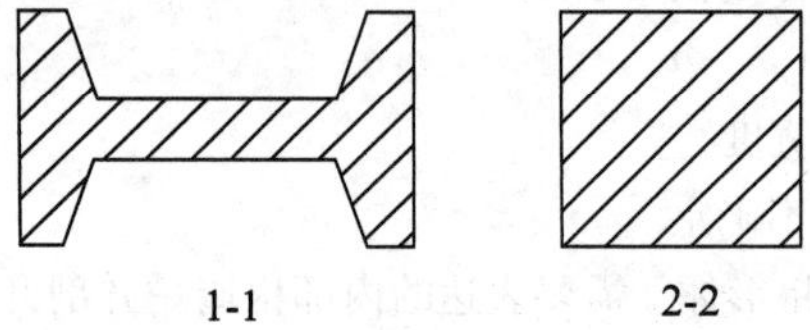

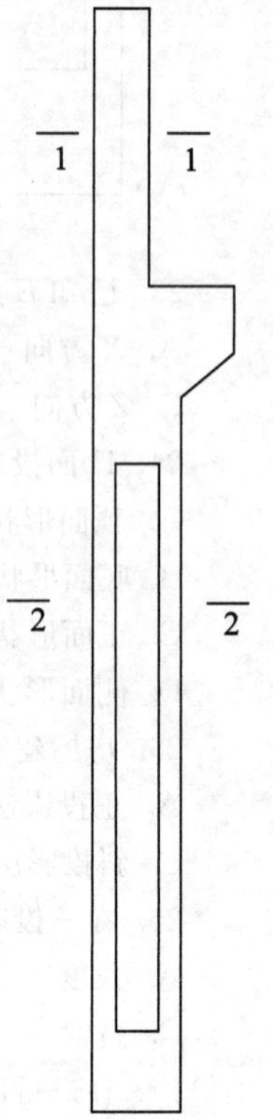

35. 某构件形体是对称的，画图时把形体的一半画成剖面图，这样组合而成的投影图叫做(　　)。

A. 半剖面图　　B. 展开剖面图　　C. 局部剖面图　　D. 全剖面图

36. 建筑平面图、剖面图应以(　　)绘制。

A. 直接正投影法　　B. 中心投影法

C. 轴测投影法　　D. 直接标高投影法

37. 绘制房屋建筑平面图通常采用的比例是(　　)。

A. 1∶50　　B. 1∶100　　C. 1∶150　　D. 1∶200

38. 建筑平面图是采用一假想的(　　)以上位置切开，将上部移去后所得的水平投影图。

A. 水平剖切面沿基础顶面　　B. 水平剖切面沿楼地面

C. 垂直剖切面沿高度　　D. 水平剖切面沿窗台

39. 以下属于建筑施工图的是(　　)。

A. 总平面图　　B. 构件详图

C. 建筑剖面图　　D. 建筑立面图

40. 建筑剖面图的剖切位置应在(　　)中表示，剖面图的图名应与其剖切线编号对应。

A. 总平面图　　B. 标准层平面图

C. 底层平面图　　D. 屋顶平面图

41. 施工总平面图内容包括(　　)。

A. 总体布局规划、形状和位置、地形和地貌、朝向和风速、其他

B. 总体布局规划、形状和位置、地形和地貌

C. 总体布局规划、形状和位置

D. 形状和位置、地形和地貌、朝向和风速

工程材料

1. 以下属于水硬性胶凝材料的是(　　)。

A. 石灰　　B. 石膏　　C. 水玻璃　　D. 水泥

2. 1. 某材料的体积密度为 2.5 g/cm^3，堆积密度 1 600 kg/m^3，求该材料的空隙率(　　)。

A. 32%　　B. 36%　　C. 38%　　D. 40%

3. 材料的吸水性可用(　　)表示。

A. 吸水率　　B. 含水率　　C. 软化系数　　D. 湿润边角

4. 当材料的润湿边角(　　)时，称为亲水性材料。

A. $\theta>90°$　　B. $\theta<90°$　　C. $\theta=0°$　　D. $\theta\geq90°$

5. 某材料的体积密度为 2.5 g/cm^3，堆积密度 1 600 kg/m^3，求该材料的密实度(　　)。

A. 0.6　　B. 0.64　　C. 64%　　D. 66%

6. 材料的孔隙率（P）与密实度（D）的关系是(　　)。

A. $D+P>1$　　B. $D+P<1$　　C. $D+P=1$　　D. $D+P\neq1$

7. 某干燥多孔保温材料的导热系数为 $\lambda1$，吸水饱和后其导热系数为 $\lambda2$，再经受冰冻后其导热系数为 $\lambda3$。可以判定(　　)。

A. $\lambda1>\lambda2>\lambda3$　　B. $\lambda1<\lambda2<\lambda3$　　C. $\lambda1>\lambda2=\lambda3$　　D. $\lambda1<\lambda2=\lambda3$

8. 在潮湿环境中的重要建筑物其材料的软化系数不得低于(　　)。

A. 0.75　　B. 0.8　　C. 0.85　　D. 0.90

9. 用来评价材料轻质高强的指标是(　　)

A. 屈强比　　B. 疲劳强度　　C. 伸长度　　D. 比强度

10. 材料在外力作用下产生变形，当外力取消后能完全恢复原来形状的性质称为(　　)

A. 弹性　　B. 塑性　　C. 弹塑性　　D. 耐久性

11. (　　)是指材料在自然状态下单位体积的质量，用表示。

A. 密度　　B. 堆积密度　　C. 体积密度　　D. 比重

12. 以下不属于亲水性材料的是(　　)。

A. 沥青　　B. 木材　　C. 砖　　D. 混凝土

13. 硅酸盐水泥中掺入非活性混合材料后，(　　)。

A. 早期强度提高　　B. 水化热减小

C. 抗冻性增强　　D. 抗渗性增强

14. 有硫酸盐腐蚀的环境优先选用(　　)。

A. 硅酸盐水泥　　B. 普通水泥　　C. 矿渣水泥　　D. 高铝水泥

15. 以下关于复合水泥的性能不正确的是(　　)。

A. 早期强度低　　B. 水化热小　　C. 抗腐蚀性强　　D. 耐磨性好

16. 硬化过程中干缩性小，抗裂好的水泥是(　　)。

A. 普通水泥　　B. 火山灰水泥　　C. 矿渣水泥　　D. 粉煤灰水泥

17. 混凝土中的碱性物质与骨料中的活性成分发生化学反应而引起混凝土膨胀，这一著名理论称为(　　)。

A. 混凝土的碳化　　B. 混凝土的硬化

C. 混凝土的酸骨料反应　　D. 混凝土的碱骨料反应

18. 混凝土抗冻等级 F15 中的 15 是指(　　)。

A. 最大冻融次数为 15　　B. −15℃的冻结温度

C. 混凝土强度损失不超过 15%　　D. 混凝土质量损失不超过 15%

19. 混凝土各种力学性能指标的基本代表值是(　　)。

A. 立方体抗压强度标准值　　B. 轴心抗压强度标准值

C. 轴心抗压强度设计值　　D. 轴心抗拉强度标准值

20. 砼在长期荷载作用下，随时间而增长的变形称为(　　)

A. 塑变　　B. 徐变　　C. 应变　　D. 变形

21. 砂浆的强度主要取决于(　　)。

A. 外加剂的掺入量　　B. 养护条件

C. 水泥强度和水泥用量　　D. 砂子的强度

22. 工地上常用来测定混凝土拌合物的流动性指标是(　　)。

A. 坍落度　　B. 稠度　　C. 延性　　D. 黏聚度

23. 节约水泥和提高混凝土强度的有利措施是(　　)。

A. 采用级配良好的粗骨料　　B. 增加骨料用量

C. 采用连续级配的骨料　　D. 采用高强度等级的水泥

24. 国家标准规定，硅酸盐水泥终凝时间不得大于(　　)。

A. 45 min　　B. 3 h　　C. 390 min　　D. 10 h

25. 水泥出厂后，凡强度、凝结时间、不溶物和烧失量中的任一项不符合国家标标准规定的要求时为(　　)。

A. 废品　　B. 不合格品　　C. 二者都不是　　D. 二者都是

26. 硅酸盐水泥分为(　　)个强度等级。

A. 三　　B. 四　　C. 五　　D. 六

27. 硅酸盐水泥生产时需加入适量石膏，其目的是(　　)。

A. 增加水泥产量　　B. 改善水泥体积安定性

C. 调节水泥凝结时间　　D. 降低水泥水化热

28. (　　)不属于水泥活性混合材料。

A. 石灰石矿粉　　B. 粉煤灰

C. 粒化高炉矿渣　　D. 硅灰

29. 测定砂浆强度等级用的标准试件尺寸为(　　)。

A. 70.7 mm×70.7 mm×70.7 mm　　B. 100 mm×100 mm×100 mm

C. 150 mm×150 mm×150 mm　　D. 200 mm×200 mm×200 mm

30. 在水泥砂浆中加入少量石灰，其主要作用是(　　)。

A. 提高砂浆强度　　B. 增强砂浆的粘聚性

C. 改善砂浆的和易性　　D. 改善砂浆的美观性

31. 烧结普通砖的规格是(　　)。

A. 390 mm×240 mm×190 mm　　B. 390 mm×190 mm×190 mm

C. 240 mm×115 mm×53 mm　　D. 240 mm×115 mm×90 mm

32. 以下不属于常用砌筑砂浆的是(　　)。

A. 水泥砂浆　　B. 石灰砂浆

C. 水泥石灰混合砂浆　　D. 吸声砂浆

33. 钢材的冲击韧度指标越高，说明钢材的(　　)。

A. 强度越高　　B. 强度越低

C. 冲击韧性越好　　D. 冲击韧性越差

34. 钢材的屈强比越小，表明(　　)。

A. 钢材使用可靠性越高　　B. 钢材的冲击韧性越差

C. 钢材强度利用率越高　　　　　　　　　　D. 钢材的杂质含量越高

35.(　　)能使钢材产生热脆性。

A. 硫　　　　B. 磷　　　　C. 硅　　　　D. 锰

36. 在低碳钢拉伸应力应变图中，(　　)的应力与应变成正比。

A. 颈缩阶段　　　　B. 强化阶段　　　　C. 屈服阶段　　　　D. 弹性阶段

37. 钢材按含碳量大小可分为三类，其中含碳量小于(　　)为低碳钢。

A. 0.25%　　　　B. 0.3%　　　　C. 0.4%　　　　D. 0.6%

38. 建筑钢材的力学性能指标中不能通过拉伸试验来测定的是(　　)。

A. 屈服强度　　　　B. 抗拉强度　　　　C. 伸长率　　　　D. 冲击韧性

39.(　　)是反映钢材的安全可靠程度及利用率大小的重要参数。

A. 屈服强度　　　　B. 抗拉强度　　　　C. 疲劳强度　　　　D. 屈强比

40. 合金元素含量为8%的钢材属于(　　)。

A. 特高合金钢　　　　B. 高合金钢　　　　C. 中合金钢　　　　D. 低合金钢

施工工艺与方法

1. 对于高度不大于24 m的双排脚手架，连墙件设置要求为：(　　)。

A. 竖向间距为3 H，水平间距为3 L　　　　B. 竖向间距为2 H，水平间距为2 L

C. 竖向间距为3 H，水平间距为4 L　　　　D. 竖向间距为2 H，水平间距为3 L

2. 以下关于扣件式钢管脚手架特点，说法错误的是：(　　)。

A. 配件数量少　　　　B. 双排搭设

C. 装拆方便、搭设灵活　　　　D. 搭设高度较大

3. 正常气候条件下，砖墙每天砌筑高度不宜超过：(　　)。

A. 1.2 m　　　　B. 1.5 m　　　　C. 1. 8 m　　　　D. 2. 0 m

4. 为了保证砌体的结构性，组砌时第一皮砖和顶部一皮砖应为(　　)。

A. 顺砖砌筑　　　　B. 梅花丁砌筑　　　　C. 丁砖砌筑　　　　D. 无要求 5. 砖砌筑前应提前1～2 h浇水湿润，烧结普通砖的含水率应控制在(　　)内使用完毕。

A. 5%～8%　　　　B. 5%～10%　　　　C. 10%～15%　　　　D. 10%～20%

6. 砖墙砌筑施工工艺的第一个工序是(　　)。

A. 摆砖　　　　B. 抄平　　　　C. 挂线　　　　D. 放线

7. 砖砌体的灰缝应做到横平竖直，厚薄均匀，其厚度宜控制在(　　)。

A. 8～10 mm　　　　B. 10～12 mm　　　　C. 8～12 mm　　　　D. 12～15 mm

8. 组合砖砌体中，构造柱拉结钢筋设置应沿墙高每(　　)设置一道。

A. 300 mm　　　　B. 500 mm　　　　C. 750 mm　　　　D. 1 000 mm

9. 设有钢筋混凝土构造柱的抗震多层砖房，构造柱处的施工顺序正确的是(　　)。

A. 砌砖墙绑扎钢筋浇筑混凝土　　　　B. 绑扎钢筋砌砖墙 浇筑混凝土

C. 绑扎钢筋浇筑混凝土砌砖墙　　　　D. 砌砖墙浇筑混凝土 绑扎钢筋

10. 以下关于钢管脚手架扣件连接，说法错误的是：(　　)

A. 回转扣件主要用于45度角相交钢管的连接

B. 直角扣件主要用于两根垂直相交的钢管连接

C. 对接扣件主要用于钢管的接长连接

D. 扣件的基本形式有直角扣件、回转扣件、对接扣件三种

11. 以下关于脚手架搭设时连墙件设置，说法正确的是：(　　)

A. 对于单排脚手架，连墙件必须按两步三跨要求与主体结构进行连接

B. 对于单排脚手架，连墙件必须按三步四跨要求与主体结构进行连接

C. 对于>50 m双排脚手架，连墙件必须按两步三跨要求与主体结构进行连接

D. 对于≤50 m双排脚手架，连墙件必须按三步四跨要求与主体结构进行连接

12. 实际工程中扣件式钢管脚手架所用钢管通常为：(　　)

A. φ51×5.0的无缝钢管　　B. φ48×3.5的无缝钢管

C. φ100×6.5的无缝钢管　　D. φ32×3.5的无缝钢管

13. 当脚手架高度达到(　　)时，应对脚手架所采用的杆件间距进行核算，并从构造上对脚手架整体稳定进行加强。

A. 24 m以上　　B. 25～50 m　　C. 50 m以下　　D. 50 m以上

14. 建筑工程中普通受力钢筋主要采用(　　)。

A. 冷拉钢筋　　B. 热轧钢筋　　C. 冷轧扭钢筋　　D. 余热处理钢筋

15. 以下关于钢筋代换说法错误的是(　　)。

A. 对于不同级别间的钢筋代换应采用等面积代换

B. 钢筋代换必须征得设计单位的同意才能进行

C. 代换后的钢筋均应当满足构造方面要求

D. 等面积代换即代换后的钢筋总截面积不小于原设计中钢筋总截面积

16. 以下关于钢筋安装说法错误的是(　　)。

A. 主次梁交接处钢筋的安装顺序自下至上应该为：主梁钢筋、次梁钢筋、板钢筋

B. 矩形楼面板底筋安装时，短向筋在下，长向筋在上

C. 钢筋安装应当符合平法图集中构造详图的要求

D. 当梁腹板高度不大于450 mm时应设置侧向构造钢筋

17. 混凝土必须养护至其强度达到(　　)MPa以后，方可在其上踩踏和安装模板及支架。

A. 1.2　　B. 1.5　　C. 2.0　　D. 2.4

18. 以下混凝土施工缝留设的位置不正确的是(　　)。

A. 柱子的施工缝宜留在基础顶面、梁的下面

B. 有主次梁的楼板，施工缝宜留在主梁跨中1/3跨度处

C. 梁的施工缝宜留在梁端500 mm以内

D. 单向板的施工缝宜留在平行于短边任何位置处

19. 对预制混凝土构件，宜采用以下哪种养护方法(　　)。

A. 蒸汽养护　　B. 自然养护　　C. 标准养护　　D. 一般条件下的养护

20. 以下关于模板的施工，说法错误的是(　　)。

A. 梁支模时均应在跨中起拱，起拱高度为梁板跨度的0.1%－0.3%

B. 柱模板的底部应当开设垃圾清理孔

C. 当土质良好时，基础可以不用侧模板而采用原槽浇筑混凝土

D. 柱支模时必须满足垂直度及侧向稳定的要求

21. 模板拆除要求正确的是(　　)。

A. 先拆除承重部分，后拆除非承重部分

B. 先拆除非承重部分，后拆除承重部分

C. 先拆除受弯部分，后拆除受压部分

D. 先拆除受压部分，后拆除受弯部分

22. 对于跨度大于8 m的梁，底模拆除时所需混凝土强度应达到设计混凝土立方体抗压强度标准值的百分率为：(　　)

A. ≥50%　　B. ≥75%　　C. ≥90%　　D. 100%

23. 梁模施工时，中间起拱高度一般取梁板跨度的(　　)。
A. 0.2%～0.4%
B. 0.1%～0.3%
C. 0.5%～1%
D. 无特定要求，可由施工人员现场确定
24. 规范规定：HRB335 级钢筋的公称直径为：(　　)
A. 6～22 mm　　B. 12～22 mm　　C. 6～50 mm　　D. 12～50 mm
25. 以下关于柱子吊装，说法错误的是(　　)。
A. 当起重机吊杆长度受到限制时，宜用直吊法
B. 旋转法吊装柱时，应使绑扎点、柱脚中心与柱基础杯口中心三点同弧
C. 柱的校正应先校正偏差大的，后校正偏差小的
D. 采用滑行法吊装柱时，应使绑扎点、基础杯口中心二点同弧
26. 为了减轻并防止钢结构的腐蚀，目前国内外主要采用(　　)。
A. 清洗法　　B. 涂饰法　　C. 包裹法　　D. 试验法
27. 钢结构的优点不包括(　　)。
A. 结构自重轻　　B. 施工速度快　　C. 耐火性能好　　D. 强度高
28. 目前，钢结构的主要连接方式采用(　　)。
A. 焊缝连接　　B. 螺栓连接　　C. 铆钉连接　　D. 套管连接
29. 焊接质量检验应以(　　)为主。
A. 外观检查　　B. 抗滑系数试验　　C. 无损探伤　　D. 机械性能试验
30. 以下关于螺栓连接说法错误的是(　　)。
A. 普通螺栓分为 A、B、C 三级
B. A.B 级螺栓可用于承受较大剪力和拉力的连接
C. C 级螺栓连接变形大，且成本较高
D. 螺栓连接施工工艺简单、安装方便，特别适用于需要装拆结构连接

建筑工程项目管理

1. 施工图设计完成后，必须由(　　)审查并加盖审查专用章后使用。
A. 总设计工程师　　B. 总监理工程师
C. 施工图设计审查单位　　D. 建设单位
2. 工程项目的初步设计应在项目的(　　)阶段完成。
A. 策划和决策　　B. 准备
C. 实施　　D. 竣工验收和总结评价
3. 对工程项目的长远经济效益和战略方向起决定性作用的是工程项目(　　)阶段。
A. 策划和决策　　B. 准备整理　　C. 实施　　D. 竣工验收
4. 全部工程竣工验收的组织工作，大多由(　　)负责。
A. 施工单位　　B. 设计单位　　C. 建设单位　　D. 监理单位
5. 由业主或监理单位进行的工程项目管理中涉及到的施工阶段管理不属(　　)。
A. 施工项目管理　　B. 建设项目管理
C. 业主项目管理　　D. 监理方项目管理
6. 在工程项目建设周期中，通常工作量不大，但却最重要的是(　　)。
A. 准备阶段　　B. 策划与决策阶段
C. 实施阶段　　D. 竣工验收与评价阶段

7. 在基本建设程序中，工程项目的设计应在项目(　　)完成。

A. 决策阶段　　B. 前期工作阶段

C. 实施阶段　　D. 验收阶段

8. 项目决策阶段业主的主要任务中，不包括(　　)。

A. 对投资方向和内容作初步构想　　B. 组织评审可行性研究报告

C. 组织编制项目建议书　　D. 落实建设用地

9. 全过程质量管理是根据工程质量的形成规律，从源头抓起，应用(　　)进行全程质量控制。

A. 控制方法　　B. 管理方法　　C. 技术方法　　D. 过程方法

10. 施工项目的质量管理是从工序质量到(　　)的系统控制过程。

A. 分部工程质量、单位工程质量

B. 分部工程质量、分项工程质量、单位工程质量

C. 分项工程质量、单位工程质量

D. 分项工程质量、分部工程质量、单位工程质量

11. 属于施工方项目管理目标的是(　　)。

A. 施工的成本目标　　B. 设计的进度目标

C. 项目的投资目标　　D. 供货的质量目标

12. 施工作业的自控过程是由施工作业组织的成员进行的，其基本的控制程序包括：(　　)、作业活动的实施和作业质量的自检自查、互检互查以及专职管理人员的质量检查等。

A. 设备检查　　B. 工具检查　　C. 原材料检查　　D. 作业技术交底

13. 工程项目管理必须把好安全生产“六关”是(　　)。

A. 措施关、交底关、教育关、防护关、检查关、改进关

B. 技术关、交底关、教育关、防护关、检查关、改进关

C. 措施关、交底关、验收关、防护关、检查关、改进关

D. 措施关、交底关、教育关、防护关、评价关、改进关

14. 职业健康安全事故分两大类型是(　　)。

A. 职业事故与职业病　　B. 职业事故与职业伤害病

C. 职业伤害事故与职业病　　D. 伤害事故与职业病

15. 按照建设工程项目不同参与方的工作性质和组织特征划分的项目管理类型，施工方的项目管理不包括(　　)的项目管理。

A. 施工总承包方　　B. 建设项目总承包方

C. 施工总承包管理方　　D. 施工分包方

16. 在施工总承包管理模式下，施工项目总体管理和目标控制的责任由(　　)承担。

A. 业主　　B. 分包单位

C. 施工总承包管理单位　　D. 施工总承包单位

17. 通常的施工顺序是(　　)。

A. 先地上后地下、先浅后深、先主体后装修、先土建后安装

B. 先地上后地下、先深后浅、先主体后装修、先土建后安装

C. 先地下后地上、先深后浅、先主体后装修、先土建后安装

D. 先地下后地上、先浅后深、先主体后装修、先土建后安装

18. 某企业承包了某建筑工程项目的设计和施工任务，则该企业的项目管理属于建设项目(　　)。

A. 设计方的项目管理　　B. 工程总承包方的项目管理

C. 施工方的项目管理　　D. 采购方的项目管理

19. 在工程设计过程中最有可能对项目的"可施工性"考虑不够，不利于总投资控制的项目管理模式是(　　)。

A. 项目管理承包模式（PMC）　　B. 设计—采购—施工模式（EPC）

C. 设计—招投标—建造模式（DBB）　　D. 建筑工程管理模式（CM）

20. BOT是一种(　　)的项目融资方式。

A. 必须追索　　B. 无限追索　　C. 无需追索　　D. 有限追索

21. 施工方项目管理的目标主要服务于项目的整体利益和(　　)的利益。

A. 业主　　B. 施工方本身　　C. 设计单位　　D. 监理单位

22. 施工方项目管理的任务包括施工安全管理、施工成本、施工进度控制和(　　)、施工合同管理、施工信息管理和与施工有关的组织与协调等。

A. 施工质量控制　　B. 利润保证　　C. 人员安排　　D. 设备控制

23. 特别重大事故，是指造成(　　)死亡，或者100人以上重伤（包括急性工业中毒，下同），或者1亿元以上直接经济损失的事故。

A. 20人以上　　B. 25人以上　　C. 30人以上　　D. 35人以上

24. 材料成本占整个工程项目成本的比例(　　)，直接影响工程成本的控制。

A. 最大　　B. 较大　　C. 一般　　D. 较小

25. 机械成本的控制措施包括(　　)。

A. 增加施工机械台班量

B. 加大大修

C. 增加台班价格

D. 加强租赁设备计划的管理，充分利用社会闲置机械资源

26. 某施工项目进行成本管理，采取了多项措施，其中实行项目经理责任制、编制工作流程图等措施属于施工成本管理的(　　)。

A. 组织措施　　B. 技术措施　　C. 经济措施　　D. 合同措施

27. 建筑施工企业编制实施性成本计划时，宜以(　　)为依据。

A. 施工图预算成本　　B. 工程概算成本

C. 施工预算成本　　D. 施工结算成本

28. 下列各项中，在工程造价中作为竞争性费用的有(　　)。

A. 措施项目清单中的检验及测试费　　B. 措施项目清单中的安全文明施工费

C. 规费　　D. 税金

29. 材料成本的控制中，应(　　)。

A. 不考虑资金的时间价值，合理确定进货批量与批次，尽可能降低材料的储备

B. 考虑资金的时间价值，合理确定进货批量与批次，尽可能降低材料的储备

C. 不考虑资金的时间价值，加大进货批量与批次，尽可能降低材料的储备

D. 考虑资金的时间价值，合理确定进货批量与批次，尽可能加大材料的储备

30. 下列费用中，属于建筑安装工程间接费中规费的是(　　)。

A. 劳动保险费　　B. 环境保护费

C. 医疗保险费　　D. 临时设施费

31. 下列为加快进度而采取的各项措施中，属于技术措施的是(　　)。

A. 编制进度控制工作流程　　B. 实行班组内部承包制

C. 用大模板代替小模板　　D. 重视计算机软件的应用

32. 施工项目进度控制是一个不断进行的动态控制，也是(　　)进行的过程。

A. 一个循环　　B. 多个循环　　C. 静态控制　　D. 任意调整

33. 在影响进度的各种风险因素，技术方面的有(　　)。

A. 工程事故、试验失败、利率变化　　B. 工程事故、资金紧张、标准变化

C. 工程事故、设备故障、利率变化　　D. 工程事故、试验失败、标准变化

34. 按计划标准衡量所取得的结果，纠正发生的偏差，最终实现工程项目目标的管理过程称作(　　)。

A. 执行　　B. 检查　　C. 控制　　D. 调查

35. 在进行施工进度控制时，必须树立和坚持的最基本的工程管理原则是(　　)。

A. 在确保工程质量的前提下，控制工程的进度

B. 在确保投资的前提下，达到进度、成本的平衡

C. 在确保工程投资的前提下，控制工程的进度

D. 在满足各项目参与方利益最大化的前提下，控制工程的进度

36. 运用动态控制原理实施工程项目的进度控制，下列各项工作中应首先进行的工作是(　　)。

A. 对工程进度的总目标进行分解

B. 定期对工程进度计划值和实际值进行对比

C. 分析进度偏差的原因

D. 收集工程进度实际值

37. 建设工程项目进度控制措施中，采用信息技术辅助进度控制属于进度控制的(　　)措施。

A. 经济　　B. 技术　　C. 组织　　D. 管理

38. 为了加快施工进度，施工协调部门根据项目经理的要求，落实有关夜间施工条件、组织夜间施工的工作，属于管理职能中的(　　)环节。

A. 执行　　B. 检查　　C. 决策　　D. 筹划

39. 工序作业质是直接形成工程质量的基础，前道工序(　　)，才可进入下道工序。

A. 完成后　　B. 质量验收合格后　　C. 自检后　　D. 整改后

40. 施工阶段质量控制的主体是(　　)。

A. 业主　　B. 设计单位　　C. 监理单位　　D. 施工承包方

41. 监理工程师如发现工程施工不符合工程设计要求、施工技术标准和合同约定的，(　　)要求建筑施工企业改正。

A. 必须　　B. 可以　　C. 有权　　D. 原则

42. 某项目施工过程中，分包人负责的工程质量出现问题，总承包人应(　　)。

A. 无责任　　B. 承担连带责任

C. 承担主要责任　　D. 视问题成因进行责任划分

43. 工程项目不仅受项目决策、勘察设计、施工的影响，还要受材料、设备的影响，这表明(　　)。

A. 工程项目的质量特性较多

B. 影响工程项目质量的因素较多

C. 工程项目质量管理关系到项目的成败

D. 工程项目质量管理对工程项目质量起保证作用

44. 针对质量控制对象的控制目标、活动条件、影响因素进行周密分析，找出薄弱环节，制定有效的控制措施和对策，是(　　)的内容。

A. 事前质量预控　　B. 事中质量控制

C. 事后质量控制　　D. 反馈控制

45. 最基层的技术和交底活动是(　　)。

A. 业主向施工总承包方的交底　　B. 施工总承包方向分包方的交底

C. 施工单位向建设工程项目部的交底　　D. 施工作业交底

46. 以下内容属于施工质量的事前预控途径的是(　　)。

A. 工程测量定标高基准点的设置　　B. 施工技术复核

C. 技术核定和设计变更　　D. 见证取样送检

47. 以下内容属于施工质量的事中预控途径的是(　　)。

A. 施工分包单位的选择和资质的审查　　B. 材料设备和部品采购质量控制

C. 施工机械设备配置和性能控制　　D. 隐蔽工程验收

48. 下面不属于安全检查主要内容的有(　　)。

A. 查经济　　B. 查管理　　C. 查隐患　　D. 查事故处理

49. 安全生产管理的主要对象是(　　)。

A. 危险源　　B. 企业员工　　C. 生产设备　　D. 企业领导

50. 工程项目建设过程中的污染主要包括施工场界内的污染和对周围环境的污染，对施工场界内的污染防治属于(　　)问题。

A. 安全监督　　B. 职业健康　　C. 施工安全生产　　D. 环境保护

51. 施工单位对建设工程施工可能造成损害的毗邻建筑物、构筑物和地下管线等，应当(　　)。

A. 采取专项防护措施　　B. 通知相关单位采取措施

C. 通知建设单位采取措施　　D. 通知监理单位采取措施

52. 分包单位应当服从总承包单位的安全生产管理，分包单位不服从管理导致生产安全事故的，由(　　)。

A. 分包单位承担全部责任　　B. 总承包单位承担全部责任

C. 分包单位承担主要责任　　D. 总承包单位承担主要责任

53. 施工单位应当(　　)设置各项临时设施。堆放大宗材料、成品、半成品和机具设备，不得侵占场内道路及安全防护等设施。

A. 按照施工总平面布置图　　B. 根据施工便利

C. 根据经济合理的原则　　D. 根据建设单位的要求

54. 现场管理的目标是(　　)。

A. 场容规范、安全有序、整洁卫生、不损害公众利益

B. 场容规范、文明作业、整洁卫生、不损害公众利益

C. 场容规范、文明作业、安全有序、整洁卫生

D. 场容规范、文明作业、安全有序、整洁卫生、不损害公众利益

55. 噪声控制技术可从(　　)等方面来考虑。

A. 声源、传播途径、接收者防护　　B. 时间、传播途径、接收者防护

C. 声源、传播控制、防护　　D. 时间、传播途径、防护

56. 控制夜间施工作业，确需夜间作业的，必须事先向(　　)申办《夜间施工许可证》。

A. 建设主管部门　　B. 安全管理部门　　C. 城管部门　　D. 环保部门

57. 以下属于施工平面图设计依据的是(　　)。

A. 工程建筑面积　　B. 工程施工部署　　C. 工程施工方案　　D. 工程质量目标

58. 建筑工地的主要出入口处应设置醒目的施工标牌，不需标明内容是(　　)。

A. 工程项目名称、工地四周范围和面积、工程结构或层数、开工竣工日期

B. 建设单位、设计单位、施工单位、监理单位的名称及工程项目负责人、技术和安全负责人的姓名

C. 建设规划许可证、建设用地许可证、施工许可证批准文号

D. 施工人数

59. (　　)在建设工程领域的广泛应用就是对固体废弃物进行资源化利用的典型范例。

A. 砂　　B. 石灰　　C. 水泥　　D. 粉煤灰

60. 高大建筑物清理施工垃圾时，不符合要求的是(　　)。

A. 使用封闭式的容器　　B. 采取其他措施处理高空废弃物

C. 凌空抛撒　　D. 及时清理

61. 建筑工地应按安全、文明施工的要求设置各项临时设施，不符合要求的是(　　)。

A. 设置连续、通畅的排水设施和沉淀设施，防止泥浆、污水、废水外流或堵塞下水道和河道

B. 施工区域与非施工区域严格分隔

C. 施工区域内的沟、井、坎、穴等危险地形旁，应有醒目的警示标志，并采取安全防护措施

D. 临街或人口密集区的建筑物，可不设置防止物体坠落的防护性设施

62. 业主向承包商提出索赔的要求，称为(　　)。

A. 索赔　　B. 反索赔

C. 工期索赔　　D. 费用索赔

63. 建筑工程的发包单位与承包单位应当依法订立(　　)。

A. 口头合同　　B. 书面合同

C. 书面合同或口头合同　　D. 其他形式也可以

64. 工程施工合同履行中，发包人的义务不包括(　　)。

A. 办理工程征地拆迁手续　　B. 办理工程质量监督手续

C. 办理安全生产管理手续　　D. 办理竣工验收备案手续

65. 合同的变更、解除、终止、失效或者被确认无效，(　　)。

A. 影响仲裁条款或者仲裁协议的效力

B. 不影响仲裁条款，影响仲裁协议的效力

C. 不影响仲裁条款或者仲裁协议的效力

D. 影响仲裁条款，不影响仲裁协议的效力

66. 建设工程合同承包方必须是具有法人资格的企业，并须在(　　)等方面具备一定条件。

A. 公司利润、技术人员、装备、资质要求

B. 注册资本、技术人员、办公面积、资质要求

C. 注册资本、技术人员、装备、资质要求

D. 注册资本、单位人数、装备、资质要求

67. 合同中的仲裁条款或者附属于合同的协议，被视为与其他条款(　　)。

A. 共同存在的一部分　　B. 相分离而独立存在的一部分

C. 相分离而不能独立存在的一部分　　D. 相结合而独立存在的一部分

68. 合同变更包括(　　)、质量要求和标准、实施程序等的一切改变。

A. 工人加班　　B. 合同价款、工程内容、工程的数量

C. 安全设施加强　　D. 塔吊升高

69. 合同双方当事人没有订立仲裁协议的，(　　)。

A. 也可申请仲裁　　B. 不能申请仲裁

C. 经批准可申请仲裁　　D. 仲裁无效

70. 按照《中华人民共和国合同法》的规定，建设工程合同包括(　　)三种。

A. 建设工程监理合同、建设工程设计合同、建设工程施工合同

B. 建设工程勘察合同、建设工程设备合同、建设工程施工合同

C. 建设工程勘察合同、建设工程设计合同、建设工程施工合同

D. 建设工程监理合同、建设工程设备合同、建设工程施工合同

71.《建设工程施工合同（示范文本）》规定，发包人的义务包括(　　)。

A. 办理工程质量监督手续　　B. 办理安全生产管理手续

C. 保护施工现场地下管线　　D. 提供施工使用的围栏设施

72.《中华人民共和国招标投标法》规定：招标人与中标人不按照招标文件和中标人的投标文件订立合同的，或者招标人、中标人订立背离合同实质性内容的协议的，(　　)。

A. 合同无效；可以处中标项目金额5‰以上10‰以下的罚款

B. 责令改正；可以处中标项目金额10‰以上的罚款

C. 合同无效；可以处中标项目金额5‰以上的罚款

D. 责令改正；可以处中标项目金额5‰以上10‰以下的罚款

73. 如果负有履行义务的当事人不履行判决、仲裁裁决或调解书，对方当事人可以请求(　　)予以执行。

A. 人民法院　　B. 县级公安局　　C. 人民检察院　　D. 建设主管部门

74.《建设工程项目管理规范》中，对项目风险管理的定义是：项目风险管理是企业项目管理的一项重要管理过程，它包括对风险的(　　)及采取相应的对策。

A. 预测、辨识、分析、判断、评估　　B. 预测、辨识、分析、检查、评估

C. 预测、辨识、推断、判断、评估　　D. 预测、辨识、分析、判断、决定

75. 风险具有(　　)等特征。

A. 客观存在性、确定性、可预测性、结果双重性

B. 客观存在性、不确定性、可预测性、结果双重性

C. 客观存在性、不确定性、不可预测性、结果双重性

D. 客观存在性、确定性、不可预测性、结果双重性

76. 下列不属于回避风险的具体方法有(　　)。

A. 放弃某项不成熟工艺

B. 初冬时期为避免混凝土受冻，用矿渣水泥而改用硅酸盐水泥

C. 改变某项活动的性质

D. 终止某项活动

77. 一种由项目组织自己承担风险事故所致损失的措施的风险是(　　)。

A. 回避风险　　B. 转移风险　　C. 自留风险　　D. 分散风险

78. 对待消极风险的应对策略是(　　)。

A. 回避、转移与减轻　　B. 回避、转移与利用

C. 利用、分享和增加　　D. 转移、利用和接受

79. 一般来说，回避风险有(　　)三个层次。

A. 大小回避、项目回避和方案回避　　B. 方向回避、进度回避和方案回避

C. 方向回避、项目回避和方案回避　　D. 方向回避、项目回避和措施回避

80. 由总监理工程师（建设单位项目负责人）组织施工单位项目负责人和技术、质量负责人等进行验收的应是(　　)。

A. 检验批　　B. 分项工程　　C. 分部工程　　D. 单位工程

81. 按照我国《建设工程项目管理规范》的规定，竣工资料的内容应包括(　　)和规定的其他应交资料。

A. 工程施工技术资料、工程质量保证资料、工程检验评定资料

B. 工程施工技术资料、工程检验评定资料、竣工图

C. 工程施工技术资料、工程质量保证资料、工程检验评定资料、竣工图

D. 工程施工技术资料、工程质量保证资料、竣工图

82. 根据《建设工程质量管理条例》，将各类房屋建筑工程及市政基础设施工程竣工验收文件备案的单位是(　　)。

A. 施工单位　　B. 建设单位

C. 监理单位　　D. 建设行政主管部门

83. 在项目管理中，(　　)称为项目管理信息系统。

A. 信息、信息处理各方面的总和

B. 信息、信息流通和信息处理各方面的总和

C. 信息、信息流通的总和

D. 信息流通和信息处理各方面的总和

84. 信息是(　　)。

A. 数据　　B. 知识　　C. 情报　　D. 对数据的解释

计算机知识及常用办公软件应用

1. 一个文件的扩展名通常表示(　　)。

A. 文件版本　　B. 文件类型

C. 文件大小　　D. 完全由用户自己决定

2. 下列叙述不正确的是(　　)

A. 通过“我的电脑”图标可以浏览和使用所有的计算机资源

B.“我的电脑”是一个文件夹

C.“回收站”用于存放被删除的对象，置入“回收站”中的对象在关机后自动消失

D. 用户可以在桌面上创建文件夹或快捷方式

3. 下列术语中，属于显示器性能指标的是(　　)。

A. 分辨率　　B. 精度　　C. 速度　　D. 可靠性

4. 目前计算机的应用领域大致分为三个方面，下列答案中正确的是(　　)。

A. 计算机辅助教学、专家系统、人工智能

B. 工程计算、数据结构、文字处理

C. 实时控制、科学计算、数据处理

D. 数值处理、人工智能、操作系统

5. 下列关于硬盘的叙述中，错误的是(　　)。

A. 硬盘读写速度比光盘慢

B. 个人计算机硬盘以 IDE 接口和 SATA 接口为主

C. 硬盘存储容量大

D. 硬盘存储器系统由硬盘机、硬盘控制适配器组成

6. 一个完整的计算机系统应包括(　　)。

A. 系统硬件和系统软件　　B. 硬件系统和软件系统

C. 主机和外部设备　　D. 主机、键盘、显示器和辅助存储器

7. 下列关于液晶显示器特点的叙述中，错误的是(　　)。

A. 功耗低　　B. 辐射低　　C. 厚度薄　　D. 闪烁严重

8. 键盘的基准键有(　　)。

A. 左手 4 个键：A、S、D、F，右手 4 个键：J、K、L、;

B. 左手 3 个键：S、F，右手 3 个键：J、K、L

C. 左手 5 个键：S、F、G，右手 5 个键：H、J、K、L、

D. 左手 1 个键：F，右手 1 个键 ：J

9. 在 Word 2000 表格编辑中，不能进行的操作是(　　)。

A. 删除单元格　　B. 旋转单元格　　C. 插入单元格　　D. 合并单元格

10. Excel 工作簿文件的扩展名约定为(　　)。

A. DOX　　B. TXT　　C. XLS　　D. XLT

11. 以下不能实现对 Excel 工作表进行改名的操作是(　　)。

A. 使用快捷菜单命令　　B. 使用菜单命令

C. 双击工作表名　　D. 单击工作表名

12. 在 Excel 工作表行列标题交叉处按钮的作用是(　　)。

A. 选中行号　　B. 选中列标

C. 选中整个工作表　　D. 无作用

二、多选题

建筑制图及识图

1. 按照制图标准绘制的构件图形，其真实大小(　　)。

A. 与绘图的准确度无关　　B. 与绘图的准确度有关

C. 应以图形上量取数值为准　　D. 应以图形尺寸标注为准

2. 以下关于定位轴线的有关规定，正确的是(　　)。

A. 应用双点长画线绘制　　B. 轴线端部的圆应用细实线绘制

C. 轴线号可采用大写字母或小写字母　　D. 通用详图中可不注写轴线编号

3. 有关单点长画线的要求，正确的是(　　)。

A. 与其图线相交时应是线段相交

B. 线段长度和间隙宜各自相等

C. 当在较小图形中绘制有困难时，可用实线代替

D. 两端可以是点

4. 正投影的投影关系有(　　)。

A. 高相等　　B. 长对正　　C. 高对齐　　D. 宽相等

5. 下列关于投影叙述正确的是(　　)。

A. 平行于投影面的直线，在该投影面上的投影仍为直线，且与原直线平行等长。

B. 垂直于投影面的直线，在该投影面上的投影为一线段，与原直线不等长。

C. 平行于投影面的平面，在该投影面上的投影反映平面实形。

D. 垂直于投影面的平面，在该投影面上的投影积聚为一直线。

6. 属于三个基本投影面的是(　　)。

A. H　　B. H_2　　C. V　　D. W

7. 投影面垂直面有三种不同情况，其中说法正确的有(　　)。

A. 垂直于 H 面，倾斜于 V 面和 W 面　　B. 垂直于 H 面，平行于 V 面和 W 面

C. 垂直于 V 面，倾斜于 H 面和 W 面　　D. 垂直于 V 面，平行于 H 面和 W 面

8. 以下关于剖面图的适用情况正确的是(　　)。

A. 全剖面图一般用于对称形体的剖切

B. 半剖面图一般用于对称形体的剖切

C. 全剖面图一般用于不对称形体的剖切

D. 半剖面图一般用于不对称形体的剖切

9. 以下关于剖面图和断面图的区别正确的有(　　)。

A. 剖面图包含断面图，断面图是剖面图的部分

B. 剖切符号的表示不同，断面图的剖切符号只有剖切位置线
C. 剖面图只需绘出剖切到的断面轮廓投影
D. 形体被剖切到的断面轮廓内均要填充材料符号
10. 关于剖面图的标注方法，正确的有(　　)。
A. 用剖切位置线表示剖切平面的位置，用长 6～10 mm 的粗实线表示
B. 剖切后的投射方向用垂直于剖切位置线的长 4～6 mm 的短粗线表示
C. 剖面图与被剖切图样可以不在同一张图纸内
D. 剖切符号一般不用编号
11. 下列关于建筑平面图中轴线编号的说法，正确的是(　　)。
A. 详图中不注写轴线编号
B. 横向轴线编号用阿拉伯数字按从左至右的顺序注写
C. 竖向轴线编号用大写拉丁字母按从下至上的顺序注写
D. 拉丁字母中 I、Q、Z 不得用于轴线编号

工程材料

1. 导热系数 λ 是衡量绝热材料性能优劣的主要指标，下列哪项描述正确的是(　　)。
A. λ 值越小，其绝热性能越好
B. 表观密度大的材料其孔隙率大，因此导热系数小，绝热性能好
C. 孔隙率相同时，孔隙尺寸越小，导热系数越小
D. 孔隙相互连通比不连通者的导热系数大，绝热性能差
2. 材料的含水率是(　　)。
A. 材料在自然状态下所含的水分质量与材料湿重之比
B. 材料在自然状态下所含的水分质量与材料干重之比
C. 表示吸水性的指标
D. 表示吸湿性的指标
3. 某种材料，当孔隙率增大时，在以下性质中，一定下降的是(　　)。
A. 密度　　B. 表观密度　　C. 吸水率　　D. 强度
4. 混凝土非标准试件的尺寸通常有(　　)。
A. 100 mm×100 mm×100 mm　　B. 150 mm×150 mm×150 mm
C. 200 mm×200 mm×200 mm　　D. 250 mm×250 mm×250 mm
5. 采用下列(　　)方法，可有效提高混凝土的抗渗性。
A. 掺用混凝土高效减水剂　　B. 掺用混凝土引气剂
C. 减小水灰比　　D. 增大粗骨料粒径
6. 配制高强混凝土，可采用以下哪些有效方法(　　)。
A. 使用高效减水剂　　B. 增加骨料粒径
C. 采用低水灰比　　D. 掺入引气剂
7. 混凝土在非荷载作用下的变形有(　　)。
A. 化学收缩　　B. 干湿变形　　C. 温度变形　　D. 徐变
8. 砂浆的和易性包括(　　)。
A. 粘聚性　　B. 流动性　　C. 保水性　　D. 耐久性
9. 表示钢材塑性变形能力的指标有(　　)。
A. 屈服点　　B. 伸长率
C. 屈强比　　D. 断面收缩率

10. 建筑钢材力学性能指标包括(　　)。

A. 冷弯性能　　B. 抗拉性能　　C. 冲击韧性　　D. 焊接性能

施工工艺与方法

1. 脚手架搭设必须满足以下基本要求(　　)。

A. 搭拆简单，搬运方便　　B. 有足够的强度、刚度与稳定性

C. 必须满足施工使用的要求　　D. 满足50次以上周转使用

2. 以下关于脚手架搭设说法正确的是(　　)。

A. 脚手板必须采用三支点承重

B. 纵向水平杆长度不宜小于3跨

C. 对于单排脚手架，连墙件必须按三步三跨要求与主体结构进行连接

D. 四级及以上大风及雨雾天气应当停止脚手架的搭拆作业

3. 砖砌体的质量要求有(　　)。

A. 横平竖直：水平灰缝厚度宜控制在8～12 mm之间

B. 砂浆饱满：水平砂浆饱满度不得小于75%

C. 错缝搭接：上下皮垂直灰缝相互错开一般不小于60 mm

D. 接槎可靠：当不能留设直槎时，必须砌成斜槎

4. 以下关于构造柱设置要求，说法正确的有(　　)。

A. 构造柱施工时，应先绑扎钢筋，再浇筑混凝土，然后砌墙

B. 砖墙与钢筋混凝土构造柱相接处应砌成马牙槎，并且为先退后进

C. 沿墙高每隔5皮砖高度设2ϕ6钢筋拉结

D. 竖向受力钢筋与基础圈梁的锚固长度不应小于35倍竖向受力钢筋直径

5. 为了可靠地承受浇筑混凝土的重量、侧压力以及施工荷载，模板及其支架应具有足够的(　　)。

A. 稳定性　　B. 强度　　C. 刚度　　D. 变形

6. 工程中所用普通钢筋是指(　　)。

A.《钢筋混凝土用钢第1部分：热轧光圆钢筋》GB 1499.1 的光圆钢筋

B.《钢筋混凝土用钢第2部分：热轧带肋钢筋》GB 1499.2 中的各种热轧带肋钢筋

C.《钢筋混凝土用余热处理钢筋》GB 13014 中的KL400带肋钢筋

D. 钢丝、钢绞线和精轧螺纹钢筋

7. 以下关于钢筋加工，说法正确的有(　　)。

A. 钢筋冷拉后使其塑性提高

B. 钢筋冷拉可提高钢筋的强度

C. 钢筋加工后，弯起筋的弯折位置偏差不应超过±10 mm

D. 钢筋加工后，受力钢筋顺长度方向全长的净尺寸偏差不应超过±10 mm

8. 以下关于后浇带设置，说法正确的有(　　)。

A. 对于超长结构宜设置后浇带

B. 后浇带不宜设置在房屋高差变化较大处

C. 后浇带不宜设置在地下消防水池位置

D. 后浇带宽度一般取800～1 200 mm

9. 焊接质量检验一般应当包括以下三方面(　　)。

A. 外观检查　　B. 抗滑系数试验

C. 无损探伤　　D. 机械性能试验

10. 单层钢结构工业厂房常用的结构安装方法有(　　)。

A. 分件安装法　　B. 旋转安装法　　C. 滑行安装法　　D. 综合安装法

11. 钢构件涂装后编号的位置应符合以下原则(　　)。

A. 便于堆放　　B. 便于检查　　C. 便于安装　　D. 便于焊接

建筑工程项目管理

1. 全部工程竣工验收的主要任务是(　　)。

A. 负责审查建设工程的各个环节验收情况

B. 听取各有关单位（设计、施工、监理等）的工作报告

C. 不需实地察验工程并对设计、施工、监理等方面工作和工程质量

D. 审阅工程竣工档案资料的情况

2. 施工项目管理的内容主要包括(　　)。

A. 编制“项目管理规划大纲”和“项目管理实施规划”

B. 项目进度控制，项目质量控制，项目安全控制，项目成本控制

C. 项目人力资源管理，项目材料管理，项目机械设备管理，项目技术管理

D. 项目利润保证

3. 工程总承包主要有(　　)方式。

A. 设计、采购、施工（EPC）/交钥匙总承包

B. 设计一施工总承包（DB)

C. 设计一管理总承包（DM)

D. 项目管理服务（PM）模式

4. 对施工机械使用费进行控制，主要方法有(　　)。

A. 加强设备维修保养　　B. 加强设备调度工作

C. 尽量减少设备租赁　　D. 合理安排施工生产

5. 在施工过程中出现设计变更是难免的，或者是由于原设计有问题需要修改，或者是由于建设单位提出了新的要求。为减少设计变更对进度的影响，正确做法是(　　)。

A. 应加强图纸审查　　B. 加强施工组织设计

C. 严格控制变更　　D. 施工单位不要提变更

6. 风险因素包括政治、经济、技术及自然等方面的各种可预见或不可预见的因素。经济方面的有(　　)。

A. 工程事故　　B. 延迟付款　　C. 汇率浮动　　D. 通货膨胀

7. 影响建设工程项目质量的可控因素包括(　　)。

A. 人的因素　　B. 技术因素　　C. 管理因素　　D. 社会因素

8. 施工质量的事前预控途径包括(　　)。

A. 施工图纸会审和技术交底

B. 施工分包单位的选择和资质的审查

C. 施工组织设计文件的编制与审查

D. 施工技术复核

9. 为了贯彻实施安全生产管理制度，工程承包企业应结合自身实际情况建立健全本企业的安全生产规章制度，一般包括(　　)等。

A. 安全值班制度　　B. 各种安全技术操作规程

C. 安全事故预报制度　　D. 防火、防爆、防雷制度

10. 根据《特种作业人员安全技术考核管理规则》，下列建设工程活动中，属于特种作业的

有(　　)。

A. 建筑登高架设作业　　B. 钢筋焊接作业

C. 卫生洁具安装作业　　D. 起重机械操作作业

11. 建筑工程环境保护措施主要包括(　　)。

A. 大气污染的防治　　B. 水污染的防治

C. 噪声污染的防治　　D. 加速施工措施

12. 文明施工的工作包括(　　)。

A. 规范施工现场的场容，保持作业环境的整洁卫生

B. 科学组织施工，使生产有序进行

C. 减少施工对周围居民和环境的影响

D. 树立良好的施工形象

13. 下列关于工程项目资源需求分析的表述中，正确的有(　　)。

A. 工程施工阶段对人力资源的需求非常多

B. 工程项目竣工阶段对资源的需求非常多

C. 工程项目设计阶段需要多专业工程师参与工作

D. 工程项目实施阶段对材料、设备的需求大

14.《建设工程施工合同（示范文本）》的通用条款中包括(　　)等内容。

A. 工程概况　　B. 合同价款支付　　C. 工程承包范围　　D. 材料设备供应

15. 风险分解结构中，属于外部风险的有(　　)。

A. 资金　　B. 沟通　　C. 客户　　D. 市场

16. 质量验收的基本单元有(　　)。

A. 单项工程　　B. 分部工程　　C. 检验批　　D. 分项工程

17. 项目管理信息系统中进度控制子系统的功能包括(　　)。

A. 进度计划执行情况的比较分析　　B. 编制资源需求计划

C. 绘制网络图和计划横道图　　D. 确定合理工期

计算机知识及常用办公软件应用

1. 以下关于输入法状态切换的组合键正确的是(　　)。

A. 使用Ctrl+、来切换中文标点和英文标点

B. 使用Ctrl+空格键来打开或关闭中文输入法

C. 使用Shift+空格键来切换半角输入模式和全角输入模式

D. 使用Shift+Ctrl来切换半角输入模式和全角输入模式

2. 键盘功能分区有(　　)。

A. 打字键区　　B. 混合使用区　　C. 功能键区　　D. 编辑控制键区

3. 关于电子邮件的叙述不正确的是(　　)。

A. 电子邮件只能传输文本

B. 电子邮件只能传输文本和图片

C. 电子邮件可以传输文本、图片、视像、程序等

D. 电子邮件不能传输图片

4. 利用“查找”与“替换”方法，可以将word文档中找到的字符串用新字符串(　　)。

A. 全部替换

B. 只能替换文档中找到的第一个字符串

C. 只能替换文档中找到的最后一个字符串

D. 可以替换找到的任一个需要替换的字符串

5. 要实现幻灯片之间的跳转，可用的方法有(　　)。

A. 设置对象的动画效果

B. 设置动作按钮

C. 设置超级链接

D. 设置幻灯片的切换效果

参考文献

[1] 全国二级建造师执业资格考试用书编写委员会．建设工程法规及相关知识［M］．北京：中国建筑工业出版社，2011.

[2] 唐茂华．工程建设法律与制度［M］．北京：北京大学出版社，2008.

[3] 魏明．建筑构造与识图［M］．北京：机械工业出版社，2008.

[4] 李国新，王文仲．建筑材料［M］．北京：机械工业出版社，2010.

[5] 邱忠良．建筑材料［M］．北京：中国建筑工业出版社，2000.

[6] 中国建筑科学研究院．普通混凝土配合比设计规程（JGJ 55－2011）．北京：中国建筑工业出版社，2011.

[7] 国向云．建筑工程施工项目管理［M］．北京：北京大学出版社，2011.

[8] 胡六星．建筑工程项目管理［M］．北京：机械工业出版社，2010.

[9] 毛桂平，姜远文．建筑工程项目管理［M］．北京：清华大学出版社，2007.